因为专业 所以卓越

2020

国家统一法律职业资格考试
新大纲辅导用书

新旧大纲对照与新增考点
精讲模测

A册

飞跃考试辅导中心 / 编

中国法制出版社
CHINA LEGAL PUBLISHING HOUSE

图书在版编目（CIP）数据

新旧大纲对照与新增考点精讲模测／飞跃考试辅导中心编. —北京：中国法制出版社, 2020.6

2020国家统一法律职业资格考试新大纲辅导用书

ISBN 978-7-5216-1122-9

Ⅰ. ①新… Ⅱ. ①飞… Ⅲ. ①法律工作者-资格考试-中国-自学参考资料 Ⅳ. ①D92

中国版本图书馆CIP数据核字（2020）第 089220 号

策划编辑　唐鹍　　　　　责任编辑　斐岳　　　　　封面设计　杨泽江

新旧大纲对照与新增考点精讲模测．A 册
XINJIU DAGANG DUIZHAO YU XINZENG KAODIAN JINGJIANG MOCE. A CE

经销／新华书店

印刷／北京京华虎彩印刷有限公司

开本/787 毫米×1092 毫米　16 开　　　　印张/ 12.25　字数/ 240 千

版次/2020 年 7 月第 1 版　　　　　　　　2020 年 7 月第 1 次印刷

中国法制出版社出版

书号 ISBN 978-7-5216-1122-9　　　　　　　　　定价：39.00 元

北京西单横二条 2 号

邮政编码 100031　　　　　　　　　　　　　　传真：66031119

网址：http：//www.zgfzs.com　　　　　　编辑部电话：010-66066820

市场营销部电话：010-66033393　　　　　邮购部电话：010-66033288

（如有印装质量问题，请与本社印务部联系调换。电话：010-66032926）

目　　录

第一部分　2020 国家统一法律职业资格考试大纲

第二部分　2020 国家统一法律职业资格考试大纲新增考点精讲

中国特色社会主义法治理论

新增考点 1　习近平总书记关于全面依法治国的重要论述的主要内容和时代意义 ………… （100）

新增考点 2　党的十九届四中全会关于进一步推进全面依法治国的新要求 …………… （100）

新增考点 3　健全保证宪法全面实施的体制机制 ……………………………… （100）

新增考点 4　完善以宪法为核心的中国特色社会主义法律体系 ………………… （100）

新增考点 5　加强重点领域立法 ……………………………………………… （101）

新增考点 6　建设法治政府的意义和基本要求 ……………………………… （101）

新增考点 7　依法全面履行政府职能 ………………………………………… （101）

新增考点 8　强化对行政权力的制约和监督 ………………………………… （101）

新增考点 9　公正司法的意义和基本要求 …………………………………… （101）

新增考点 10　健全社会公平正义法治保障制度 ……………………………… （102）

新增考点 11　加强法治监督，强化对权力运行的制约和监督 ……………… （102）

新增考点 12　充分认识成立中央全面依法治国委员会的重要意义 ………… （103）

新增考点 13　坚持依法执政 ………………………………………………… （103）

新增考点 14　依法保障"一国两制"实践和推进祖国统一 …………………… （103）

法　理　学

新增考点　法的发现与法的证成 ……………………………………………… （104）

宪　　法

新增考点　特别行政区维护国家安全的宪制责任 …………………………… （104）

中国法律史

新增考点 1　五院制 …………………………………………………………… （105）

新增考点 2　司法院 …………………………………………………………… （105）

刑事诉讼法

新增考点 1　人民检察院的立场 ……………………………………………… （106）

新增考点 2　监察机关立案调查的案件 ……………………………………… （106）

新增考点 3　值班律师的权利 ·· (106)

新增考点 4　不批准逮捕或不予逮捕的情形 ························ (106)

新增考点 5　保护未成年人权利原则 ······························· (107)

新增考点 6　未成年人刑事案件社会调查制度 ····················· (107)

新增考点 7　未成年人刑事案件法律援助制度 ····················· (108)

刑　　法

新增考点　组织考试作弊罪 ·· (108)

行政法与行政诉讼法

新增考点　行政合同（行政协议）诉讼 ····························· (110)

民　　法

新增考点 1　流转土地经营权的方式 ······························· (113)

新增考点 2　居住权 ··· (113)

新增考点 3　因第三方原因违约的责任 ····························· (114)

新增考点 4　定金责任与违约金责任 ······························· (114)

新增考点 5　招标投标买卖 ·· (114)

新增考点 6　保理合同 ··· (114)

新增考点 7　仓储合同 ··· (115)

新增考点 8　物业服务合同 ·· (116)

新增考点 9　保证合同 ··· (117)

新增考点 10　合伙合同 ·· (120)

新增考点 11　人格权保护的一般规则 ······························ (121)

新增考点 12　隐私权、个人信息的保护 ····························· (125)

新增考点 13　离婚登记申请的撤回 ································· (126)

新增考点 14　日常家事代理权 ······································ (126)

新增考点 15　婚内财产分割请求权 ································· (127)

新增考点 16　祖父母、外祖父母与孙子女、外孙子女关系 ········· (127)

新增考点 17　兄弟姐妹关系 ··· (128)

新增考点 18　打印遗嘱 ·· (128)

新增考点 19　录音录像遗嘱 ··· (128)

新增考点 20　数份遗嘱内容的认定 ································· (129)

新增考点 21　遗产管理人的确定 ···································· (129)

新增考点 22　遗产管理人的职责 ···································· (129)

新增考点 23　自甘风险 ·· (130)

新增考点 24　自助行为 ·· (130)

新增考点 25　惩罚性赔偿 ··· (131)

新增考点 26　环境污染和生态环境破坏的惩罚性赔偿 ············· (131)

知识产权法

新增考点　商标注册的诚实信用原则 ································ (131)

商　　法

新增考点 1　汇票保证的成立 ……………………………………………………………………（132）

新增考点 2　证券上市 ………………………………………………………………………………（132）

新增考点 3　证券交易的条件及方式 ……………………………………………………………（132）

新增考点 4　限制和禁止的证券交易行为 ………………………………………………………（133）

新增考点 5　协议收购 ………………………………………………………………………………（136）

新增考点 6　禁止转让 ………………………………………………………………………………（136）

新增考点 7　信息披露 ………………………………………………………………………………（137）

新增考点 8　投资者保护 ……………………………………………………………………………（138）

新增考点 9　证券登记结算机构的职能 …………………………………………………………（139）

新增考点 10　对证券登记结算机构的监管 ……………………………………………………（139）

新增考点 11　证券服务机构 ………………………………………………………………………（140）

新增考点 12　证券监管措施 ………………………………………………………………………（140）

新增考点 13　行政执法和解措施 …………………………………………………………………（141）

新增考点 14　对证券行政执法的监管 …………………………………………………………（141）

新增考点 15　证券跨境合作与监管 ……………………………………………………………（141）

新增考点 16　证券投资基金的概念、特征及其分类 …………………………………………（141）

新增考点 17　证券投资基金的产生和演变 ……………………………………………………（142）

新增考点 18　违反证券法的法律责任 …………………………………………………………（142）

新增考点 19　不要式合同 …………………………………………………………………………（149）

经　济　法

新增考点 1　土地管理法的基本原则 ……………………………………………………………（149）

新增考点 2　土地使用权 ……………………………………………………………………………（150）

新增考点 3　土地规划制度 …………………………………………………………………………（151）

新增考点 4　耕地保护制度 …………………………………………………………………………（153）

新增考点 5　建设用地管理制度 …………………………………………………………………（153）

新增考点 6　监督检查制度 …………………………………………………………………………（155）

新增考点 7　法律责任和争议处理 ………………………………………………………………（155）

新增考点 8　房地产开发用地制度 ………………………………………………………………（157）

环境资源法

新增考点　森林法 …………………………………………………………………………………（157）

国际私法

新增考点 1　内地与澳门特别行政区之间送达的新安排 ……………………………………（164）

新增考点 2　中国内地与香港特别行政区法院就仲裁程序相互协助保全 …………………（164）

国际经济法

新增考点　2020 年《国际贸易术语解释通则》 ………………………………………………（165）

民事诉讼法与仲裁制度

新增考点 1　人民检察院提起公益诉讼 ………………………………………………（170）

新增考点 2　公益诉讼的具体制度 ……………………………………………………（170）

新增考点 3　鉴定的启动 ………………………………………………………………（171）

新增考点 4　鉴材 ………………………………………………………………………（171）

新增考点 5　鉴定书的作出 ……………………………………………………………（171）

新增考点 6　当事人鉴定异议的处理 …………………………………………………（171）

新增考点 7　鉴定人出庭 ………………………………………………………………（171）

新增考点 8　鉴定意见的撤销 …………………………………………………………（171）

新增考点 9　庭前调解 …………………………………………………………………（171）

新增考点 10　民事判决的种类 ………………………………………………………（171）

新增考点 11　案由、诉讼请求及理由 ………………………………………………（172）

新增考点 12　既判力 …………………………………………………………………（172）

新增考点 13　形成力 …………………………………………………………………（173）

第三部分　精讲模测

刑　法 …………………………………………………………………………………（176）

刑事诉讼法 ……………………………………………………………………………（176）

行政法与行政诉讼法 …………………………………………………………………（177）

民　法 …………………………………………………………………………………（179）

商　法 …………………………………………………………………………………（185）

经济法 …………………………………………………………………………………（186）

环境资源法 ……………………………………………………………………………（190）

第一部分

2020 国家统一法律职业资格考试大纲

2020国家统一法律职业资格考试大纲①

中国特色社会主义法治理论

第一章　中国特色社会主义法治建设基本原理

第一节　全面依法治国的重大意义

依法治国，是坚持和发展中国特色社会主义的本质要求和重要保障　依法治国，是实现国家治理体系和治理能力现代化的必然要求　依法治国，事关我们党执政兴国，事关人民幸福安康，事关党和国家长治久安　全面依法治国与全面建成小康社会、全面深化改革的关系　党的十九大报告对十八大以来法治建设成就的总结　社会主要矛盾变化对法治建设提出的新要求

第二节　全面依法治国的指导思想和总目标

~~习近平新时代中国特色社会主义法治思想是马克思主义法律思想中国化的最新成果~~　全面依法治国的指导思想　全面依法治国的总目标　习近平总书记关于全面依法治国的重要论述的主要内容和时代意义

第三节　全面依法治国的基本原则

坚持中国共产党的领导　坚持人民主体地位　坚持法律面前人人平等　坚持依法治国和以德治国相结合　坚持从中国实际出发

第四节　新时代深化依法治国实践的主要任务

党的十九大提出的深化依法治国实践的主要任务　党的十九届四中全会关于进一步推进全面依法治国的新要求

第二章　法治工作的基本格局

第一节　完善中国特色社会主义法律体系，加强宪法实施

形成完备的法律规范体系的意义和基本要求　健全宪法实施和监督制度　健全保证宪法全面实施

---

① 凡属于2020年考试大纲新增加的考试内容，皆加框标识。特别说明的除外。

与2019年考试大纲相比较，凡2020年考试大纲中的考试内容做了文字修改的，皆以波浪线标识。特别说明的除外。

原2019年考试大纲的考试内容，已不属于2020年考试大纲内容的，皆以双删除线标识。

凡属于2020年考试大纲要求"熟悉并能够运用"的考试内容，皆加灰底。

的体制机制 完善立法体制机制 完善以宪法为核心的中国特色社会主义法律体系 深入推进科学立法、民主立法、依法立法 加强重点领域立法 实现立法和改革决策相衔接

第二节 深入推进依法行政，加快建设法治政府

建设法治政府的意义和基本要求 依法全面履行政府职能 健全依法决策机制 深化行政执法体制改革 坚持严格规范公正文明执法 强化对行政权力的制约和监督 全面推进政务公开

第三节 保证公正司法，提高司法公信力

公正司法的意义和基本要求 完善确保依法独立公正行使审判权和检察权的制度 优化司法职权配置 推进公正司法 保障人民群众参与司法 加强人权司法保障 加强对司法活动的监督 健全社会公平正义法治保障制度

第四节 增强全民法治观念，推进法治社会建设

全民守法的意义和基本要求 推动全社会树立法治意识 推进多层次多领域依法治理 完善公共法律服务体系 健全依法维权和化解纠纷机制

第五节 加强法治监督，强化对权力运行的制约和监督

保证行政权、监察权、审判权、检察权得到依法正确行使 拓展公益诉讼案件范围 加大对严重违法行为处罚力度

第三章 法治工作的重要保障

第一节 加强法治工作队伍建设

社会主义法治工作队伍的基本要求 建设高素质法治专门队伍 加强法律服务队伍建设 创新法治人才培养机制

第二节 加强和改进党对全面依法治国的领导

充分认识成立中央全面依法治国委员会的重大意义 加强和改进党对法治工作的领导的意义和基本要求 坚持依法执政的意义和基本要求 加强党内法规制度建设的意义和基本要求 提高党员干部法治思维和依法办事能力 深入推进依法治军从严治军

附：本部分新增参考文献

中共中央关于坚持和完善中国特色社会主义制度 推进国家治理体系和治理能力现代化若干重大问题的决定（2019.10.31）

法理学

第一章　法的本体

第一节　法的概念

法的概念的学说　马克思主义关于法的本质的基本观点　法的定义　法的特征（规范性　国家意志性　强制性　普遍性　程序性　可诉性）　法的作用（规范作用与社会作用　法的局限性）

第二节　法的价值

法的价值的含义　法的价值的种类（秩序　自由　人权　正义）　法的价值冲突及其解决

第三节　法的要素

法律规则（法律规则的含义　逻辑结构　法律规则与语言　法律规则与法律条文的区别　法律规则的分类）　法律原则（法律原则的含义、种类　法律原则与法律规则的区别）　法律规则与法律原则的适用　法律概念（定义、性质、功能及分类）　权利与义务（权利、义务的含义、分类及相互关系）

第四节　法的渊源

法的渊源的概念（法的渊源的含义）　正式的法的渊源与非正式的法的渊源　当代中国法的正式渊源（宪法　法律　行政法规　地方性法规　自治条例和单行条例　部门规章和地方政府规章）　正式的法的渊源的效力原则（不同位阶的法的渊源之间的冲突原则　同一位阶的法的渊源之间的冲突原则　位阶出现交叉时的法的渊源之间的冲突原则）　当代中国法的非正式渊源

第五节　法的效力

法的效力的含义　法的效力的根据　法的效力范围　法对人的效力（法对人的效力原则）　法的空间效力　法的时间效力（法的生效时间　法的失效时间　法的溯及力）

第六节　法律部门与法律体系

法律部门（法律部门的含义　法律部门的划分标准）　公法、社会法与私法的含义与区别　法律体系　当代中国法律体系（我国主要法律部门）

第七节　法律关系

法律关系的概念与种类（法律关系的含义与特征　法律关系的种类）　法律关系主体（法律关系主体的含义和种类　权利能力和行为能力）　法律关系的内容（法律关系主体的权利与义务）　法律关系客体（法律关系客体的含义和种类）　法律关系的产生、变更与消灭（法律事件与法律行为）

第八节　法律责任

法律责任的概念（法律责任的含义　法律责任的特点　法律责任与权力、权利、义务的关系）　法律责任的竞合　归责与免责（法律责任的归责原则　法律责任的免责条件）　法律制裁（法律制裁的含义）

第二章　法的运行

第一节　立　法

立法和立法体制（立法权限　当代中国的立法体制）　立法原则（科学立法原则　民主立法原则　依法立法原则）　立法程序（法律议案的提出　法律案的审议　法律的表决和通过　法律的公布）　立法技术（立法预测技术　立法规划技术　立法表达技术）

第二节　法的实施

执法（执法的含义　执法的特点　执法的基本原则）　司法（司法的含义　司法的特点及其与执法的区别　当代中国司法的基本要求和原则）　守法（守法的含义与构成）　法律监督（法律监督的含义和构成）　法律监督体系（国家法律监督体系　社会法律监督体系）

第三节　法适用的一般原理

法适用的目标（可预测性与正当性）　法适用的步骤（确认事实　寻找法律规范　推导法律决定）　法的发现和法的证成（法的发现与法的证成的区分　法的发现的性质　法的证成的优先性）　内部证成与外部证成的区分

第四节　法律解释

法律解释（法律解释的含义与特点）　法律解释的方法（语义解释　立法者目的解释　历史解释　比较解释　体系解释　客观目的解释）　法律解释方法的位阶　当代中国的法律解释体制

第五节　法律推理

法律推理的概念　法律推理的种类（演绎推理　归纳推理　类比推理　反向推理　当然推理　设证推理）

第六节　法律漏洞的填补

法律漏洞的概念（法律漏洞的含义和特征）　法律漏洞的分类（部分漏洞与全部漏洞　明显漏洞和隐藏漏洞　自始漏洞和嗣后漏洞）　法律漏洞的填补方法（目的论扩张　目的论限缩）

第三章　法的演进

第一节　法的起源与法的历史类型

法的产生　法产生的一般规律　法的历史类型

第二节　法的传统与法律文化

法的传统的含义　法律意识（法律意识的含义与结构）　中国传统法律文化　西方传统法律文化　法的继承与法的移植（法的继承的含义与根据　法的移植的含义）

第三节　法　系

法系的概念与标准　大陆法系与英美法系　两大法系的区别

第四节　法的现代化

法的现代化（法的现代化的标志　法的现代化的动力来源　法的现代化的类型）　当代中国法的现代化的历史进程与特点

第五节　法治理论

法治（法治的含义　法治与人治的区别　法治与法制的区别）　社会主义法治国家的基本条件

第四章　法与社会

第一节　法与社会的一般理论

法与社会的一般关系

第二节　法与经济

法与经济的一般关系　法与科学技术（科技进步对法的影响　法对科技进步的作用）

第三节　法与政治

法与政治的一般关系（政治对法的作用　法对政治的作用）　法与政策的联系　法与政策的区别（意志属性、规范形式、实施方式、调整范围、稳定性与程序化程度）　法与国家（法与国家的一般关系）

第四节　法与道德

法与道德的联系　法与道德的区别（产生方式、表现形式、调整范围、内容结构、实施方式等方面的区别）

第五节　法与宗教

法与宗教的相互影响（宗教对法的影响　法对宗教的影响）

宪　法

第一章　宪法基本理论

第一节　宪法的概念

宪法的含义　宪法与法律的关系　宪法的基本特征　宪法的分类　宪法的制定

第二节　宪法的历史

近代意义宪法的产生　中国宪法的历史发展（旧中国宪法的历史发展　新中国宪法的产生与发展　现行宪法的历次修改：1988 年、1993 年、1999 年、2004 年、2018 年）

第三节　宪法的基本原则

人民主权原则　基本人权原则　法治原则　权力制约原则

第四节 宪法的基本功能

宪法的一般功能　宪法在社会主义法治国家建设中的作用（立法　执法　司法　守法）

第五节 宪法的渊源与结构

宪法的渊源（宪法典　宪法性法律　宪法惯例　宪法判例　国际条约）　宪法典的结构（序言
正文　附则）

第六节 宪法规范

宪法规范的概念　宪法规范的主要特点（根本性　最高性　原则性　纲领性　稳定性）　宪法规范
的分类

第七节 宪法效力

宪法效力的概念　宪法效力的表现　宪法与条约关系

第二章　国家的基本制度（上）

第一节 人民民主专政制度

人民民主专政的概念与性质　我国人民民主专政的主要特色（中国共产党领导的多党合作和政治协
商制度　爱国统一战线）　中国共产党领导是中国特色社会主义最本质的特征

第二节 国家的基本经济制度

社会主义市场经济体制［中国特色的社会主义市场经济体制　社会主义公有制是我国经济制度的基
础　非公有制经济是社会主义市场经济的重要组成部分（劳动者个体经济　私营经济　外商投资）］
国家保护社会主义公共财产和公民合法私有财产

第三节 国家的基本文化制度

文化制度的概念与特点　我国宪法关于基本文化制度的规定　我国宪法关于公民道德教育的规定

第四节 国家的基本社会制度

社会制度的概念及特征　宪法与社会的关系　我国宪法关于基本社会制度的规定

第三章　国家的基本制度（下）

第一节 人民代表大会制度

政权组织形式的概念与种类　人民代表大会制度的概念与特点

第二节 选举制度

选举制度的概念　我国选举制度的基本原则（选举权的普遍性原则　选举权的平等性原则　直接选
举和间接选举并用的原则　秘密投票原则）　选举机构　代表名额的分配　选举程序（划分选区和选民

登记　候选人制度　投票选举　代表的罢免、辞职与补选　对破坏选举的制裁）　特别行政区和台湾省全国人大代表的选举　选举的物质保障和法律保障

第三节　国家结构形式

国家结构形式概念　我国实行单一制的国家结构形式的原因和特点　我国的行政区域变更的法律程序

第四节　国家标志

国家标志的内涵　国旗、国歌、国徽、首都

第五节　民族区域自治制度

民族区域自治制度的主要内容　民族自治地方的自治机关　民族自治地方的自治权

第六节　特别行政区制度

特别行政区的概念和特点　中央与特别行政区的关系　特别行政区的政治体制（特别行政区行政长官　特别行政区行政机关　特别行政区立法机关　特别行政区的司法机关　特别行政区公职人员就职宣誓）　特别行政区的法律制度（特别行政区基本法　予以保留的原有法律　特别行政区立法机关制定的法律　适用于特别行政区的全国性法律）　特别行政区维护国家安全的宪制责任

第七节　基层群众自治制度

基层群众自治组织的含义和特点　村民委员会　居民委员会

第四章　公民的基本权利与义务

第一节　公民基本权利与义务概述

基本权利和基本义务的概念　基本权利效力　基本权利限制　"国家尊重和保障人权"的意义　我国公民基本权利与义务的主要特点（广泛性　平等性　现实性　一致性）

第二节　我国公民的基本权利

平等权　政治权利和自由（选举权和被选举权　六项政治自由）　宗教信仰自由　人身自由（生命权　人身自由　人格尊严不受侵犯　住宅不受侵犯　通信自由和通信秘密受法律保护）　社会经济权利（财产权　劳动权　劳动者休息的权利　获得物质帮助的权利）　文化教育权利（受教育的权利　进行科学研究、文学艺术创作和其他文化活动的自由）　监督权和获得赔偿权

第三节　我国公民的基本义务

我国公民基本义务的主要内容（维护国家统一和民族团结　遵守宪法和法律，保守国家秘密，爱护公共财产，遵守劳动纪律，遵守公共秩序，尊重社会公德　维护祖国的安全、荣誉和利益　保卫祖国、依法服兵役和参加民兵组织　依法纳税　其他基本义务）

第五章　国家机构

第一节　国家机构概述

国家机构的概念和分类　我国国家机构的组织和活动原则（民主集中制原则　社会主义法治原则责任制原则　为人民服务原则　精简和效率原则）

第二节　全国人民代表大会

全国人民代表大会（全国人大的性质和地位　全国人大的组成和任期　全国人大的职权　全国人大的会议制度和工作程序）　全国人大常委会（全国人大常委会的性质和地位　全国人大常委会的组成和任期　全国人大常委会的职权　全国人大常委会的会议制度与工作程序）　全国人大各委员会（常设性委员会　临时性委员会）　全国人民代表大会代表（全国人大代表的权利　全国人大代表的义务）

第三节　中华人民共和国主席

国家主席的性质和地位　国家主席的产生和任期（国家主席的产生　国家主席的任期）　国家主席的职权　国家主席职位的补缺

第四节　国务院

国务院的性质和地位　国务院的组成和任期（国务院的组成　国务院的任期）　国务院的领导体制（总理负责制　会议制度）　国务院的职权　国务院所属各部、各委员会（各部、各委员会的性质和地位　各部、各委员会的领导体制　各部、各委员会的职权）　审计机关

第五节　中央军事委员会

中央军事委员会的性质和地位　中央军事委员会的组成和任期　中央军事委员会的领导体制

第六节　地方各级人民代表大会和地方各级人民政府

地方各级人民代表大会（地方各级人大的性质和地位　地方各级人大的组成和任期　地方各级人大的职权　地方各级人大的会议制度和工作程序　专门委员会和调查委员会）　县级以上地方各级人大常委会（地方各级人大常委会的性质、地位、组成和任期　地方各级人大常委会的职权　地方各级人大常委会的会议制度）　地方各级人大代表（地方人大代表的权利　地方人大代表的义务　对地方人大代表的监督）　地方各级人民政府（地方各级人民政府的性质和地位　地方各级人民政府的组成、任期和领导体制　地方各级人民政府的职权　地方各级人民政府所属工作部门　地方各级人民政府的派出机关）

第七节　监察委员会

监察委员会的性质和地位　监察委员会的组成和任期　监察委员的领导体制　监察委员会与其他机关的关系

第八节　人民法院与人民检察院

人民法院的组织与制度（人民法院的性质和任务　人民法院的组织体系　人民法院的职权）　人民检察院的组织与制度（人民检察院的性质和任务　人民检察院的组织体系　人民检察院的职权）　人民法院、人民检察院与公安机关的关系

第六章　宪法的实施与监督

第一节　宪法实施概述

宪法实施的概念（宪法实施的含义　宪法的遵守　宪法的适用　宪法实施的保障）　宪法实施的主要特点

第二节　宪法解释

宪法解释的机关　宪法解释的原则　宪法解释的方法　宪法解释的程序

第三节　宪法修改

宪法修改的含义　宪法修改的方式（全面修改　部分修改）　宪法修改的程序（提案　先决投票　起草　通过　公布）　我国宪法的修改

第四节　宪法监督

宪法监督的内容　宪法监督的体制（普通司法机关　代议机关　专门机关）　宪法监督的方式（事先审查　事后审查　附带性审查　宪法控诉）　我国的宪法监督制度（宪法监督的机关　宪法监督的方式　违宪的制裁措施）

第五节　宪法宣誓制度

宪法宣誓的概念　宪法宣誓的范围　宪法宣誓的功能　宪法宣誓的程序
附：本部分新增法规

全国人民代表大会关于建立健全香港特别行政区维护国家安全的法律制度和执行机制的决定（2020.5.28）

中国法律史

第一章　先秦时期的法律思想与制度

第一节　西周时期的法律思想与制度

法制思想（以德配天　明德慎罚　出礼入刑）　主要法制内容（五刑　契约　西周婚姻六礼　嫡长子继承）　司法制度（大司寇　五听　三宥　三赦　三刺）

第二节　春秋战国时期的法律思想与制度

铸刑书与铸刑鼎　《法经》（盗、贼、囚、捕、杂、具）　商鞅变法与法家思想的特点（以法治国　轻罪重刑　刑无等级）

第二章　秦汉至魏晋南北朝时期的法律思想与制度

第一节　秦汉时期的法律思想与制度

秦汉律的主要内容（罪名与刑罚　文景帝废肉刑）　汉代亲亲得首匿原则　春秋决狱

第二节　魏晋南北朝时期的法律思想与制度

魏晋南北朝时期法典的发展变化（名例律　八议　五服制罪）　刑罚制度（死刑上奏　流刑分等　废除宫刑）　大理寺

第三章　隋唐宋元时期的法律思想与制度

第一节　隋唐时期的法律思想与制度

永徽律疏与中华法系　十恶　六赃（受财枉法　受财不枉法）　保辜　五刑与刑罚原则（公罪与私罪　自首与类推　化外人）　礼律合一

第二节　宋元时期的法律思想与制度

宋刑统与编敕　罪名与刑罚（折杖法　刺配　凌迟）　契约与婚姻继承法规（绝卖　义绝　户绝）　司法制度（大理寺　刑部　御史台　提点刑狱司　翻异别勘）　元代四等人制度

第四章　明清时期的法律思想与制度

第一节　明至清中期的法律思想与制度

明清时期的立法（《大明律》　《大清律例》　条例与则例）　立法思想与刑罚原则（明刑弼教　重其所重，轻其所轻）　罪名与刑罚（故杀与谋杀）　司法制度（刑部　大理寺　都察院　督抚与提刑按察使司　廷杖与厂卫　清代会审　死刑与复奏）

第二节　清末的法律思想与制度

清末"预备立宪"（《钦定宪法大纲》　"十九信条"　谘议局与资政院）　清末修律主要内容（《大清现行刑律》　《大清新刑律》　《大清商律草案》　《大清民律草案》　诉讼法律与法院编制法）　清末司法体制的变化（大理院　法部　四级三审制　领事裁判权　会审公廨）

第五章　中华民国时期的法律思想与制度

第一节　中华民国时期的法律思想

孙中山的"三民主义"　五权宪法理论

第二节　南京临时政府的法律制度

《修正中华民国临时政府组织大纲》　《中华民国临时约法》

第三节　北京政府的法律制度

"天坛宪草"　"袁记约法"　"贿选宪法"

第四节　南京国民政府的法律制度

"六法全书"与判例、解释例　《训政时期约法》　"五五宪草"　《中华民国宪法（1947）》
五院制　立法院　司法院　《中华民国民法》　《中华民国刑法》　"三级三审制"

国际法

第一章　导　论

第一节　国际法的概念、渊源和基本原则

国际法的概念和特征　国际法渊源（国际条约　国际习惯　一般法律原则　确立国际法原则的辅助方法）　国际法的基本原则（特征　内容）

第二节　国际法与国内法的关系

国际法与国内法关系概述　国际法在中国国内的适用问题

第二章　国际法的主体与国际法律责任

第一节　国际法主体

国际法主体的范围　国家的构成要素与类型（国家的要素　现代国家的主要类型）　国家的基本权利（独立权　平等权　自保权　管辖权）　国家的管辖权与国家主权豁免（国家的管辖权　管辖权的冲突和解决　国家主权豁免）　国际法上的承认与继承（国际法上的承认　国际法上的继承）　国际组织（政府间国际组织及其一般制度　联合国体系　非政府国际组织）

第二节　国际法律责任的构成和形式

国际法律责任的构成（归责原则　国家不法行为的要件）　不法性的排除（同意　对抗与自卫　不可抗力和偶然事故　危难或紧急状态）　国际责任的主要形式（终止不法行为　恢复原状　赔偿　道歉　保证不再重犯　限制主权）

第三节　国际责任制度的新发展

国际刑事责任问题　国际赔偿责任问题

第三章　国际法上的空间划分

第一节　国家领土

领土和领土主权（领土的构成　领土主权　领土主权的限制　河流制度）　领土的取得方式（传

统国际法的方式　现代国际实践中的新发展）　边界和边境制度（边界　边境制度）　两极地区的法律地位（南极地区　北极地区）

第二节　海洋法

内海及有关制度（领海基线　内海及港口制度）　领海及毗连区（领海及领海制度　毗连区及有关制度）　专属经济区和大陆架（专属经济区及其法律制度　大陆架及其法律制度）　群岛水域和国际海峡（群岛水域　国际海峡）　公海与国际海底区域（公海制度　国际海底区域制度）

第三节　国际航空法与外层空间法

领空及其界限问题（领空的水平界限　领空的垂直界限）　国际航空法体系（国际航空的基本制度　国际民航的损害赔偿责任　国际民航安全制度）　外层空间法律体系（外空活动的主要原则　外空活动的主要法律制度）

第四节　国际环境保护法

国际环境法的原则　国际环境保护的主要制度（大气环境保护　海洋环境保护　自然生态和资源保护　控制危险废物的越境转移）

第四章　国际法上的个人

第一节　国　籍

国籍的概念　国籍的取得与丧失（国籍的取得　国籍的丧失）　国籍的冲突和解决　中国国籍法实践

第二节　外国人的法律地位

外国人及其法律地位的概念　入境、居留和出境　外国人的待遇　外交保护（外交保护的性质　外交保护的条件和范围）

第三节　引渡和庇护

引渡　联合国两公约中的引渡规则　庇护

第四节　国际人权法

国际人权条约体系　国际保护人权机制

第五章　外交关系法与领事关系法

第一节　外交关系法

外交机关（国家中央外交机关　外交代表机关）　外交特权与豁免（使馆的特权与豁免　外交人员的特权与豁免　使馆及享有外交特权与豁免人员的义务）

第二节　领事关系法

领事机构的建立及其职务（领事馆组成及人员派遣　领事职务）　领事特权与豁免（领馆的特权与豁免　领事官员的特权与豁免）

第六章　条约法

第一节　概　述

条约的定义和特征　条约成立的实质要件（缔约能力和缔约权　自由同意　符合强行法规则）

第二节　条约的缔结

条约的缔结程序和方式（约文的议定　约文的认证　同意接受条约拘束的表示）　条约的保留（保留的概念与范围　保留的接受　保留的法律效果）

第三节　条约的效力、适用和理解

条约的生效　条约的适用（条约必须遵守原则　条约适用范围　条约的冲突）　条约对第三国的效力　条约的解释（条约解释的一般规则　条约解释的辅助规则）

第四节　条约的修订和终止

条约的修订　条约的终止和暂停施行（条约终止和暂停施行的原因　条约终止和暂停施行的程序及后果）

第七章　国际争端的和平解决

第一节　国际争端与解决方法

国际争端的特点和类型　国际争端的传统解决方式（强制方法　非强制方法）　政治方法和国际组织方式

第二节　国际争端的法律解决方法

仲裁（仲裁的一般规则　国际常设仲裁法院）　司法方式（国际法院　国际海洋法法庭）

第八章　战争与武装冲突法

第一节　概　述

战争与武装冲突法（战争的概念　战争法体系）　战争状态与战时中立（战争的开始　战争的结束　战时中立）

第二节　对作战手段的限制和对战时平民及战争受难者的保护

对作战手段和方法的限制　对战时平民和战争受难者的保护

第三节 战争犯罪

战争犯罪的概念 惩罚战争犯罪的主要国际司法实践

附：本部分新增法规

无

司法制度和法律职业道德

第一章 中国特色社会主义司法制度

第一节 中国特色社会主义司法制度概述

司法的概念和特征 司法功能 中国特色社会主义司法制度 司法公正 司法效率 审判独立与检察独立 司法改革 国家统一法律职业资格考试 法律职业 法律职业道德

第二节 审判制度

审判制度的概念（审判制度的基本原则 主要审判制度） 审判机关（人民法院的设置和业务机构 审判组织） 法官

第三节 检察制度

检察制度的概念（检察制度的基本原则 主要检察制度） 检察机关（人民检察院的设置和工作机构 人民检察院的领导体制） 检察官

第四节 律师制度

律师制度的概念（我国律师管理体制） 律师（律师执业许可条件 申请律师执业许可的程序 律师宣誓制度 律师的业务范围 律师的权利和义务 律师执业的基本原则） 律师事务所（律师事务所的性质 律师事务所的分类 律师事务所的设立 律师事务所的管理制度） 法律援助制度（法律援助制度的概念 法律援助范围和条件 法律援助申请和审查 法律援助实施）

第五节 公证制度

公证制度的概念（我国公证管理体制） 公证机构和公证员（公证机构的设立 公证业务范围 法定公证制度 公证机构的管理制度 公证执业责任保险 公证员的概念 公证员的条件与任免 公证员的权利和义务） 公证程序与公证效力（公证的申请 公证的受理 公证的审查 出具公证书 不予办理公证和终止公证 公证书的认证 公证程序的特别规定 公证登记和立卷归档 证据效力 强制执行效力 法律行为成立要件效力 公证的救济）

第二章 法官职业道德

第一节 法官职业道德概述

法官职业道德的概念和特征 法官职业道德的主要内容（忠诚司法事业 保证司法公正 确保司法

廉洁　坚持司法为民　维护司法形象）

第二节　法官职业责任

法官执行职务中违纪行为的责任　法官执行职务中犯罪行为的刑事责任

第三章　检察官职业道德

第一节　检察官职业道德概述

检察官职业道德的概念和特征　检察官职业道德的主要内容（忠诚　为民　担当　公正　廉洁）

第二节　检察官职业责任

检察官执行职务中违纪行为的责任　检察官执行职务中犯罪行为的刑事责任

第四章　律师职业道德

第一节　律师职业道德概述

律师职业道德的概念和特征　律师职业道德的基本准则（忠诚　为民　法治　正义　诚信　敬业）律师的执业职责

第二节　律师执业行为规范

执业前提　执业组织　律师业务推广行为规范　律师与委托人或当事人的关系规范　律师参与诉讼或仲裁规范　律师与其他律师的关系规范　律师与所任职的律师事务所关系规范　律师与律师协会关系规范

第三节　律师职业责任

律师执业中违纪行为的处分　律师和律师事务所执业中违法犯罪行为的法律责任

第五章　公证员职业道德

第一节　公证员职业道德概述

公证员职业道德的概念　公证员职业道德的主要内容

第二节　公证职业责任

公证员执业中违纪行为的处分　公证机构和公证员执业中违法犯罪行为的法律责任

第六章　其他法律职业人员职业道德

第一节　法律顾问职业道德

法律顾问职业道德的概念　法律顾问职业道德的主要内容　法律顾问职业责任

第二节　仲裁员职业道德

仲裁员职业道德的概念　仲裁员职业道德的主要内容　仲裁员职业责任

第三节　行政机关中从事行政处罚决定审核、行政复议、行政裁决的公务员职业道德

行政机关中从事行政处罚决定审核、行政复议、行政裁决的公务员职业道德的概念　行政机关中从事行政处罚决定审核、行政复议、行政裁决的公务员职业道德的主要内容　行政机关中从事行政处罚决定审核、行政复议、行政裁决的公务员职业责任

附：本部分新增法规

无

刑　法

第一章　刑法概说

第一节　刑法的概念、性质、任务和机能

刑法的概念　刑法的性质　刑法的任务　刑法的机能

第二节　刑法的基本原则

罪刑法定原则　平等适用刑法原则　罪刑相适应原则

第三节　刑法的适用范围

刑法的空间效力（刑法的空间效力的概念　对国内犯的适用原则　对国外犯的适用原则　对外国刑事判决的承认）　刑法的时间效力（刑法的时间效力的概念　刑法的溯及力）

第二章　犯罪概说

第一节　犯罪的概念

社会危害性　刑事违法性　应受刑罚处罚性

第二节　犯罪的分类

自然犯、法定犯　亲告罪、非亲告罪　危害国家安全罪、普通刑事罪　基本犯、结果加重犯　即成犯、状态犯和继续犯

第三章　犯罪构成

第一节　犯罪构成概述

犯罪构成的概念（犯罪构成的法定性　犯罪构成的主客观统一性　犯罪构成与社会危害性的统一性　犯罪构成的重要性）　犯罪构成的分类　犯罪构成要件

第二节　犯罪客体

犯罪客体的概念　犯罪客体的分类　确定直接客体的方法　犯罪客体与犯罪对象的关系

第三节　犯罪客观要件

犯罪客观要件概述　危害行为（作为　不作为）　危害结果（危害结果的特征　危害结果的种类　危害结果的意义）　行为的时间、地点与方法　刑法上的因果关系（刑法上因果关系的概念　刑法上因果关系的认定　不作为犯的因果关系　刑法上因果关系与刑事责任）

第四节　犯罪主体

犯罪主体概述　自然人犯罪主体（刑事责任年龄　刑事责任能力　特殊身份）

第五节　犯罪主观要件

犯罪主观要件概述　犯罪故意（故意的认识因素　故意的意志因素　故意的认定　事实认识错误）　犯罪过失（过失的概念　过失的种类　过失的认定）　犯罪主观要件的其他问题（无罪过事件　犯罪的动机、目的）

第四章　犯罪排除事由

第一节　犯罪排除事由概述

犯罪排除事由的概念　犯罪排除事由的分类

第二节　正当防卫

正当防卫的概念　正当防卫的构成（防卫起因　防卫对象　防卫意图　防卫时间　防卫限度）　防卫过当及其刑事责任　特殊正当防卫

第三节　紧急避险

紧急避险的概念　紧急避险的构成（避险起因　避险对象　避险意图　避险时间　避险可行性　避险限度）　避险过当及其刑事责任

第四节　其他犯罪排除事由

法令行为　正当业务行为　被害人承诺　自救行为

第五章　犯罪未完成形态

第一节　犯罪未完成形态概述

犯罪未完成形态的概念　犯罪未完成形态与犯罪阶段的关系　犯罪未完成形态与犯罪构成的关系

第二节　犯罪预备

犯罪预备的概念与特征（主观上为了犯罪　客观上实施了犯罪预备行为　事实上未能着手实行犯罪　未能着手实行犯罪是由于行为人意志以外的原因）　犯罪预备与犯意表示的区别　预备犯的刑事责任

第三节　犯罪未遂

犯罪未遂的概念与特征（已经着手实行犯罪　犯罪未得逞　犯罪未得逞是由于犯罪分子意志以外的原因）　犯罪未遂的类型（实行终了的未遂与未实行终了的未遂　能犯未遂与不能犯未遂）　未遂犯的刑事责任

第四节　犯罪中止

犯罪中止的概念　犯罪中止的特征（中止的时间性　中止的自动性　中止的客观性　中止的有效性）　中止犯的刑事责任

第六章　共同犯罪

第一节　共同犯罪概述

共同犯罪的概念　共同犯罪与犯罪构成的关系

第二节　共同犯罪的成立条件

必须二人以上　必须有共同故意　必须有共同行为

第三节　共同犯罪的形式

任意共同犯罪与必要共同犯罪　事前通谋的共同犯罪与事前无通谋的共同犯罪　简单共同犯罪与复杂共同犯罪　一般共同犯罪与特殊共同犯罪

第四节　共犯人的分类及其刑事责任

主犯及其刑事责任（主犯的概念与种类　主犯与首要分子的关系　主犯的刑事责任）　从犯及其刑事责任　胁从犯及其刑事责任　教唆犯及其刑事责任（教唆犯的概念与成立条件　教唆犯的认定　教唆犯的处罚）

第五节　共同犯罪的特殊问题

共同犯罪与身份　共同犯罪的认识错误　共同犯罪与犯罪形态

第七章　单位犯罪

第一节　单位犯罪概述

单位犯罪的概念　单位犯罪的特点

第二节　单位犯罪的定罪

单位犯罪的主体要件　单位犯罪的客观要件　单位犯罪的主观要件

第三节　单位犯罪的处罚

单位犯罪的处罚根据　单位犯罪的处罚原则

第八章　罪数形态

第一节　罪数的区分

区分罪数的意义　区分罪数的标准

第二节　实质的一罪

继续犯　想象竞合犯　结果加重犯

第三节　法定的一罪

结合犯　集合犯

第四节　处断的一罪

连续犯　吸收犯　牵连犯

第九章　刑罚概说

第一节　刑罚的概念

刑罚的概念

第二节　刑罚的目的

刑罚目的的概念　特殊预防　一般预防　特殊预防和一般预防的关系

第十章　刑罚种类

第一节　主　刑

管制　拘役　有期徒刑　无期徒刑　死刑（死刑的概念　死刑的适用　死刑缓期执行）

第二节　附加刑

罚金　剥夺政治权利（剥夺政治权利的概念　剥夺政治权利的适用　剥夺政治权利的期限）　没收财产　驱逐出境

第三节　非刑罚处罚措施

职业禁止

第十一章　刑罚裁量

第一节　量刑概述

量刑概念　量刑原则（以犯罪事实为根据　以刑事法律为准绳）

第二节　量刑情节

量刑情节的概念　量刑情节的分类（法定量刑情节　酌定量刑情节）　量刑情节的适用（数个量刑情节的适用　多功能情节的适用）　累犯（累犯的概念　一般累犯　特别累犯　对累犯的处罚）自首（自首的概念　一般自首　特别自首　自首的处罚）　坦白　立功

第三节　量刑制度

数罪并罚制度（数罪并罚的概念　数罪并罚的原则　数罪并罚的适用）　缓刑制度（缓刑的概念缓刑的适用条件　缓刑的考验期限与考察　缓刑考验期满与缓刑撤销）

第十二章　刑罚执行

第一节　减刑制度

减刑的概念　减刑的条件（对象条件　实质条件）　减刑的限度与幅度　减刑的程序、效力与减刑后的刑期计算

第二节　假释制度

假释的概念　假释的条件（对象条件　限制条件　实质条件）　假释的程序　假释考验期限与假释的撤销

第十三章　刑罚消灭

第一节　刑罚消灭概述

刑罚消灭的概念　刑罚消灭的事由

第二节　时　效

时效概述　追诉时效的期限　追诉期限的计算（一般犯罪追诉期限的计算　连续或继续犯罪追诉期限的计算　追诉时效的延长　追诉时效的中断）

第三节　赦　免

赦免的概念　我国特赦制度的特点

第十四章　罪刑各论概说

第一节　刑法分则的体系

刑法分则体系的概念　刑法分则体系的特点

第二节　刑法分则的条文结构

罪状　罪名（类罪名与具体罪名　单一罪名与选择罪名、概括罪名）　法定刑（法定刑的概念法定刑的种类　法定刑与宣告刑的区别）

第三节 刑法分则的法条竞合

法条竞合的概念 法条竞合的表现形式 法条竞合的适用原则

第十五章 危害国家安全罪

资助危害国家安全犯罪活动罪 叛逃罪 间谍罪 为境外窃取、刺探、收买、非法提供国家秘密、情报罪

第十六章 危害公共安全罪

放火罪 爆炸罪 投放危险物质罪 以危险方法危害公共安全罪 失火罪 破坏交通工具罪 破坏交通设施罪 破坏电力设备罪 破坏易燃易爆设备罪 组织、领导、参加恐怖组织罪 帮助恐怖活动罪 准备实施恐怖活动罪 劫持航空器罪 劫持船只、汽车罪 非法制造、买卖、运输、邮寄、储存枪支、弹药、爆炸物罪 非法制造、买卖、运输、储存危险物质罪 盗窃、抢夺枪支、弹药、爆炸物、危险物质罪 非法持有、私藏枪支、弹药罪 非法出租、出借枪支罪 丢失枪支不报罪 交通肇事罪 危险驾驶罪 重大责任事故罪 不报、谎报安全事故罪

第十七章 破坏社会主义市场经济秩序罪

第一节 生产、销售伪劣商品罪

生产、销售伪劣产品罪 生产、销售假药罪 生产、销售劣药罪 生产、销售不符合安全标准的食品罪 生产、销售有毒、有害食品罪 生产、销售不符合安全标准的产品罪

第二节 走私罪

走私武器、弹药罪 走私假币罪 走私文物罪 走私贵重金属罪 走私国家禁止进出口的货物、物品罪 走私淫秽物品罪 走私普通货物、物品罪

第三节 妨害对公司、企业的管理秩序罪

妨害清算罪 虚假破产罪 非国家工作人员受贿罪 对非国家工作人员行贿罪 非法经营同类营业罪 为亲友非法牟利罪 签订、履行合同失职被骗罪 徇私舞弊低价折股、出售国有资产罪

第四节 破坏金融管理秩序罪

伪造货币罪 出售、购买、运输假币罪 持有、使用假币罪 变造货币罪 高利转贷罪 骗取贷款、票据承兑、金融票证罪 非法吸收公众存款罪 伪造、变造金融票证罪 妨害信用卡管理罪 窃取、收买、非法提供信用卡信息罪 内幕交易、泄露内幕信息罪 违法发放贷款罪 吸收客户资金不入账罪 洗钱罪

第五节 金融诈骗罪

集资诈骗罪 贷款诈骗罪 票据诈骗罪 金融凭证诈骗罪 信用卡诈骗罪 保险诈骗罪

第六节 危害税收征管罪

逃税罪 抗税罪 逃避追缴欠税罪 骗取出口退税罪 虚开增值税专用发票、用于骗取出口退税、抵扣税款发票罪 伪造、出售伪造的增值税专用发票罪 非法出售增值税专用发票罪

第七节 侵犯知识产权罪

假冒注册商标罪 销售假冒注册商标的商品罪 假冒专利罪 侵犯著作权罪 销售侵权复制品罪 侵犯商业秘密罪

第八节 扰乱市场秩序罪

损害商业信誉、商品声誉罪 虚假广告罪 串通投标罪 合同诈骗罪 组织、领导传销活动罪 非法经营罪 强迫交易罪 提供虚假证明文件罪

第十八章 侵犯公民人身权利、民主权利罪

故意杀人罪 过失致人死亡罪 故意伤害罪 组织出卖人体器官罪 过失致人重伤罪 强奸罪 强制猥亵、侮辱罪 猥亵儿童罪 非法拘禁罪 绑架罪 拐卖妇女、儿童罪 收买被拐卖的妇女、儿童罪 诬告陷害罪 强迫劳动罪 雇用童工从事危重劳动罪 非法搜查罪 非法侵入住宅罪 侮辱罪 诽谤罪 刑讯逼供罪 暴力取证罪 虐待被监管人罪 侵犯通信自由罪 私自开拆、隐匿、毁弃邮件、电报罪 侵犯公民个人信息罪 暴力干涉婚姻自由罪 重婚罪 破坏军婚罪 虐待罪 虐待被监护、看护人罪 遗弃罪 拐骗儿童罪 组织未成年人进行违反治安管理活动罪

第十九章 侵犯财产罪

抢劫罪 盗窃罪 诈骗罪 抢夺罪 侵占罪 职务侵占罪 挪用资金罪 挪用特定款物罪 敲诈勒索罪 故意毁坏财物罪 拒不支付劳动报酬罪

第二十章 妨害社会管理秩序罪

第一节 扰乱公共秩序罪

妨害公务罪 招摇撞骗罪 伪造、变造、买卖国家机关公文、证件、印章罪 盗窃、抢夺、毁灭国家机关公文、证件、印章罪 伪造公司、企业、事业单位、人民团体印章罪 伪造、变造、买卖身份证件罪 非法获取国家秘密罪 组织考试作弊罪 非法出售、提供试题、答案罪 代替考试罪 非法侵入计算机信息系统罪 非法获取计算机信息系统数据、非法控制计算机信息系统罪 提供侵入、非法控制计算机信息系统的程序、工具罪 破坏计算机信息系统罪 非法利用信息网络罪 帮助信息网络犯罪活动罪 聚众扰乱社会秩序罪 聚众扰乱公共场所秩序、交通秩序罪 编造、故意传播虚假恐怖信息罪 编造、故意传播虚假信息罪 聚众斗殴罪 寻衅滋事罪 组织、领导、参加黑社会性质组织罪 包庇、纵容黑社会性质组织罪 传授犯罪方法罪 侮辱国歌罪 盗窃、侮辱、故意毁坏尸体、尸骨、骨灰罪 赌博罪 开设赌场罪

第二节 妨害司法罪

伪证罪 妨害作证罪 帮助毁灭、伪造证据罪 虚假诉讼罪 窝藏、包庇罪 掩饰、隐瞒犯罪所

得、犯罪所得收益罪　拒不执行判决、裁定罪　非法处置查封、扣押、冻结的财产罪　破坏监管秩序罪　脱逃罪

第三节　妨害国（边）境管理罪

组织他人偷越国（边）境罪　运送他人偷越国（边）境罪　偷越国（边）境罪

第四节　妨害文物管理罪

故意损毁文物罪　倒卖文物罪　盗掘古文化遗址、古墓葬罪　抢夺、窃取国有档案罪

第五节　危害公共卫生罪

妨害传染病防治罪　非法组织卖血罪　强迫卖血罪　医疗事故罪　非法行医罪

第六节　破坏环境资源保护罪

污染环境罪　非法捕捞水产品罪　非法猎捕、杀害珍贵、濒危野生动物罪　非法狩猎罪　盗伐林木罪　滥伐林木罪

第七节　走私、贩卖、运输、制造毒品罪

走私、贩卖、运输、制造毒品罪　非法持有毒品罪　包庇毒品犯罪分子罪　窝藏、转移、隐瞒毒品、毒赃罪　非法生产、买卖、运输制毒物品罪　非法种植毒品原植物罪　引诱、教唆、欺骗他人吸毒罪　强迫他人吸毒罪　容留他人吸毒罪

第八节　组织、强迫、引诱、容留、介绍卖淫罪

组织卖淫罪　强迫卖淫罪　协助组织卖淫罪　引诱、容留、介绍卖淫罪　引诱幼女卖淫罪　传播性病罪

第九节　制作、贩卖、传播淫秽物品罪

制作、复制、出版、贩卖、传播淫秽物品牟利罪　传播淫秽物品罪

第二十一章　危害国防利益罪

阻碍军人执行职务罪　破坏武器装备、军事设施、军事通信罪　冒充军人招摇撞骗罪　盗窃、抢夺武装部队公文、证件、印章罪

第二十二章　贪污贿赂罪

贪污罪　挪用公款罪　受贿罪　单位受贿罪　利用影响力受贿罪　行贿罪　对有影响力的人行贿罪　介绍贿赂罪　巨额财产来源不明罪　私分国有资产罪

第二十三章　渎职罪

滥用职权罪　玩忽职守罪　故意泄露国家秘密罪　徇私枉法罪　执行判决、裁定失职罪　执行判决、裁定滥用职权罪　私放在押人员罪　失职致使在押人员脱逃罪　徇私舞弊减刑、假释、暂予监外执

行罪　徇私舞弊不征、少征税款罪　放纵走私罪　不解救被拐卖、绑架妇女、儿童罪　帮助犯罪分子逃避处罚罪

第二十四章　军人违反职责罪

为境外窃取、刺探、收买、非法提供军事秘密罪　战时自伤罪
附：本部分新增法规

> 最高人民法院、最高人民检察院关于办理组织考试作弊等刑事案件适用法律若干问题的解释（2019.9.2）

刑事诉讼法

第一章　刑事诉讼法概述

第一节　刑事诉讼法的概念

狭义与广义的刑事诉讼法　刑事诉讼法的渊源　刑事诉讼法与刑法的关系　刑事诉讼与法治国家

第二节　刑事诉讼法的制定目的与任务

刑事诉讼法的任务

第三节　刑事诉讼的基本理念

惩罚犯罪与保障人权　实体公正与程序公正　诉讼效率

第四节　刑事诉讼的基本范畴

刑事诉讼目的　刑事诉讼价值　刑事诉讼主体　刑事诉讼职能　刑事诉讼构造　刑事诉讼阶段

第二章　刑事诉讼法的基本原则

第一节　基本原则概述

基本原则的概念与特点

第二节　侦查权、检察权、审判权由专门机关依法行使

侦查权、检察权、审判权由专门机关依法行使原则的基本内容

第三节　严格遵守法律程序

严格遵守法律程序原则的基本内容

第四节　人民法院、人民检察院依法独立行使职权

人民法院、人民检察院依法独立行使职权的基本内容

第五节　分工负责，互相配合，互相制约

分工负责、互相配合、互相制约原则的基本内容

第六节　人民检察院依法对刑事诉讼实行法律监督

人民检察院法律监督的基本内容

第七节　各民族公民有权使用本民族语言文字进行诉讼

各民族公民有权使用本民族语言文字进行诉讼原则的基本内容

第八节　犯罪嫌疑人、被告人有权获得辩护

犯罪嫌疑人、被告人有权获得辩护原则的基本含义

第九节　未经人民法院依法判决，对任何人都不得确定有罪

未经人民法院依法判决，对任何人都不得确定有罪原则的基本内容　无罪推定原则

第十节　保障诉讼参与人的诉讼权利

保障诉讼参与人诉讼权利原则的基本内容

第十一节　认罪认罪从宽

认罪认罚从宽原则的基本含义和具体要求

第十二节　具有法定情形不予追究刑事责任

法律规定的六种不予追究刑事责任的情形及处理

第十三节　追究外国人刑事责任适用我国刑事诉讼法

追究外国人刑事责任适用我国刑事诉讼法原则的基本内容

第三章　刑事诉讼中的专门机关和诉讼参与人

第一节　刑事诉讼中的专门机关

公安机关的性质、组织体系、职权　国家安全机关、军队保卫部门、中国海警局、监狱在刑事诉讼中的职权　人民检察院的性质、立场、组织体系、职权　人民法院的性质、组织体系、职权

第二节　诉讼参与人

诉讼参与人的概念、分类　当事人的概念、条件、范围、诉讼权利　其他诉讼参与人的概念、范围　被害人的概念、特点、诉讼权利、诉讼义务　自诉人的概念、特点、诉讼权利、诉讼义务　犯罪嫌疑人、被告人的概念、诉讼地位、诉讼权利、诉讼义务　附带民事诉讼当事人的概念、诉讼权利、诉讼义务　法律对单位犯罪嫌疑人、被告人、单位被害人的特别规定　法定代理人的概念、范围、职责、诉讼权利　诉讼代理人的概念、权限　刑事代理与辩护的区别　辩护人的概念、诉讼地位、责任　证人的概

念、特点、条件、不能作证人的情况、证人的诉讼权利与义务　鉴定人的概念、特点、条件、诉讼权利、诉讼义务和有专门知识的人参与刑事诉讼　翻译人员的概念、条件、诉讼权利、诉讼义务

第四章　管　辖

第一节　立案管辖

立案管辖的概念与划分依据　公安机关立案侦查的刑事案件　国家安全机关、监狱和军队保卫部门立案侦查的案件　监察机关立案调查的案件　人民检察院立案侦查的刑事案件　人民法院直接受理的刑事案件　管辖权竞合的处理

第二节　审判管辖

级别管辖　地区管辖　专门管辖　移送管辖　指定管辖

第三节　特殊情况的管辖

几种特殊情况的管辖

第五章　回　避

第一节　回避的理由、种类与适用人员

回避的理由　回避的种类　回避的适用人员

第二节　回避的程序

回避的期间　回避的申请、审查与决定　回避决定的复议

第六章　辩护与代理

第一节　辩护制度概述

辩护　辩护权　辩护制度　有效辩护原则　辩护制度的意义

第二节　我国辩护制度的基本内容

辩护的种类（自行辩护　委托辩护　法律援助辩护）　值班律师制度（值班律师制度的基本内涵　值班律师的职责与权利）　辩护人的范围与人数　辩护人的诉讼地位　辩护人的职责　辩护人的权利（阅卷权　会见通信权　调查取证权　提出意见权　申诉控告权　人身保障权）　辩护人的义务　拒绝辩护　辩护的内容与分类

第三节　法律援助制度

（参见司法制度和法律职业道德第一章第四节的相关内容）

第四节　刑事代理

刑事代理的含义　刑事代理的种类（公诉案件被害人的代理　自诉案件的代理　附带民事诉讼当事人的代理　犯罪嫌疑人、被告人逃匿、死亡案件违法所得没收程序中的代理　依法不负刑事责任的精神病人的强制医疗程序中的代理）诉讼代理人的范围　诉讼代理人的职责　诉讼代理人的权利

第七章　刑事证据

第一节　刑事证据的概念和基本属性

刑事证据的概念　刑事证据的基本属性　刑事证据制度的基本原则

第二节　刑事证据的种类

证据的法定形式　物证的概念、特点、收集程序　书证的概念、特点、与物证的区别联系及收集程序　证人证言的概念、特点、收集程序　证人的资格及证人保护　被害人陈述的概念、特点　犯罪嫌疑人、被告人供述和辩解的概念、特点、审查判断　共犯口供的适用　鉴定意见的概念、特点与运用　勘验、检查、辨认、侦查实验等笔录的概念　视听资料、电子数据的概念与特点　证据的收集、审查判断和运用

第三节　刑事证据的分类

刑事证据分类的概念　原始证据与传来证据的划分标准与运用　有罪证据与无罪证据的划分标准与运用　言词证据与实物证据的划分标准与运用　直接证据与间接证据的划分标准　运用间接证据定案的规则

第四节　刑事证据规则

刑事证据规则的概念、意义及分类　关联性规则　非法证据排除规则　自白任意规则　传闻证据规则　意见证据规则　补强证据规则　最佳证据规则

第五节　刑事诉讼证明

刑事诉讼证明的概念　证明对象的概念、内容　证明责任的含义与分担　证明标准的概念、内容

第八章　强制措施

第一节　强制措施概述

刑事强制措施的概念与特点　适用强制措施的原则和应当考虑的因素　公民的扭送

第二节　拘　传

拘传的概念和特点　拘传和传唤的区别　拘传的适用对象、主体与程序

第三节　取保候审

取保候审的概念　取保候审的适用对象　保证人保证与保证金保证　取保候审的决定、申请、执行、解除与期限　被取保候审人的义务及违反义务的处理

第四节 监视居住

监视居住的概念 监视居住的适用对象 住处监视居住与指定居所监视居住 监视居住的决定、执行、解除与期限 执行指定居所监视居住的特殊规定 被监视居住人的义务以及违反义务的处理

第五节 拘 留

刑事拘留的概念 刑事拘留与行政拘留、司法拘留的区别 刑事拘留的适用情形 拘留的决定、执行和期限

第六节 逮 捕

逮捕的概念 逮捕的适用情形 不批准逮捕或不予逮捕的情形 逮捕的权限 逮捕的程序（批准和决定程序 执行程序） 羁押必要性审查 逮捕的变更、撤销或解除

第九章 附带民事诉讼

第一节 附带民事诉讼概述

附带民事诉讼的概念 附带民事诉讼的成立条件（成立前提 损失的物质性 物质损失与被告人行为之间的因果关系 不受理附带民事诉讼的情形）

第二节 附带民事诉讼当事人

附带民事诉讼原告人的概念与范围 附带民事诉讼被告人的概念与范围

第三节 附带民事诉讼的提起

附带民事诉讼的提起期间 提起附带民事诉讼的条件与方式 附带民事诉讼的财产保全（诉中财产保全 诉前财产保全）

第四节 附带民事诉讼的审判

附带民事诉讼的审判组织、受理和准备程序 附带民事诉讼调解与审判

第十章 期间、送达

第一节 期 间

期间和期日的区别 期间的计算单位和方法 特殊情形下期间的计算 期间的重新计算 期间的恢复

第二节 送 达

送达的种类 送达回证

第十一章　立　案

第一节　立案的概念

立案的概念　立案的特征

第二节　立案的材料来源和条件

立案的材料来源（公安机关或者人民检察院自行发现的犯罪事实或者获得的犯罪线索　单位和个人的报案或者举报　被害人的报案或者控告　犯罪人的自首）　立案的条件（有犯罪事实　需要追究刑事责任）　立案标准

第三节　立案程序和立案监督

立案程序（对立案材料的接受　对立案材料的审查　对立案材料的处理　立案　不立案）立案监督（立案监督的概念　立案监督的程序）

第十二章　侦　查

第一节　侦查概述

侦查、侦查权、侦查程序的概念　侦查的任务　侦查工作的原则　侦查的司法控制

第二节　侦查行为

讯问犯罪嫌疑人（讯问犯罪嫌疑人的程序）　询问证人、被害人（询问证人的程序和方式　询问被害人的程序）　勘验、检查（勘验、检查的概念　勘验、检查的种类和程序）　搜查（搜查的概念　搜查的程序和要求）　查封、扣押物证、书证（查封、扣押物证、书证的概念　查封、扣押物证、书证的程序和要求）　鉴定（鉴定的概念　鉴定的程序和要求）　辨认（辨认的概念　辨认的程序）　技术侦查（技术侦查的概念　技术侦查的程序和要求）　通缉（通缉的概念　通缉的程序和要求）

第三节　侦查终结

侦查终结的概念　侦查终结的条件和处理（侦查终结的条件　侦查终结的处理）　侦查羁押期限

第四节　补充侦查与补充调查

补充侦查的概念　补充侦查的种类（审查批捕阶段的补充侦查　审查起诉阶段的补充侦查的形式、次数　法庭审理阶段的补充侦查的形式、次数）　补充调查（补充调查的概念　补充调查的运用条件及意义）

第五节　对违法侦查行为的申诉、控告

申诉、控告的范围　申诉、控告的提起及处理

第六节　侦查监督

侦查监督的概念　侦查监督的范围　侦查监督的途径和措施

第十三章　起　诉

第一节　起诉的概念和意义

起诉的概念（刑事起诉概念　公诉与自诉的概念）　起诉的意义　刑事公诉的一般理论　以公诉为主、自诉为辅的犯罪追诉机制

第二节　提起公诉的程序

审查起诉（移送审查起诉案件的受理　审查起诉的内容　审查起诉的步骤和方法　审查起诉的期限）　提起公诉（提起公诉的条件　起诉书的制作和移送　适用简易程序案件的移送）　不起诉（不起诉的概念　不起诉的种类　不起诉的程序　对被害人、被不起诉人的申诉进行复查　不起诉决定书的制作与宣布）　附条件不起诉制度

第三节　提起自诉的程序

提起自诉的条件　提起自诉的程序　自诉状的内容和格式

第十四章　刑事审判概述

第一节　刑事审判的概念和任务

刑事审判的特征　刑事审判的任务　刑事审判的意义

第二节　刑事审判的模式

当事人主义审判模式（概念和特征）　职权主义审判模式（概念和特征）　混合式审判模式　我国刑事审判模式（1979 年模式的特点　1996 年模式的特点）

第三节　刑事审判的原则

审判公开原则（概念　例外　意义　基本要求）　直接言词原则（含义　意义　适用）　辩论原则（含义　意义　适用）　集中审理原则（含义　意义　适用）

第四节　审级制度

两审终审制

第五节　审判组织

审判组织的种类　独任庭　合议庭（合议庭的组成方式　组成原则　活动原则）　审判长选任制人民陪审制　审判委员会（概念　性质　组织　任务　讨论决定案件的范围）

第十五章　第一审程序

第一节　第一审程序概述

第一审程序的概念　第一审程序的分类

第二节　公诉案件第一审程序

公诉案件庭前审查（审查的内容和方法　审查后的处理　审查的期限）　开庭审判前的准备（开庭前准备工作的内容、程序）　法庭审判［开庭的程序　法庭调查的程序（量刑事实　强制证人出庭程序　鉴定人出庭）　法庭辩论的程序（量刑辩论　公诉词与辩护词的制作）　被告人最后陈述　评议和宣判　人民法院对不同案件的裁判（量刑理由）］　单位犯罪案件的审理程序　拒绝辩护　法庭秩序（对违反法庭秩序的处理及程序）　法庭审判笔录　延期审理（情形　程序）　中止审理（情形与延期审理的区别）　终止审理（情形　与中止审理的区别）　第一审程序的期限　人民检察院对审判活动的监督

第三节　自诉案件第一审程序

自诉案件第一审程序　自诉案件第一审程序的特点（反诉的条件及其与自诉的关系）

第四节　简易程序

我国刑事诉讼简易程序的特点　简易程序的适用范围（适用范围　不适用简易程序的情形）　简易审判程序的特点（审判组织形式的简化　人民检察院应当派员出庭　简化法庭调查和法庭辩论程序　简易程序在必要时得变更为普通程序　审理期限）　简易程序的决定适用和审判程序

第五节　速裁程序

速裁程序（速裁程序的概念和意义　速裁程序的特点　速裁程序的适用范围　速裁程序的审理与转处）

第六节　判决、裁定和决定

判决（概念　特点　判决书的制作要求和内容）　裁定（概念　适用裁定的情形　与判决的区别　裁定书的格式与内容）　决定（与判决、裁定的区别）

第十六章　第二审程序

第一节　第二审程序的概念

第二审程序的概念

第二节　第二审程序的提起

上诉和抗诉的概念（提起第二审程序的两种机制　上诉的概念　抗诉的概念）　上诉、抗诉的主体（上诉的主体　抗诉的主体）　上诉、抗诉的理由（上诉的理由　抗诉的理由）　上诉、抗诉的期限（上诉的期限　抗诉的期限）　上诉、抗诉的方式和程序（上诉的方式与程序　抗诉的方式与程序）上诉状、抗诉书的内容与制作

第三节　第二审程序的审判

第二审程序的审判原则（全面审查原则及内容　上诉不加刑原则及内容）　第二审程序的审理（开庭审理的方式和程序　不开庭审理的方式和程序）　对上诉、抗诉案件审理后的处理（裁定驳回上诉或者抗诉，维持原判　改判　裁定撤销原判，发回重审　发回重审的次数）　对附带民事诉讼案件的处理　对自诉案件的处理　委托宣判　第二审程序的审理期限

第四节　查封、扣押、冻结财物及其处理

查封、扣押、冻结财物及其处理　违法处理查封、扣押、冻结财物的法律责任

第五节　在法定刑以下判处刑罚的核准程序

在法定刑以下判处刑罚的核准程序（不同情形的报请复核程序　最高人民法院复核后的处理）

第十七章　死刑复核程序

第一节　死刑复核程序概述

死刑复核程序的概念　死刑复核程序的特点

第二节　判处死刑立即执行案件的复核程序

判处死刑立即执行案件的核准权（全国人大常委会关于修改人民法院组织法的决定）　判处死刑立即执行案件报请复核的材料及要求（"一案一核"和"层层复核"制度）　判处死刑立即执行案件的复核程序（讯问被告人　审查核实案卷材料　听取辩护律师意见　最高人民检察院提出意见　制作复核审理报告　复核结果通报最高人民检察院）　复核后的处理

第三节　判处死刑缓期二年执行案件的复核程序

判处死刑缓期二年执行案件的核准权　判处死刑缓期二年执行案件的审判组织　判处死刑缓期二年执行案件的具体复核程序及复核后的处理方式

第十八章　审判监督程序

第一节　审判监督程序的概念和特点

审判监督程序的概念　审判监督程序的特点

第二节　审判监督程序的提起

提起审判监督程序的材料来源（申诉与上诉的区别　申诉的期限　申诉的提出、受理及审查处理）　提起审判监督程序的主体（各级人民法院院长和审判委员会　最高人民法院和上级人民法院　最高人民检察院和上级人民检察院）　提起审判监督程序的理由（认定事实上的错误　适用法律上的错误）　提起审判监督程序的方式（决定再审　指令再审　决定提审　提出抗诉）

第三节　依照审判监督程序对案件的重新审判

再审立案　重新审判的程序（再审　提审　开庭审理的情形　不开庭审理的情形　不得加重刑罚的情形　开庭前的工作　强制措施与中止执行　审理程序　中止审理与终止审理）　重新审判后的处理　重新审判的期限

第十九章　执　行

第一节　执行概述

执行的依据（发生法律效力的判决和裁定）　执行机关（人民法院　监狱　公安机关　社区矫正机构）

第二节　各种判决、裁定的执行程序

死刑立即执行判决的执行（执行死刑命令的签发　执行死刑的机关和期限　执行死刑的场所和方法　执行死刑的具体程序　执行死刑后的处理）　死刑缓期二年执行、无期徒刑、有期徒刑和拘役判决的执行（执行机关　执行程序）　管制、有期徒刑缓刑、拘役缓刑判决的执行（执行机关及交付执行　对缓刑罪犯的考察与处理）　剥夺政治权利判决的执行（执行机关　执行程序）　财产刑和附带民事裁判的执行（执行机关　执行程序）　无罪和免除刑罚判决的执行（执行机关　执行程序　一审判决被告人无罪、免除刑事处罚的执行）

第三节　执行的变更程序

死刑执行的变更（停止执行死刑　暂停执行死刑　判决"可能有错误"的情形　停止执行死刑程序的启动　停止执行死刑后的审查、处理）　死刑缓期二年执行的变更（死缓减为无期徒刑或者有期徒刑　对死缓犯执行死刑）　暂予监外执行（暂予监外执行的概念　暂予监外执行的适用对象、适用情形　暂予监外执行的适用程序）　减刑、假释（减刑、假释的程序　适用特殊情况假释的核准程序）

第四节　对新罪和申诉的处理

对新罪、漏罪的处理　发现错判和对申诉的处理

第五节　人民检察院对执行的监督

对执行死刑的监督　对暂予监外执行的监督　对减刑、假释的监督　对执行刑罚活动的监督

第二十章　未成年人刑事案件诉讼程序

第一节　未成年人刑事案件诉讼程序概述

未成年人刑事案件诉讼程序的概念与功能　未成年人刑事案件诉讼程序适用的案件范围　未成年人刑事案件诉讼程序与普通刑事诉讼程序的关系

第二节　未成年人刑事案件诉讼程序的方针与原则

教育、感化、挽救方针　未成年人刑事案件诉讼程序的原则（教育为主、惩罚为辅的原则　保护未成年人权利原则　分案处理原则　审理不公开原则与保密原则　全面调查原则与社会调查制度　社会参与原则）

第三节　未成年人刑事案件诉讼制度与程序的具体规定

未成年人刑事案件诉讼制度与程序的具体规定（办案主体专门化　立案程序　辩护与法律援助制度　侦查程序　适用强制措施　审查起诉程序　审判程序　未成年人刑事案件适用认罪认罚从宽制度　执行程序　未成年人犯罪记录封存　未成年人刑事案件的法律监督）

第二十一章　当事人和解的公诉案件诉讼程序

刑事和解的适用条件　刑事和解适用案件范围　刑事和解的程序规则

第二十二章　缺席审判程序

第一节　缺席审判程序的案件范围与送达方式

缺席审判程序的案件范围　缺席审判程序的送达

第二节　缺席审判中的辩护权与上诉、抗诉

缺席审判中的辩护权　缺席审判中的上诉、抗诉

第三节　被告人到案后的救济程序

被告人到案后的救济程序

第二十三章　犯罪嫌疑人、被告人逃匿、死亡案件违法所得的没收程序

第一节　没收程序概述

没收程序的法律依据

第二节　犯罪嫌疑人、被告人逃匿、死亡案件违法所得的没收程序

没收程序的适用条件　没收程序的没收对象　没收程序的启动　没收程序的管辖及公告　没收程序的裁判　没收程序的上诉、抗诉　没收程序的终止　救济措施

第二十四章　依法不负刑事责任的精神病人的强制医疗程序

强制医疗程序的适用条件　强制医疗的启动和决定程序　强制医疗的救济程序

第二十五章　涉外刑事诉讼程序与司法协助制度

第一节　涉外刑事诉讼程序

涉外刑事诉讼程序所适用的案件范围　涉外刑事诉讼所适用的法律　涉外刑事诉讼的特有原则（涉外刑事诉讼原则与刑事诉讼基本原则的关系　适用中国刑事法律和信守国际条约相结合的原则　外国籍犯罪嫌疑人、被告人享有中国法律规定的诉讼权利并承担诉讼义务的原则　使用中国通用的语言文字进行诉讼的原则　外国籍当事人委托中国律师辩护或代理的原则）

第二节　刑事司法协助

刑事司法协助的法律依据　刑事司法协助的主体

> 1. 中华人民共和国人民陪审员法（2018.4.27）
> 2. 最高人民法院关于适用《中华人民共和国人民陪审员法》若干问题的解释（2019.4.24）
> 3. 中华人民共和国社区矫正法（2019.12.28）
> 4. 人民检察院刑事诉讼规则（2019.12.30）
> 5. 最高人民法院、最高人民检察院、公安部、国家安全部、司法部关于适用认罪认罚从宽制度的指导意见（2019.10.24）
> 6. 最高人民法院关于死刑复核及执行程序中保障当事人合法权益的若干规定（2019.8.8）
> 7. 最高人民法院、最高人民检察院、中国海警局关于海上刑事案件管辖等有关问题的通知（2020.2.20）

行政法与行政诉讼法

第一章　行政法概述

第一节　行政法的基本概念

行政的概念　行政法的概念

第二节　行政法的法律渊源

行政法法律渊源的种类

第三节　行政法的基本原则

合法行政　合理行政　程序正当　高效便民　诚实守信　权责统一

第二章　行政组织与公务员

第一节　行政组织法概述

行政组织法的概念　行政组织法的基本原则

第二节　中央国家行政机关

国务院概述　国务院机构的种类

第三节　地方国家行政机关

地方国家行政机关的组成和职权　地方国家行政机关的派出机关和派出机构

第四节　实施行政职能的非政府组织

法律、法规授权的组织　行政机关委托的组织

第五节　公务员

公务员制度的概念和基本原则　公务员的基本权利义务　对公务员的基本管理制度

第三章　抽象行政行为

第一节　抽象行政行为概述

抽象行政行为的概念　行政规则的适用

第二节　行政法规

行政法规的制定权限、制定程序、监督程序

第三节　规章和有普遍约束力的决定、命令

国务院部门规章的制定机关、制定权限、制定程序、监督程序　地方政府规章的制定机关、制定权限、制定程序、监督程序　有普遍约束力的决定和命令的制定机关、制定权限、制定程序和监督程序

第四章　具体行政行为概述

第一节　具体行政行为的概念

具体行政行为的构成　具体行政行为的分类

第二节　具体行政行为的成立和效力

具体行政行为的成立　具体行政行为的效力　具体行政行为的无效、撤销和废止

第三节　具体行政行为的一般合法要件

事实证据确凿　正确适用法律法规　符合法定程序　不得超越职权和滥用职权　无明显不当

第五章　行政许可

第一节　行政许可概述

行政许可的概念　行政许可的基本原则

第二节　行政许可的设定

行政许可的设定原则　行政许可的设定权限和形式　行政许可的设定程序

第三节　行政许可的实施机关

法定行政机关　受委托的行政机关　行使集中许可权的行政机关　受理与办理行政许可的行政机关　法律、法规授权的组织

第四节　行政许可的实施程序

申请与受理程序　审查与决定程序　期限　听证程序　变更与延续程序　特别程序

第五节　行政许可的费用

禁止收费原则　法定收费例外

第六节　监督检查

对行政许可机构的监督检查　对被许可人的监督检查　被许可人的法定义务　对行政许可的撤销和注销

第七节　行政许可诉讼

行政许可案件的受案范围　被告　法院对行政许可案件的审理　判决　行政许可中的赔偿和补偿及诉讼问题

第六章　行政处罚

第一节　行政处罚概述

行政处罚的基本原则

第二节　行政处罚的种类与设定

行政处罚的种类　行政处罚的设定

第三节　行政处罚的实施机关、管辖与适用

行政处罚的实施机关　行政处罚的管辖　行政处罚的适用

第四节　行政处罚的程序

行政处罚的决定程序　行政处罚的执行程序

第五节　治安管理处罚

处罚的种类和适用　违反治安管理的行为和处罚　处罚程序　执法监督

第七章　行政强制

第一节　行政强制概述

行政强制的界定　行政强制的性质、意义和立法　行政强制的基本原则

第二节　行政强制的种类和设定

行政强制措施的种类和设定　行政强制执行的方式和设定　设定的论证和评价

第三节　行政强制措施实施程序

实施行政强制措施的主体　一般程序要求　特别程序要求

第四节　行政机关强制执行程序

行政机关自行强制执行权限　一般程序及要求　特别程序及要求　中止执行、终结执行和执行和解

第五节　申请法院强制执行

适用条件　行政机关提出申请　法院的受理、审理和裁定

第八章　行政合同与行政给付

第一节　行政合同

行政合同的种类　行政合同的订立和效力　行政合同的履行　行政合同（行政协议）诉讼

第二节　行政给付

行政给付的概念　物质和资金帮助

第九章　行政程序与政府信息公开

第一节　行政程序概述

行政程序法的基本原则

第二节　行政程序的基本制度

听证制度　说明理由制度　行政案卷制度

第三节　政府信息公开制度

政府信息公开制度的意义　政府信息公开制度的主要内容（适用范围　基本要求　公开的范围　公开义务主体　主动公开　依申请公开　监督与救济）　政府信息公开行政诉讼

第十章　行政复议

第一节　行政复议概述

行政复议的基本原则

第二节　行政复议范围

行政复议的受案范围（行政相关人的合法权益　侵权的具体行政行为　具体行政行为所依据的行政规定）　行政复议的排除事项（行政机关的人事处理　对民事纠纷的处理）

第三节　行政复议参加人和行政复议机关

行政复议申请人　行政复议被申请人　行政复议第三人　行政复议机关

第四节　行政复议的申请与受理

行政复议的申请时间和方式　对行政复议申请的审查和处理　行政复议与行政诉讼的关系　具体行政行为在行政复议期间的执行力

第五节　行政复议的审理、决定和执行

行政复议的审理（审查方式　举证责任　查阅材料　证据收集　撤回申请　原具体行政行为的改变、行政复议中的和解和调解）　行政复议的决定（对行政规定和行政依据争议的审查和处理　对具体行政行为的复议决定）　行政复议决定的执行　行政复议指导和监督

第十一章　行政诉讼概述

第一节　行政诉讼的概念和特征

行政诉讼的特征　行政诉讼与民事诉讼的关系　行政诉讼与刑事诉讼的关系

第二节　行政诉讼法

行政诉讼法的渊源　行政诉讼法的效力范围（空间效力　时间效力　对人的效力　对事的效力）行政诉讼法的立法目的

第三节　行政诉讼的基本原则

依法受理、依法应诉原则　人民法院依法独立行使行政审判权原则　以事实为根据、以法律为准绳原则　行政行为合法性审查原则（行政行为合法性审查的范围　行政行为合法性审查的意义）　当事人的法律地位平等原则　各民族公民都有用本民族语言文字进行行政诉讼的权利原则　当事人有权辩论原则　合议、回避、公开审判和两审终审原则（合议原则　回避原则　公开审判原则　两审终审原则）人民检察院实行法律监督原则

第十二章　行政诉讼的受案范围

第一节　概　述

受案范围的概念　受案范围的确立方式　受案范围的确定标准（行为标准　权利标准）

第二节　应予受理的案件

行政处罚案件　行政强制案件　行政许可案件　行政确权案件　征收、征用案件　不履行法定职责案件　侵犯法律规定的经营自主权和农村土地承包经营权、农村土地经营权的案件　侵犯公民公平竞争权的案件　违法要求履行义务案件　行政给付案件　行政合同（行政协议）案件　其他侵犯人身权、财产权案件　法律、法规规定的其他行政案件　司法解释规定的案件

第三节　不予受理的案件

国家行为　抽象行政行为　行政机关对其工作人员的奖惩、任免等决定　法律规定由行政机关最终裁决的行政行为　公安、国家安全等机关依照刑事诉讼法的明确授权实施的行为　调解行为以及法律规定的仲裁行为　行政指导行为　行政机关作出的不产生外部法律效力的行为　行政过程性行为　协助执行行为　内部层级监督行为　信访处理行为　驳回当事人对行政行为提起申诉的重复处理行为　对公民、法人或其他组织的权利义务不产生实际影响的行为　司法解释规定的其他案件

第十三章　行政诉讼的管辖

第一节　行政诉讼管辖概述

确定管辖的考虑因素

第二节　级别管辖

基层人民法院的管辖　中级人民法院的管辖（对国务院部门或者县级以上地方人民政府所作的行政行为提起诉讼的案件　海关处理的案件　本辖区内的重大、复杂案件　其他法律规定由中级人民法院管辖的案件）　高级人民法院的管辖　最高人民法院的管辖

第三节　地域管辖

一般地域管辖　特殊地域管辖（限制人身自由的行政强制措施　不动产案件）　共同管辖

第四节　裁定管辖

移送管辖　指定管辖　移转管辖　管辖权异议

第十四章　行政诉讼参加人

第一节　概　述

行政诉讼参加人　行政诉讼当事人　诉讼代表人

第二节　行政诉讼的原告

原告的概念　原告的确认（受害人　相邻权人　公平竞争权人　投资人　合伙组织和个体工商户　股份制企业的内部机构　非国有企业　企业法定代表人　投诉举报者　债权人　非营利法人　涉及业主共有利益的主体）　原告资格的转移（转移的条件　自然人原告资格的转移　法人或其他组织原告资格的转移　转移的程序）

第三节　行政诉讼的被告

被告的概念　被告的确认（行政复议案件　委托行政　经上级机关批准而作出行政行为　派出机构　共同作出行政行为　行政机关的内部机构　不作为案件　开发区管理机构及其职能部门　村委会和居委会　事业单位和行业协会　房屋征收部门）　被告资格的转移

第四节　行政诉讼的第三人

第三人的概念　第三人的确认　第三人参加诉讼的程序

第五节　共同诉讼人

共同诉讼人的概念　必要共同诉讼人　普通共同诉讼人　集团诉讼

第六节　诉讼代理人

诉讼代理人的种类（法定代理人　指定代理人　委托代理人）

第十五章　行政诉讼程序

第一节　起诉与受理

起诉的条件（一般条件　时间条件　程序条件　起诉方式）　受理的概念　对起诉的审查和处理

第二节　行政诉讼的第一审程序

第一审普通程序（审理前的准备　庭审程序　审期期限）　简易程序（适用范围　简易程序的要求）

第三节　行政诉讼的第二审程序

上诉和上诉的受理　上诉案件的审理（审理方式　审理对象　审理期限）

第四节　行政诉讼审判监督程序

审判监督程序的提起（提起审判监督程序的条件　提起审判监督程序的程序）　再审案件的审理（审理程序　原判决、裁定的执行　对再审案件的审理要求　对再审案件的处理　再审期限）

第十六章　行政诉讼的特殊制度与规则

第一节　行政诉讼证据

行政诉讼证据的种类　举证责任（举证责任的概念　举证责任分配　举证期限）　提供证据的要求（书证　物证　视听资料　电子数据　证人证言　鉴定意见　勘验笔录　现场笔录）　调取和保全证据（行政诉讼证据的调取　证据保全）　证据的对质辨认和核实（对书证和物证的质证　对视听资料的质证　关于证人出庭作证的问题　对鉴定意见的质证）　证据的审核认定（概念和内容　证据效力大小的判断）

第二节　行政诉讼的法律适用

行政诉讼法律适用的含义　行政诉讼法律适用的规则（法律、行政法规与地方性法规是行政审判的依据　规章的参照适用　其他规范性文件在行政诉讼中的地位　人民法院对司法解释的援引）　行政诉讼法律冲突的适用规则（概念　适用规则）　WTO 规则的适用问题

第三节　行政案件审理中的特殊制度

撤诉（概念　条件　撤诉的法律后果）　缺席判决　保全与先予执行（保全　先予执行）　审理

程序的延阻（延期审理　诉讼中止　诉讼终结）　被告在诉讼中改变被诉行政行为的处理　行政行为的停止执行问题　合并审理　行政诉讼附带民事诉讼（条件）　调解的适用　妨害行政诉讼行为的排除（妨害行政诉讼的行为　排除妨害行政诉讼的强制措施）　案件的移送、公告和司法建议

第四节　涉外行政诉讼

涉外行政诉讼的特征　涉外行政诉讼的原则（同等原则　对等原则）

第十七章　行政案件的裁判与执行

第一节　行政诉讼的判决、裁定与决定

行政诉讼第一审判决（驳回原告诉讼请求判决　撤销判决　履行判决　给付判决　确认违法判决　确认无效判决　变更判决　被告承担继续履行、采取补救措施或者赔偿损失等责任判决）　二审判决（维持原判　改判）　再审判决　行政诉讼裁定（概念与特征　适用范围及法律效力）　行政诉讼决定（适用范围及法律效力）

第二节　行政诉讼的执行与非诉行政案件的执行

行政诉讼的执行　执行主体　执行根据　执行措施（对行政机关的执行措施　对公民、法人或者其他组织的执行措施）　执行程序　非诉行政案件的执行　非诉行政案件执行的相关问题

第十八章　国家赔偿概述

第一节　国家赔偿

国家赔偿的特征　国家赔偿与相关制度的区别（与行政赔偿　与国家补偿　与民事赔偿　与司法赔偿　与公有公共设施致害赔偿）

第二节　国家赔偿法

国家赔偿法的作用　国家赔偿法的适用

第三节　国家赔偿的构成要件

国家赔偿的构成要件概述　国家赔偿的主体要件（主体要件的概念和特征　侵权主体的种类）　行为要件（界定执行职务行为的标准　执行职务行为的分类）　损害结果要件（损害的范围　损害的对象　因果关系）　法律要件

第十九章　行政赔偿

第一节　行政赔偿概述

行政赔偿的概念　行政赔偿的特征（行政赔偿与行政补偿　行政赔偿与民事赔偿　行政赔偿与司法赔偿）　行政赔偿的归责原则（违法归责原则）

第二节 行政赔偿范围

侵犯人身权的行为（侵犯人身自由权的行为 侵犯生命健康权的行为） 侵犯财产权的行为（侵犯财产权的行政处罚 侵犯财产权的行政强制措施 违法征收财物、摊派费用 其他侵犯财产权的违法行为） 国家不承担赔偿责任的情形

第三节 行政赔偿请求人和赔偿义务机关

行政赔偿请求人（概念和特征 范围） 行政赔偿义务机关（概述 行政赔偿义务机关的确认）

第四节 行政赔偿程序

行政赔偿程序的概念 单独提出赔偿请求的程序（含义 行政赔偿义务机关的先行处理程序 对行政事实行为单独提出赔偿请求的程序问题） 一并提出赔偿请求的程序（行政复议程序 行政赔偿诉讼程序） 行政追偿（概念和条件 程序）

第二十章 司法赔偿

第一节 司法赔偿概述

司法赔偿的特征 司法赔偿的归责原则

第二节 司法赔偿范围

司法赔偿范围概述 刑事司法赔偿的范围（侵犯人身权的刑事司法赔偿 侵犯财产权的刑事司法赔偿） 民事、行政司法赔偿范围（违法采取排除妨害诉讼强制措施的赔偿 违法采取保全措施的赔偿 违法采取先予执行措施的赔偿 错误执行判决、裁定和其他生效法律文书的赔偿 司法工作人员侵权的赔偿） 国家不承担赔偿责任的情形

第三节 司法赔偿请求人和赔偿义务机关

司法赔偿请求人（特征 确认） 司法赔偿义务机关（特征 确认）

第四节 司法赔偿程序

司法赔偿程序概述 司法赔偿处理程序（步骤） 司法赔偿复议程序（步骤） 司法赔偿决定程序（步骤） 司法追偿程序（范围 程序）

第二十一章 国家赔偿方式、标准和费用

第一节 国家赔偿的方式

国家赔偿的方式 金钱赔偿 返还财产 恢复原状 国家赔偿的其他方式

第二节　国家赔偿的计算标准

人身权损害赔偿的计算标准（人身自由权损害赔偿的计算标准　生命健康权损害赔偿的计算标准）财产权损害赔偿的计算标准

第三节　国家赔偿费用

国家赔偿费用的来源　国家赔偿费用的支付与管理

附：**本部分新增法规**

1. 中华人民共和国行政许可法（2019.4.23）①
2. 最高人民法院关于审理行政协议案件若干问题的规定（2019.11.27）

民　法

第一编　总　则

第一章　民法概述

第一节　民法的概念和调整对象

民法的概念　民法的调整对象（平等主体间的人身关系　平等主体间的财产关系）

第二节　民法的基本原则

民法的基本原则（平等原则　自愿原则　公平原则　诚信原则　守法和公序良俗原则　绿色原则）

第三节　民事法律关系

民事法律关系的概念和特征　民事法律关系的要素（民事法律关系的主体　民事法律关系的客体　民事法律关系的内容）　民事权利（民事权利的概念　民事权利的类型）　民事权利的行使　民事权利的救济（民事权利的公力救济　民事权利的自力救济）　民事义务（民事义务的概念　法定义务与约定义务　基本义务与附随义务）　民事法律事实（民事法律事实的概念　事件　行为）

第四节　民事权利客体

物（物的概念和特征　物的分类　货币和有价证券）　人格利益　无体财产　其他民事权利客体

第五节　民事责任

民事责任的概念和特征　民事责任的分类（违约责任、侵权责任与其他责任　按份责任与连带责任）　承担民事责任的方式　不承担民事责任的情形（不可抗力　正当防卫　紧急避险　紧急救助行为）　因保护他人权益使自己受到损害的民事责任　侵害英雄烈士等人格权的民事责任　民事责任竞合　民事责任的优先适用

---

① 部分修改。

第二章　自然人

第一节　自然人的民事权利能力

自然人的概念　自然人的民事权利能力（自然人民事权利能力的概念　自然人民事权利能力的开始　自然人民事权利能力的终止）　胎儿利益的特殊保护

第二节　自然人的民事行为能力

自然人民事行为能力的概念　自然人民事行为能力的类型（完全民事行为能力　限制民事行为能力　无民事行为能力）

第三节　自然人的住所与监护

住所（住所的概念　住所的法律意义）　监护的概念　监护人的设立（法定监护　意定监护）监护人的职责　监护人资格的撤销　监护的终止

第四节　宣告失踪与宣告死亡

宣告失踪（宣告失踪的概念　宣告失踪的法律要件　宣告失踪的效力　失踪宣告的撤销）　宣告死亡（宣告死亡的概念　宣告死亡的法律要件　宣告死亡的效力　死亡宣告的撤销）　宣告失踪与宣告死亡的关系

第五节　个体工商户和农村承包经营户

个体工商户、农村承包经营户的概念　个体工商户、农村承包经营户的财产责任

第三章　法人和非法人组织

第一节　法人概述

法人的概念和特征　法人的分类（民法学上的分类　营利法人　非营利法人　特别法人）

第二节　法人的能力

法人的民事权利能力（法人民事权利能力的概念和特征　法人民事权利能力的范围及限定）　法人的民事行为能力　法人的责任能力　法人的章程　法人人格否认

第三节　法人的法定代表人和组织机构

法人的法定代表人的概念和法律地位　法人组织机构的概念和类型（意思机构　执行机构　监督机构）　法人的分支机构

第四节　法人的成立、变更和终止

法人的设立（法人设立的概念　法人设立方式）　法人的成立的要件　法人的变更（法人变更的概念　法人的合并与分立）　法人的终止（法人终止的概念　法人的解散　法人的清算　注销登记）法人的登记（法人登记的概念　法人登记的类型）

第五节　非法人组织

非法人组织的概念和特征　非法人组织的类型　非法人组织的设立　非法人组织民事责任的承担

第四章　民事法律行为

第一节　民事法律行为概述

民事法律行为的概念和特征　民事法律行为的类型（单方行为、多方行为与决议行为　财产行为与身份行为　有偿行为与无偿行为　诺成性行为与实践性行为　要式行为与不要式行为　有因行为与无因行为）

第二节　意思表示

意思表示的概念　意思表示的类型（明示意思表示与默示意思表示　有相对人的意思表示与无相对人的意思表示　对特定人的表示与对不特定人的表示　对话表示与非对话表示　电子数据方式表示）意思表示的效果（意思表示的拘束力　意思表示的撤回与撤销）　意思表示的解释

第三节　民事法律行为的成立与生效

民事法律行为的成立（民事法律行为成立的共同要件　民事法律行为成立的特别要件　民事法律行为成立的效力）　民事法律行为的有效和生效

第四节　附条件与附期限的民事法律行为

附条件的民事法律行为（附条件的民事法律行为的概念　民事法律行为所附条件的特征　民事法律行为所附条件的类型　民事法律行为所附条件的成就　民事法律行为所附条件对当事人的约束力）　附期限的民事法律行为（附期限的民事法律行为的概念　期限的法律要件　期限与条件的区别　生效期限和终止期限　期限的效力）

第五节　无效民事法律行为

无效民事法律行为的概念　无效民事法律行为的类型（无民事行为能力人实施的行为　虚假行为　恶意串通行为　违反强制性规范及违背公序良俗的行为）　无效民事法律行为的效果　民事法律行为的部分无效

第六节　可撤销的民事法律行为

可撤销民事法律行为的概念　可撤销民事法律行为的类型（重大误解　欺诈　胁迫　乘人之危致显失公平）　可撤销民事法律行为的效果（撤销权的概念　撤销权的除斥期间）

第七节　效力未定的民事法律行为

效力未定民事法律行为的概念　效力未定民事法律行为的类型（限制民事行为能力人实施的行为　欠缺代理权的代理行为）　效力未定民事法律行为的效果（追认权　催告权　撤销权）

第五章　代　理

第一节　代理的概念和类型

代理的概念和特征　代理的法律要件　代理的类型（直接代理与间接代理　意定代理与法定代理　一般代理与特别代理　本代理与复代理　单独代理与共同代理）

第二节　代理权

代理权的概念　代理权的发生（法定代理权　委托代理权的取得　职务代理权的取得）　代理权的授予　代理权的滥用（自己代理　双方代理）　代理权的终止（委托代理权终止的原因　法定代理权终止的原因）

第三节　无权代理

无权代理的概念　狭义的无权代理（狭义无权代理的类型　狭义无权代理的效果）　表见代理（表见代理的概念　表见代理的法律要件　表见代理的效果）

第六章　诉讼时效与期间

第一节　诉讼时效

诉讼时效的概念和特征（时效　诉讼时效　诉讼时效的特征　诉讼时效与除斥期间）　诉讼时效的适用范围　不适用诉讼时效的请求权　诉讼时效的法律效果　诉讼时效期间（普通诉讼时效期间　特殊诉讼时效期间）　诉讼时效期间的起算　诉讼时效期间的中止、中断和延长

第二节　期　间

期间的含义　期间的效力　期间的性质及类型　期间的计算方法　始期与终期

第二编　物　权

第七章　物权概述

第一节　物权的概念和效力

物权的概念和特征　物权的效力（物权的优先效力　物上请求权）

第二节　物权的类型

物权法定原则　民法上物权的种类（所有权　用益物权　担保物权　占有）　民法学上物权的分类（自物权与他物权　动产物权与不动产物权　本权与占有）

第三节　物权的变动

物权的变动的概念　物权的变动的原则（公示原则　公信原则）　物权的变动的原因（物权的取得原因　物权的消灭原因）　物权行为　物权的公示（交付及其法律效果　登记及其法律效果）

第四节 物权的保护

物权的保护的概念 物权的保护方法（确认产权 恢复原状 返还原物 排除妨碍 损害赔偿）

第八章 所有权

第一节 所有权概述

所有权的概念与特征 所有权的内容（占有 使用 收益 处分）

第二节 国家所有权、集体所有权、私人所有权与其他所有权

国家所有权 集体所有权 私人所有权 法人所有权（营利法人所有权 其他法人所有权）

第三节 业主的建筑物区分所有权

业主的建筑物区分所有权的概念 业主的建筑物区分所有权的内容（专有部分的单独所有权 共有部分的共有权 业主的管理权（业主的管理权的范围 物业服务合同））

第四节 相邻关系

相邻关系（相邻关系的概念和特征 处理相邻关系的原则 几种主要的相邻关系）

第五节 共 有

共有的概念和特征（准共有） 按份共有（按份共有的概念与性质 按份共有的内部关系 按份共有的外部关系 共有物的分割） 共同共有（共同共有的概念和特征 共同共有的内外部关系 共同共有的类型）

第六节 所有权的特别取得方法

善意取得 拾得遗失物 发现埋藏物 主物转让时从物的所有权归属与孳息所有权的归属 添附（加工 附合 混合） 先占

第九章 用益物权

第一节 用益物权的概念和特征

用益物权的概念 用益物权的特征

第二节 土地承包经营权

土地承包经营权的概念和特征 土地承包经营权的取得 承包人的权利和义务（承包人的权利 承包人的义务） 发包人的权利和义务 土地经营权的流转

第三节 建设用地使用权

建设用地使用权的概念和特征 建设用地使用权的产生和期限 建设用地使用权的内容

第四节　宅基地使用权

宅基地使用权的概念和特征　宅基地使用权的内容

第五节　居住权

居住权的概念和特征　居住权的设立和内容　居住权的消灭

第六节　地役权

地役权的概念和特征　地役权的取得　地役权的内容（地役权人的权利　地役权人的义务）　地役权的消灭

第十章　担保物权

第一节　抵押权

抵押权的概念和特征　抵押权的设立（抵押合同的内容　抵押登记　抵押权的标的　抵押权的范围）　抵押权当事人的权利（抵押人的权利　抵押权人的权利）　抵押权的实现（抵押权实现的要件　抵押权实现的方法　清偿债权　抵押权的实现与诉讼时效）　抵押权的终止　特殊抵押权（共同抵押　最高额抵押　~~财团抵押~~）

第二节　质　权

质权的概念和特征　动产质权（动产质权的设立　动产质权当事人的权利和义务）　权利质权（权利质权的设立　权利质权的标的　权利质权当事人的权利和义务）

第三节　留置权

留置权的概念和特征　留置权的取得（留置权取得的积极要件　留置权取得的消极要件）　留置权的效力（留置权人的权利　留置权人的义务）　留置权的消灭

第四节　担保物权的竞合

担保物权竞合的概念和成立条件　抵押权与质权的竞合　抵押权与留置权的竞合　留置权与质权的竞合

第十一章　占　有

第一节　占有概述

占有的概念和性质　占有的种类（自主占有与他主占有　直接占有与间接占有　有权占有与无权占有　善意占有与恶意占有　无过失占有与有过失占有　无瑕疵占有与有瑕疵占有）

第二节　占有的效力和保护

占有的推定（事实的推定　权利的推定）　占有人与返还请求权人的关系　占有的保护（占有人的自力救济权　占有保护请求权）

第三节　占有的取得和消灭

占有的取得（直接占有的取得　间接占有的取得）　占有的消灭

第三编　合　同

第十二章　债与合同概述

第一节　债的概述

债的概念和特征　债的要素（债的主体　债的内容　债的客体）　债的发生原因　债的分类

第二节　债的发生

合同（合同的概念和特征　合同的分类）　单方允诺　侵权行为　无因管理　不当得利　其他原因

第三节　债的分类

意定之债与法定之债　特定之债与种类之债　单一之债与多数人之债　按份之债与连带之债　简单之债与选择之债　主债与从债　财物之债与劳务之债

第二节　合同概述

合同的概念和特征　合同的分类

第十三章　合同的订立和效力①

第一节　合同的订立

合同的形式和内容　合同订立的一般方式（要约　承诺）　合同的特殊订立方式（悬赏广告　招标投标　拍卖　强制缔约）　合同的成立　格式条款　缔约过失责任

第二节　合同的效力

合同的有效与生效　无权代理合同、越权订立合同、超越经营范围合同、免责条款、争议解决方法条款的特殊效力规则

第十三章　债的履行

第一节　债的履行规则

履行主体　履行标的　履行期限　履行地点　履行方式　履行费用

---

① 对应《2019 年国家统一法律职业资格考试大纲》本学科第十七章内容。

第二节 债的不履行和不适当履行

履行不能 拒绝履行 迟延履行 瑕疵履行 加害给付

第十四章 合同的履行①

第一节 合同履行概述

合同履行的概念 合同履行的原则 合同履行的一般规则（履行主体履行标的 履行期限 履行地点 履行方式 履行费用）

第二节 合同履行的特殊规则

选择之债的履行 多数人之债的履行（按份之债 连带之债） 向第三人履行 由第三人履行 第三人代为履行 提前履行 部分履行

第三节 双务合同履行抗辩权

同时履行抗辩权 不安抗辩权 顺序履行抗辩权

第四节 情势变更

情势变更的概念和构成要件 情势变更的法律效果

第十五章 合同的保全和担保

第一节 合同的保全

合同保全的概念 债权人代位权（债权人代位权的概念 债权人代位权的成立要件 债权人代位权的行使 债权人代位权行使的效力） 债权人撤销权（债权人撤销权的概念 债权人撤销权的成立要件 债权人撤销权的行使 债权人撤销权行使的效力）

第二节 合同的担保

合同的担保的概念和种类 保证（保证的概念和种类 保证的设立 保证期间 保证的效力 无效保证及其法律后果 保证责任的免除） 定金（定金的概念和种类 定金的成立 定金的效力）

第十五章 债的移转和消灭

第一节 债的移转

债的移转的概念 债权让与（债权让与的概念 债权让与的要件 债权让与的效力） 债务承担（债务承担的概念和种类 债务承担的要件 债务承担的效力） 债的概括承受（合同承受 企业合并）

---

① 对应《2019年国家统一法律职业资格考试大纲》本学科第十三章内容。

第二节　债的消灭

债的消灭的概念　清偿（清偿的概念　代为清偿　清偿费用）　抵销（抵销的概念　法定抵销的要件　抵销的方法　抵销的效力）　提存（提存的概念　提存的事由　提存的标的　提存的方法　提存的效力）　免除（免除的概念　免除的方法　免除的效力）　混同（混同的概念　混同的成立　混同的效力）

第十六章　合同的变更、转让和权利义务终止[①]

第一节　合同的变更和转让

合同变更、转让的概念　合同变更的条件　债权让与　债务承担

第二节　合同的权利义务终止

合同权利义务终止的概念和法律效果　后合同义务　债务履行　合同的解除　债务抵销　提存　债务免除　混同

第十六章　不当得利、无因管理

第一节　不当得利

不当得利的概念　不当得利的成立要件（一方取得财产利益　一方受有损失　取得利益与所受损失间有因果关系　没有法律上的根据）　不当得利的基本类型（给付型不当得利　非给付型不当得利）　不当得利之债的内容（善意受益人的返还义务　恶意受益人的返还义务）

第二节　无因管理

无因管理的概念　无因管理的成立要件（管理他人事务　为他人利益的意思　无法律上的原因）　无因管理之债的内容（管理人的义务　管理人的权利　损害赔偿责任）

第十七章　合同的订立和履行

第一节　合同的订立

合同订立的一般程序（要约　承诺）　合同的特殊订立方式（悬赏广告　招标投标　拍卖）　格式条款合同的订立规则　合同的成立（合同成立的概念　合同成立的时间和地点）　缔约过失责任（缔约过失责任的概念和构成要件　缔约过失责任的适用　缔约过失责任的赔偿范围）

第二节　合同的内容和解释

合同的内容（必要条款　一般条款）　合同的解释（合同解释的方法　格式条款的解释规则）

---

① 对应《2019年国家统一法律职业资格考试大纲》本学科第十五章、第十八章内容。

第三节　双务合同履行抗辩权

同时履行抗辩权（同时履行抗辩权的概念　同时履行抗辩权的成立条件　当事人一方违约与同时履行抗辩权）　不安抗辩权（不安抗辩权的概念　不安抗辩权成立的条件　不安抗辩权的行使　不安抗辩权的效力）　顺序履行抗辩权（顺序履行抗辩权的概念　顺序履行抗辩权的成立要件　顺序履行抗辩权的效力）

第十八章　合同的变更和解除

第一节　合同的变更

合同变更的概念　合同变更的条件　情事变更原则　合同变更的效力

第二节　合同的解除

合同解除的概念　合同解除的条件　合同解除的程序　合同解除的效力

第十七章　违约责任

第一节　违约责任的成立与减免

违约行为的概念和特征主要形态　违约责任的概念和成立要件　违约行为的形态　违约责任的免责事由与减责事由（不可抗力　免责条款　与有过失）　因第三方原因违约的责任

第二节　违约责任的形式

继续履行责任　补救措施责任　赔偿损失责任　违约金责任　定金责任　违约金与定金的关系

第十八章　转移财产权利合同

第一节　买卖合同

买卖合同的概念和特征　买卖合同的成立及效力　标的物交付和所有权转移　标的物风险负担和孳息归属　标的物检验　违约责任　所有权保留　特种买卖合同　（分期付款买卖　凭样品买卖　试用买卖　招投标买卖　拍卖）　商品房买卖合同

第二节　赠与合同

赠与合同的概念和特征　赠与合同当事人的权利和义务　赠与合同的终止

第三节　借款合同

借款合同的概念和特征　借款合同当事人的权利和义务（贷款人的权利义务　借款人的权利义务）　民间借贷的裁判规则

第四节　租赁合同

租赁合同的概念、特征和种类　租赁合同的主要内容及履行规则　租赁合同当事人的权利和义务

《出租人的义务 承租人的义务 承租人的转租权 买卖不破租赁》 房屋租赁合同

第五节 融资租赁合同

融资租赁合同的概念和特征 融资租赁合同的认定及效力 融资租赁合同的主要内容及履行规则
融资租赁合同的解除 融资租赁物的所有权归属

第十九章 完成工作交付成果合同

第一节 承揽合同

承揽合同的概念、特征和种类 承揽合同的主要内容及履行规则 承揽合同的终止

第二节 建设工程合同

建设工程合同的概念和特征 建设工程合同的订立和效力 建设工程合同的主要内容及履行规则
建设工程施工合同的违约责任

第二十章 提供劳务合同

第一节 保理合同

保理合同的概念和特征 保理合同的主要内容及履行规则

第二节 运输合同

运输合同的概念和特征 客运合同、货运合同的主要内容及履行规则 多式联运合同的特殊规则

第三节 保管合同

保管合同的概念和特征 保管合同的主要内容及履行规则

第四节 仓储合同

仓储合同的概念和特征 仓储合同的主要内容及履行规则

第五节 委托合同

委托合同的概念和特征 委托合同的主要内容及履行规则 委托合同的终止

第六节 物业服务合同

物业服务合同的概念和特征 物业服务合同的主要内容及履行规则

第七节 行纪合同

行纪合同的概念和特征 行纪合同的主要内容及履行规则

第八节　中介合同①

中介合同的概念和特征　中介合同的主要内容及履行规则

第二十一章　技术合同

第一节　技术合同概述

技术合同的概念和特征　技术合同的订立和主要内容（技术合同的订立　技术合同的主要内容）技术合同的价款、报酬和使用费的支付　技术合同成果的权利归属和风险负担（成果归属　开发风险的负担）　技术合同无效的特殊规定

第二节　技术开发合同

技术开发合同的概念和特征　委托开发合同当事人的权利和义务　合作开发合同当事人的权利和义务

第三节　技术转让合同和技术许可合同

技术转让合同、技术许可合同的概念和特征　技术转让合同、技术许可合同当事人的权利和义务

第四节　技术咨询合同和技术服务合同

技术咨询合同和技术服务合同的概念和特征　技术咨询合同和技术服务合同当事人的权利和义务

第二十二章　保证合同、合伙合同

第一节　保证合同

保证合同的概念和特征　保证合同的成立和效力　保证责任

第二节　合伙合同

合伙合同的概念和特征　合伙财产　合伙事务　合伙利润分配与债务承担　合伙合同的终止

第二十三章　准合同②

第一节　不当得利

不当得利的概念　不当得利的成立要件　不当得利的基本类型　不当得利之债的内容

第二节　无因管理

无因管理的概念　无因管理的成立要件　无因管理之债的内容

---

① 对应《2019年国家统一法律职业资格考试大纲》本学科第二十二章第五节"居间合同"内容。
② 对应《2019年国家统一法律职业资格考试大纲》本学科第十六章内容。

第四编　人格权

第二十四章　人格权概述①

第一节　人格权的概念和分类

人格权的概念　人格权的特征　人格权与身份权　人格权的分类

第二节　人格权保护的一般规则

人格要素的使用（许可使用　合理使用）　人格权的延伸保护　人格权请求权与诉讼时效　违约责任与人格权保护　人格权的禁令保护　人格权侵权责任的认定

第二十五章　具体人格权

第一节　生命权、身体权、健康权

生命权、身体权、健康权的概念和特征　生命权、身体权、健康权的保护

第二节　姓名权、名称权

姓名权、名称权的概念和特征　姓名权、名称权的保护

第三节　肖像权

肖像权的概念和特征　肖像权的保护

第四节　名誉权和荣誉权

名誉权、荣誉权的概念和特征　名誉权、荣誉权的保护

第五节　隐私权和个人信息保护

隐私权、个人信息的概念和特征　隐私权、个人信息的保护

第五编　婚姻家庭

第二十六章　婚姻家庭概述②

第一节　婚姻、亲属的概念

婚姻的概念　亲属、近亲属、家庭成员的概念

---

①　对应《2019年国家统一法律职业资格考试大纲》本学科第二十九章第一节人格权内容。
②　对应《2019年国家统一法律职业资格考试大纲》本学科第二十九章第二节身份权内容。

第二节　婚姻家庭法的基本原则

婚姻自由原则　一夫一妻原则　男女平等原则　保护妇女、未成年人、老年人、残疾人合法权益原则　夫妻相互忠实、尊重原则　家庭成员敬老爱幼、互帮互助原则　最有利于被收养人原则

第二十七章　结婚和离婚

第一节　结　婚

结婚的概念和特征　结婚的条件（结婚行为的成立要件　结婚行为的生效要件）　结婚登记机关和程序　无效婚姻（无效婚姻的概念和事由　确认婚姻无效的确认　无效婚姻的法律后果）　可撤销婚姻（可撤销婚姻的概念和事由　请求撤销的程序　撤销权的行使）

第二节　离　婚

协议离婚（协议离婚的概念和条件　协议离婚的主管机关和程序　离婚登记申请的撤回）　诉讼离婚（准予离婚的法定条件　诉讼离婚中的两项特殊保护规则）　离婚的法律后果（离婚时的财产处理　离婚时的债务清偿　离婚后的子女抚养）　探望权（探望权的概念与主体　探望权的行使　探望权的中止　探望权的恢复行使）　离婚救济（离婚困难帮助请求权　离婚经济补偿权　离婚损害赔偿请求权）

第二十八章　家庭关系

第一节　夫妻关系

夫妻关系的概念　夫妻人身关系　日常家事代理权　夫妻财产关系（法定夫妻财产制（夫妻共同财产　夫妻一方的个人财产　夫妻共同债务）　约定夫妻财产制）　婚内财产分割请求权

第二节　父母子女关系和其他近亲属关系

自然血亲的父母子女关系（亲子关系的确认与否定制度　婚生父母子女关系　非婚生的父母子女关系）　继父母子女关系　祖父母、外祖父母与孙子女、外孙子女关系　兄弟姐妹关系　养父母子女关系（收养关系的成立　收养的法律效力　收养关系的解除）

第二十九章　收　养①

第一节　收养关系的成立和效力

收养的概念　被收养人、送养人、收养人的条件　收养的限制规则　收养关系的成立时间　收养的效力

---

① 对应《2019年国家统一法律职业资格考试大纲》本学科第二十四章第四节父母子女关系内容。

第二节　收养关系的解除

收养关系的协议解除　收养关系的诉讼解除　收养关系解除的法律效果

第六编　继　承

第三十章　继承概述

第一节　继承与继承权

继承的概念　继承权的概念和特征

第二节　继承权的取得、放弃、丧失和保护

继承权的取得　继承权的放弃　继承权的丧失　继承权的保护

第三十一章　法定继承

第一节　法定继承概述

法定继承的概念和特征　法定继承的适用范围

第二节　法定继承人的范围和顺序

法定继承人的范围　法定继承的顺序

第三节　代位继承

代位继承的概念　代位继承的条件

第四节　法定继承中的遗产分配

法定继承的遗产分配规则　对继承人以外的人酌情分配遗产的特殊规定

第三十二章　遗嘱继承、遗赠和遗赠扶养协议

第一节　遗嘱继承概述

遗嘱继承的概念　遗嘱继承的适用条件

第二节　遗　嘱

遗嘱的概念和特征　遗嘱的形式（自书遗嘱　代书遗嘱　打印遗嘱　录音录像遗嘱　口头遗嘱
公证遗嘱）　数份遗嘱内容的认定　遗嘱的效力（遗嘱的有效　无效遗嘱）　遗嘱的变更和撤回（遗
嘱变更、撤销的明示方式　遗嘱变更和撤销的推定方式）　遗嘱的执行（遗嘱执行人的种类　遗嘱执行
人的职责　对附有义务的遗嘱的执行）

第三节　遗　赠

遗赠的概念和特征　~~遗赠与遗嘱继承的区别~~　~~遗赠的有效条件~~　遗赠的执行　~~遗赠扶养协议~~

~~第四节　遗赠扶养协议~~

~~遗赠扶养协议的概念和特征~~　~~遗赠扶养协议当事人的权利和义务（受扶养人的权利和义务　扶养人的权利和义务）~~　~~遗赠扶养协议的解除~~

第三十三章　遗产的处理

~~第一节　继承的开始~~

~~继承开始的时间　继承开始的地点　继承的通知和遗产的保管（继承的通知　遗产的保管）~~

第一节　遗产的管理

遗产的概念和法律特征　遗产的范围　遗产管理人的确定　遗产管理人的职责　继承的通知和遗产的保管　认定遗产应注意的问题（被继承人的遗产与共有财产的区别　被继承人的遗产与保险金、抚恤金的区别）

第二节　遗产的分割和债务清偿

遗产分割　被继承人的债务清偿（被继承人债务的确定　清偿被继承人债务的原则）

~~第四节　无人继承又无人受遗赠的遗产~~

~~无人继承又无人受遗赠的遗产的概念　无人继承又无人受遗赠的遗产的确定　无人继承又无人受遗赠的遗产的处理~~

第三十九章　人格权和身份权

~~第一节　人格权~~

~~人格权的概念　一般人格权（一般人格权的概念　一般人格权的特征）　具体人格权（生命权　身体权　健康权　姓名权与名称权　名誉权　肖像权　隐私权　荣誉权）~~

~~第二节　身份权~~

~~身份权的概念　亲权（亲权的概念　亲权的内容）　配偶权（配偶权的概念　配偶权的内容）　亲属权（亲属权的概念　亲属权的内容　侵害亲属权的法律后果）~~

第七编　侵权责任

第三十四章　侵权责任概述

第一节　侵权责任的概念和分类

侵权行为的概念和特征（~~侵权行为的概念　侵权行为的特征~~）　侵权行为的分类（一般侵权责任

与特殊侵权责任　自己责任与替代责任　连带责任、按份责任与补充责任　~~单独侵权行为与数人侵权行为~~　~~作为的侵权行为与不作为的侵权行为~~）

第二节　侵权责任的归责原则

侵权责任归责原则的概念　过错责任原则（过错责任　过错推定责任）　无过错责任~~原则~~　公平责任

第三节　侵权责任的基本构成要件

加害行为　损害事实　因果关系　主观过错

第四节　数人侵权的侵权责任

共同加害行为（共同加害行为的概念和特征　教唆侵权行为和帮助侵权行为）　共同危险行为（共同危险行为的概念和免责事由　共同危险行为的特征）　教唆、帮助行为　无意思联络的数人侵权行为

~~第五节　侵权责任~~

~~侵权责任的概念、方式与适用（侵权责任的概念　侵权责任的方式　侵权责任的适用）　侵权责任的免责和减轻责任的事由　侵权责任与其他民事责任的竞合（侵权责任与违约责任的竞合　侵权责任与不当得利责任的竞合）　侵权损害赔偿（财产损害赔偿　精神损害赔偿　赔偿费用的支付）~~

第五节　侵权责任的免除和减轻事由

受害人过错　受害人故意　第三人过错　自甘风险　自助行为

第六节　侵权责任的承担方式

侵权责任的主要承担方式　财产损害赔偿（人身伤亡的财产损害赔偿　侵害其他人身权益的财产损害赔偿　侵害财产权益的财产损害赔偿）　非财产损害赔偿　惩罚性赔偿

第三十五章　特殊侵权责任

~~第一节　特殊主体的侵权行为与责任~~

~~监护人的侵权责任　完全民事行为能力人对自己的行为暂时没有意识或者失去控制致人损害的侵权行为与责任　用人单位、用工单位的侵权责任　个人之间形成劳务关系中接受劳务一方的侵权责任　网络用户、网络服务提供者的侵权责任　公共场所的管理人、群众性活动的组织者违反安全保障义务的侵权责任　教育机构的侵权责任　被帮工人、帮工人的侵权责任　定作人的侵权责任　见义勇为中受益人的补偿责任~~

第一节　监护人责任

监护人责任的构成要件　监护者责任的承担　监护人责任的减轻

第二节　用人者责任

用人者责任的构成要件　用人者责任的承担　提供劳务一方受害的侵权责任　定作人责任

第三节　网络侵权责任

通知规则下的网络侵权责任　知道规则下的网络侵权责任

第四节　违反安全保障义务的侵权责任

违反安全保障义务责任的构成要件　违反安全保障义务的责任承担

第五节　教育机构的侵权责任

教育机构侵权责任的归责原则　教育机构侵权责任的构成要件　教育机构侵权责任的承担

第六节　产品责任

产品责任的归责原则　产品责任的构成要件　产品责任的承担主体与承担方式　惩罚性赔偿责任
产品责任的免责事由和诉讼时效

第七节　机动车交通事故责任

机动车交通事故责任的归责原则　机动车交通事故责任的构成要件　机动车交通事故责任的归责原则和责任主体

第八节　医疗损害责任

医疗损害责任的构成要件　医疗活动中的其他责任　医疗损害责任的免责事由

第九节　环境污染和生态破坏责任

环境污染责任的构成要件　生态破坏责任　生态环境修复责任　生态污染和生态破坏的惩罚性赔偿　环境污染责任的责任承担和免责事由

第十节　高度危险责任

民用核事故致害责任　民用航空器致害责任　高度危险责任的构成要件　高度危险物致害责任
高度危险活动致害责任　高度危险区域致害责任　高度危险责任的责任主体和免责事由

第十一节　饲养动物损害责任

饲养动物损害责任的构成要件　饲养动物损害责任的承担　饲养动物损害责任的减轻或免责事由

第十二节　建筑物和物件损害责任

物件损害责任的构成要件　物件损害责任的类型

建筑物、构筑物或者其他设施倒塌、塌陷致害责任　建筑物、构筑物或者其他设施及其搁置物、悬挂物脱落、坠落损害责任　建筑物中抛掷物品或者建筑物上坠落物品致害责任　堆放物倒塌、滚落或者滑落致害责任　公共道路堆放、倾倒、遗撒妨碍通行的物品致害责任　林木折断、倾倒或果实坠落损害责任　地下施工及地下设施致人损害责任

附：**本部分新增法规**

中华人民共和国民法典（2020.5.28）

知识产权法

第一章　著作权

第一节　知识产权保护概述

知识产权的概念、特征　知识产权的保护　侵犯知识产权的民事责任　知识产权保护的诉讼时效　知识产权诉讼特殊程序（管辖　举证责任　知识产权被许可人的诉讼地位　诉前责令停止有关行为）国际知识产权保护的基本原则

第二节　著作权的客体

作品的概念　作品的种类　著作权法不予保护的对象

第三节　著作权的主体

一般意义上的著作权主体（作者　继受人　外国人和无国籍人）　演绎作品的著作权人（演绎作品的概念　演绎作品著作权的归属及行使）　合作作品的著作权人（合作作品的概念　合作作品著作权的归属及行使）　汇编作品的著作权人（汇编作品的概念　汇编作品著作权的归属及行使）　影视作品的著作权人　职务作品的著作权人（职务作品的概念　职务作品的种类及著作权归属）　委托作品的著作权人　原件所有权转移的作品著作权归属　作者身份不明的作品著作权归属

第四节　著作权的内容

著作人身权（发表权　署名权　修改权　保护作品完整权）　著作财产权（使用权　许可使用权转让权　获得报酬权）

第五节　著作权的限制

合理使用（合理使用的概念　合理使用的情形）　法定许可使用　著作权的保护期限

第六节　邻接权

邻接权的概念　出版者的权利（出版者的权利内容　出版者的主要义务）　表演者的权利（表演者权的主体和客体　表演者的权利内容　表演者的主要义务）　录制者的权利（录制者权的主体和客体录制者的权利和义务）　播放者的权利（播放者权的主体和客体　播放者的权利和义务）

第七节　著作权侵权行为

著作权侵权行为的概念　承担民事责任的著作权侵权行为　承担综合法律责任的著作权侵权行为

第八节　计算机软件著作权

软件著作权的客体和主体（软件著作权的客体　软件著作权人及其权利归属）　软件著作权的内容（软件著作人身权　软件著作财产权）　软件著作权的期限和限制（软件著作权的期限　软件著作权的限制）　软件登记　侵犯软件著作权行为及法律责任（承担民事责任的侵权行为　承担综合法律责任的侵权行为　软件复制品有关主体的法律责任）

第二章　专利权

第一节　专利权的主体

发明人或设计人　发明人或设计人的单位　受让人　外国人、外国企业或外国其他组织

第二节　专利权的客体

发明　实用新型　外观设计　专利法不予保护的对象

第三节　授予专利权的条件

发明或者实用新型专利的授权条件（新颖性　创造性　实用性）　外观设计专利的授权条件（新颖性　实用性　富有美感　不得与他人在先取得的合法权利相冲突）

第四节　授予专利权的程序

专利的申请（专利申请的原则　专利申请文件　专利申请日）　专利申请的审批（发明专利的审批　实用新型和外观设计专利的审批）　专利的复审和无效宣告（专利复审　专利的无效宣告）

第五节　专利权的内容和限制

专利权人的权利（独占实施权　实施许可权　转让权　标示权）　专利权人的义务　专利权的期限　专利权的限制（强制许可　不视为侵犯专利权的行为）

第六节　专利侵权行为

专利权的保护范围　专利侵权行为（专利侵权行为的概念　专利侵权行为的表现形式）

第三章　商标权

第一节　商标权的取得

取得商标权的途径　商标注册的原则（申请在先原则　诚实信用原则　自愿注册原则）　商标注册的条件（申请人的条件　商标构成的条件）　商标注册程序（申请的代理　注册申请　审查和核准）

第二节　商标权的内容

专用权　许可权　转让权　续展权　标示权　禁止权

第三节　商标权的消灭

注册商标的注销　注册商标的撤销　注册商标的无效宣告

第四节　商标侵权行为

商标侵权行为的概念　商标侵权行为的表现形式　商标权的限制

第五节　驰名商标的保护

驰名商标的概念　驰名商标的认定　驰名商标的特殊保护措施　驰名商标的宣传

附：本部分新增法规

1. 中华人民共和国商标法（2019.4.23）①

商　法

第一章　公司法

第一节　公司法概述

公司法的性质　公司的概念与特征（公司概念　公司的营利性　公司的独立财产　公司的独立责任　公司法人人格否认制度）　公司的分类（公司的不同分类标准及其意义　有限公司与股份公司　封闭公司与开放公司　人合公司与资合公司　本公司与分公司　母公司与子公司）

第二节　公司的设立

公司设立的概念（公司设立与公司成立的区别）　公司设立的方式（发起设立　募集设立）　公司设立的登记（公司登记与营业登记　登记机关　登记的程序　登记的效力）　发起人（发起人的概念　发起人的职责　发起人责任与公司责任的区分）　公司章程（公司章程的概念与特征　公司章程的订立与修改　公司章程的效力）　公司的资本（公司资本　公司资本原则　公司资本与公司资产　认缴资本制）

第三节　公司的股东与股东权利

股东的概念（自然人股东　法人股东　国家股东　股东资格的取得与确认）　名义股东与实际股东　股东的权利（股东权利的特征　股东权利的原则　股东权利的内容　股东权利的类型　股东查阅权　股东红利分配请求权）　股东的义务（股东的一般义务　控股股东的特别义务　公司实际控制人及其义务）　股东代表诉讼制度（股东代表诉讼的概念　股东代表诉讼制度的特征　股东代表诉讼的当事人　股东代表诉讼制度的功能）

第四节　公司的董事、监事、高级管理人员

董事、监事、高级管理人员的任职资格（高级管理人员的范围　任职资格的禁止性规定　违反任职资格禁止性规定的后果）　董事、监事、高级管理人员的义务（忠诚义务　勤勉义务　禁止性行为　违反禁止性行为所得收入的归属）　董事、监事、高级管理人员的责任

第五节　公司的财务与会计制度

公司的财务会计报告制度　公司的收益分配制度（公司法对公司收益分配制度的强制性规定　公司收益分配顺序　股东利润的分配）

第六节　公司债券②

公司债券的特征　公司债券与公司股票的区别　公司债券的发行（债券发行的核准制　发行主体

---

① 部分修改。
② 参见商法第七章证券法的相关内容。

发行条件 发行程序 债券发行承销协议） 公司债券的转让（转让的方式 转让的场所 记名债券的转让 无记名债券的转让）

第七节 公司的变更、合并与分立

公司合并的种类（新设合并 吸收合并） 公司合并的程序（合并协议 对债权人的通知 合并公告 对债权人的救济） 公司合并的后果（对公司主体资格的影响 合并后公司债权债务的承担） 公司分立的种类（新设分立 存续分立） 公司分立的程序（分立协议 对债权人的通知 分立公告 对债权人的救济） 公司分立的后果（对公司主体资格的影响 公司分立后债权债务的承担 分立后公司的连带责任）

第八节 公司的解散与清算

公司的解散（公司解散的事由 一般解散的原因 强制解散的原因 司法判决解散） 公司的清算（清算组织的成立 清偿顺序 剩余财产的分割）

第九节 外国公司的分支机构

外国公司分支机构的设立条件 外国公司分支机构的设立程序 外国公司分支机构的解散与清算

第十节 有限责任公司

有限责任公司的特征 有限责任公司的设立条件（股东人数 股东的资格条件 注册资本 出资方式 出资程序 公司章程 公司名称） 有限责任公司的组织机构 有限责任公司的股权转让（对内转让的规则 对外转让的规则 转让的条件 转让的程序 其他股东的优先受让权 强制执行程序中的股东优先购买权 异议股东的股权收购请求权） 一人有限责任公司的特别规定 国有独资公司的特别规定

第十一节 股份有限公司

股份有限公司的设立条件（发起人的条件及其义务） 股份有限公司的设立方式与程序（发起设立 募集设立） 股份有限公司的组织机构（股东大会 股东大会的决议及其效力 对董事、经理和监事行为的禁止性规定） 股份有限公司的股份发行（股份发行的条件 新股发行的条件与程序 股票的形式 记名股票与不记名股票） 股份有限公司的股份转让（股份转让的原则 股份转让的场所 股份转让的限制 收购本公司股份） 对上市公司组织机构的特别规定（上市公司的概念 上市公司由股东大会决议的特别事项 上市公司的独立董事制度 独立董事的特别职权）

第二章 合伙企业法

第一节 合伙制度概述

合伙的概念与类型 合伙的特征（共同出资 共同经营 共负盈亏 对外承担连带无限责任）

第二节 普通合伙企业的设立条件与程序

合伙人（合伙人的行为能力 法律禁止作为合伙人的情形） 合伙协议（合伙协议的形式 合伙协议的生效） 合伙出资（出资的方式 出资的作价 出资的缴付） 合伙企业的名称（法律对合伙企业名称的禁止性规定）

第三节　普通合伙企业的财产与损益分配

合伙财产的范围（出资财产　积累财产）　合伙财产的性质（区分以所有权出资和以使用权出资合伙财产的按份共有性质）　合伙财产的管理、使用及处分　合伙的利润分配与亏损负担

第四节　普通合伙事务的执行

合伙事务的执行方式　合伙事务的执行规则　合伙事务的决议（决议程序　须经全体合伙人一致同意的决议事项）　竞业禁止

第五节　普通合伙与第三人的关系

~~合伙人对外行为的效力~~　对善意第三人的保护　合伙企业债务的清偿（合伙企业债务的性质　清偿顺序　连带清偿　无限责任　合伙人之间的债务分担　对内追偿权及其行使）

第六节　普通合伙的入伙与退伙

入伙的条件与程序　入伙的后果（入伙人的权利　入伙人对入伙前合伙企业债务的承担规则　入伙协议关于债务承担的对内与对外效力）　声明退伙（协议退伙　通知退伙）　法定退伙（当然退伙的法定情形　除名退伙的法定情形）　退伙的后果（合伙人资格的丧失　退伙结算）

第七节　特殊的普通合伙企业

特殊的普通合伙企业的概念与设立　特殊的普通合伙企业的债务承担（有限责任和连带责任　赔偿责任）

第八节　有限合伙企业

有限合伙企业的设立条件与程序（合伙人　合伙协议　出资　合伙企业的名称）有限合伙企业事务的执行（有限合伙人不视为执行合伙事务的行为）有限合伙人的权利（有限合伙人与企业的交易　同业竞争　有限合伙份额出质与转让）　表见普通合伙（表见普通合伙的条件）　有限合伙人与普通合伙人的转化（对合伙企业债务的承担）

第九节　合伙的解散与清算

合伙解散的事由　合伙解散时的清算（清算人　清算程序　财产清偿顺序　合伙债务的清偿时效注销登记）

第三章　个人独资企业法

第一节　个人独资企业概述

个人独资企业的概念　个人独资企业的特征（投资人方面的特征　财产性质方面的特征　民事责任承担方面的特征　个人独资企业与相关组织的区别）

第二节　个人独资企业的设立

个人独资企业的设立条件　个人独资企业的设立程序　个人独资企业的分支机构

第三节 个人独资企业的投资人及事务管理

个人独资企业的投资人（投资人的条件 投资人的权利 投资人的义务 投资人的责任） 个人独资企业的事务管理 （个人独资企业事务管理的方式 受托人和被聘用的管理人的作为义务与不作为义务）

第四节 个人独资企业的解散与清算

个人独资企业的解散事由（投资人决定解散 投资人死亡或被宣告死亡又无继承人时的解散 被依法吊销营业执照时的解散 其他解散情形）个人独资企业的清算

第四章 外商投资法

第一节 外商投资法概述

外商投资、外国投资者、外国投资企业的概念

第二节 外商投资促进制度

准入前国民待遇与负面清单管理制度 与内资企业同等适用各项政策

第三节 外商投资保护制度

审慎的外资征收制度 资金汇出的自由化 对外资的知识产权保护 外商投资企业的投诉机制

第四节 外商投资管理制度

外商投资准入负面清单制度 集中审查制度 组织形式、组织机构及其活动准则的法律适用 信息报告制度 安全审查制度 过渡期安排

第五章 企业破产法

第一节 一般规定

破产程序的适用范围 破产原因 破产案件的管辖、裁定和公告

第二节 破产申请和受理

破产案件的申请（债权人申请 债务人申请 清算责任人申请 破产申请的撤回 破产申请的接收） 破产案件的受理（受理时限 受理审查 申请的驳回 管理人的任命） 破产案件受理后的法律效果（债务人有关人员的义务 个别清偿无效 对管理人为给付 待履行合同的处理 保全解除和执行中止 民事诉讼或者仲裁的中止 破产程序开始后的民事诉讼）

第三节 管理人

管理人的任命 管理人的资格 管理人的职责 管理人的义务

第四节 债务人财产

债务人财产的范围 撤销权和追回权（撤销权和追回权的追诉对象 对企业管理层的特别追回权）

取回权（一般取回权　出卖人取回权）　抵销权（破产抵销权的行使　不适用破产抵销的情形）破产费用和共益债务

第五节　债权申报

申报期限　债权申报的范围　申报方式　逾期申报和未申报的后果

第六节　债权人会议

债权人会议的法律地位　债权人会议的程序规则（债权人会议的组成　债权人会议的职权　债权人会议的召开程序）　债权人委员会

第七节　重整程序

重整原因　重整程序的发动　重整期间营业保护的特别规定（担保物权限制　新借款　取回权限制　对出资人和管理层的权利限制）　重整程序的终止　重整计划的通过和批准（分组表决程序　批准程序　强行批准）

第八节　和解程序

和解申请与裁定　和解协议的成立和生效　和解协议的执行　法庭外的和解

第九节　破产清算程序

破产宣告　别除权　破产财产变价　破产分配（破产清偿顺序　破产分配方案　分配额的提存）破产程序的终结　追加分配

第十节　法律责任

债务人的法律责任（管理层造成企业破产法律责任　违反破产程序义务的法律责任　欺诈破产行为的法律责任）　管理人的法律责任

第十一节　特殊规定

职工债权的特殊清偿安排　国有企业破产的特殊规定　金融机构破产的特殊规定　非法人组织破产的特殊规定

第六章　票据法

第一节　票据法概述

票据的特征（票据的无因性　票据的要式性　票据的文义性　票据的设权性　票据的流通性）　票据的种类　票据的功能　票据法的特征（票据法的强行性　票据法的技术性　票据法的国际统一性）票据上的法律关系（票据关系　非票据关系）　票据法律关系当事人（基本当事人　非基本当事人）

第二节　票据权利和票据行为

票据权利的种类（付款请求权　追索权）　票据权利的特征　票据权利的取得（票据权利的原始取得　票据权利的继受取得）　票据权利的行使　票据权利的保全　票据权利的消灭（票据法上的消灭原因　民法上的消灭原因）　票据权利的瑕疵（票据的伪造　票据的变造　票据的更改　票据的涂销）票据行为（票据行为的概念　票据行为的特征　票据行为的种类　出票　背书　承兑　保证　票据行

为的代理）

第三节　票据抗辩与补救

票据抗辩的种类（物的抗辩　人的抗辩）　票据抗辩的限制　票据丧失与补救（挂失止付的条件、程序与后果　公示催告的适用　票据丧失时的诉讼补救）

第四节　汇票

汇票的特征　汇票的种类　汇票当事人（出票人　收款人　付款人）　汇票的出票（出票的概念　汇票的法定记载事项　汇票未记载事项的认定）　汇票的背书转让（汇票背书转让的概念　汇票背书转让的方式与后果　汇票背书转让的限制情形）　汇票质押的方式与后果　汇票的承兑（承兑的概念　提示承兑　付款人的承兑程序）　汇票的保证（保证的概念　保证事项　保证的成立　保证的法律效力）　汇票的付款（付款的概念　付款的程序　付款损失的承担）　汇票的追索权（追索权的概念　追索权行使的原因　行使追索权的条件　追索与再追索）

第五节　本票和支票

本票的特征　本票的出票（出票人的资格　本票的法定记载事项）　本票的付款　支票的概念　支票的特征　支票的种类（记名支票与不记名支票　现金支票与转账支票）　支票的出票（出票人的资格　支票的法定记载事项　未记载事项的补救　出票的效力）

第七章　证券法

第一节　证券法概述

证券的概念、种类及特征　证券市场（证券发行市场　证券流通市场）　证券法的概念、适用范围及基本原则

第二节　证券发行

证券发行的基本条件（股票发行的基本条件　公司债券发行的基本条件）　发行公告　发行中介机构（律师事务所　会计师事务所　资产评估机构）　发行方式（传统方式　现行方式）　证券承销（承销业务的种类　承销协议的主要内容　承销团及主承销人　证券的销售期限　代销发行失败）

第三节　证券交易

证券上市　证券交易的条件及方式（交易的条件　交易的方式）　证券交易的暂停和终止（股票交易的暂停和终止　债券交易的暂停和终止）　限制和禁止的证券交易行为（限制和禁止的证券交易行为的一般规定　禁止内幕交易行为　禁止操纵证券市场行为　禁止虚假陈述和信息误导行为　禁止损害客户利益的行为　其他禁止行为）

第四节　证券上市

股票上市（股票上市的申请　股票上市的条件　股票上市的公告）　债券上市（债券上市的条件　债券上市的申请）　信息公开制度（公开文件　公开报告　信息公开不实的法律后果）

第四节　上市公司收购制度

上市公司收购的概念和方式（~~上市公司收购的概念　上市公司收购的方式~~）　上市公司收购的程序和规则（报告和公告持股情况　收购要约　协议收购　禁止转让　终止上市交易和应当收购　报告和公告收购情况）　上市公司收购的法律后果

第五节　信息披露

信息披露制度的概念　信息披露的基本要求（同时披露　自愿披露　境内外同时披露　信息发布与置备场所）　定期报告的披露（定期报告的报送和公告　发行文件和定期报告披露的签署）　临时报告的披露（股票交易重大事件临时报告披露　债券交易重大事件临时报告披露）　信息披露监管与信息披露不实的法律后果

第六节　投资者保护

投资者保护概述　投资者保护新制度内容（证券公司销售证券、提供服务时的义务　普通投资者和专业投资者　征集股东权利　分配现金股利　债券持有人会议　先行赔付　纠纷解决）

第七节　证券机构

证券交易场所（证券交易场所和证券交易所的概念　证券交易所的职能）　证券公司（证券公司的设立　证券公司的组织形式及业务范围　对证券公司的监管）　证券登记结算机构（证券登记结算机构的概念与设立　证券登记结算机构的职能~~和责任~~　对证券登记结算机构的监管）　证券服务机构（证券服务机构概述　对证券服务机构的监管）　证券业协会（证券业协会的性质与机构设置　证券业协会的职责）　证券监督管理机构（证券监督管理机构的性质　证券监督管理机构的职责　证券监管措施　行政执法和解措施　对证券行政执法的监管　证券跨境合作与监管）

第八节　证券投资基金法律制度

证券投资基金概述（证券投资基金的概念特征及其分类　证券投资基金的产生和演变）　证券投资基金关系中的当事人（基金管理人　基金托管人　基金份额持有人）　公开募集基金的法律规制（基金的公开募集　公开募集基金的基金份额的交易　基金份额的申购与购回　基金的投资和收益分配）非公开募集基金的法律规制（非公开募集基金的合格投资者、托管及其管理人　非公开募集基金合同的签订与履行）　基金服务机构（基金服务机构的注册或者备案　各类基金服务机构义务）　基金行业协会（基金行业协会的性质　基金行业协会组织机构及其职责）　公开募集基金的信息披露（公开募集基金信息披露概述　基金募集信息披露的具体方式　公开基金上市交易和持续信息披露　基金临时信息披露）　基金的监督管理

第九节　违反证券法的法律责任

违反证券法的一般规定　违反证券法的相关法律责任（违反证券发行规定的法律责任　违反证券交易规定的法律责任　违反上市公司收购规定的法律责任　违反信息披露义务规定的法律责任　违反投资者保护规定的法律责任　违反证券交易场所规定的法律责任　违反证券公司规定的法律责任　违

反证券登记结算机构规定的法律责任 违反证券服务机构规定的法律责任 对证券监督管理机构及其
工作人员违法行为的责任追究) 违反证券投资基金规定的法律责任

第八章 保险法

第一节 保险法概述

保险的概念 保险的要素 (危险的存在 多数人参加保险 补偿或给付) 保险法的基本原则
(公序良俗原则 自愿原则 最大诚信原则 保险利益原则 近因原则)

第二节 保险合同总论

保险合同的特征 (射幸合同 最大诚信合同 格式合同 不要式合同 诺成合同) 保险合同的分类
(人身保险与财产保险 强制保险与自愿保险 原保险与再保险 单保险与复保险) 保险合同的当事
人 (保险人 投保人) 保险合同的关系人 (被保险人 受益人) 保险合同的条款 保险合同的成
立 保险合同的形式 (投保单 保险单 保险凭证 暂保单) 保险合同订立时的如实告知义务和说明
义务 保险合同的生效 保险合同的无效 (无效的原因 无效的后果) 保险合同的解除制度 (保险
合同解除制度的特殊性 解除的依据 解除的效果 对保险人解除权的限制) 保险合同的履行 (投保
人的义务 保险人的义务 索赔和理赔程序与规则) 请求给付保险金的诉讼时效 保险人的代位求偿
权 (代位求偿权的概念 代位求偿权的性质 代位求偿权的行使 被保险人放弃对第三人请求权的后果
被保险人导致保险人不能行使代位求偿权的后果 代位求偿权在人身保险中的适用禁止)

第三节 保险合同分论

人身保险合同的特征 人身保险合同当事人的权利与义务 人身保险合同的解除 财产保险合同的
特征 财产保险合同当事人的权利与义务 保险事故的处理

第四节 保险业法律制度

保险公司 (保险公司的概念 保险公司的设立条件 保险公司的设立程序 保险公司的分支机构
外资保险机构) 保险经营规则 (保险经营原则 保险公司偿付能力的维持 保险公司的风险管理与资
金营运限制) 保险代理人和保险经纪人 (保险代理人的概念 保险代理的特征 对保险代理人的业务
监管 保险经纪人的概念 对保险经纪人业务的监管 保险代理人与保险经纪人的禁止性行为) 保险
业的监督管理 (保险公司偿付能力不足时的监管 保险公司的整顿 保险公司的接管 保险监督管理机
构履行职责时的权利)

第九章 海商法

第一节 海商法概述

海商法的概念 海商法的适用范围

第二节 船舶与船员

船舶 (船舶的概念 船舶所有权 船舶担保物权 船舶抵押权 船舶优先权 船舶留置权 船舶担
保物权相互之间的关系) 船员 (船员的概念 船长的职责)

第三节　海上货物运输合同

海上货物运输合同的订立　海上货物运输合同的解除　海上货物运输合同的履行（承运人的责任托运人的责任　货物的交付）　提单（提单的概念　提单的法律特征　提单的性质　提单的种类　提单的签发　提单的内容　提单的转让）

第四节　海上旅客运输合同

客票的特征与意义　承运人的权利与责任（承运人的责任期间　承运人的基本责任及责任基础　承运人责任的免除或减轻　承运人的责任限额　实际承运人的责任）　旅客的权利与义务（旅客的权利旅客的义务）　旅客损害赔偿请求权的诉讼时效

第五节　船舶租用合同

定期租船合同（定期租船合同的概念　定期租船合同的特征　出租人的主要权利与义务　承租人的主要权利与义务）　光船租赁合同（光船租赁合同的概念　光船租赁合同的特征　出租人的主要权利与义务　承租人的主要权利与义务）

第六节　船舶碰撞

船舶碰撞的构成要件　船舶碰撞的损害赔偿原则（无过失的船舶碰撞　过失的船舶碰撞）　船舶碰撞案件的诉讼时效　船舶碰撞案件的法律适用

第七节　海难救助

海难救助的构成要件　救助合同（救助合同的概念　救助合同的种类　救助合同的订立　救助合同的变更　救助方的义务）　救助报酬（救助报酬的概念　确定救助报酬应考虑的因素　救助报酬的减少或取消　救助报酬的承担与分配　担保的提供与救助款项的先行支付）

第八节　共同海损

共同海损与单独海损的区别　共同海损的成立要件（海上危险必须是共同的　海上危险必须是真实的　共同海损的措施是有意的、合理的和有效的　共同海损的损失是必需的和直接的）　共同海损的牺牲和费用（共同海损牺牲的概念　共同海损牺牲的范围　共同海损费用的范围）　共同海损的理算（共同海损理算的概念　理算的法律依据　分摊请求权的时效　共同海损损失金额的确定　共同海损分摊价值的确定　共同海损分摊金额的计算）

第九节　海事赔偿责任限制

海事赔偿责任限制与单位责任限制的区别　海事赔偿责任限制的主体　海事赔偿责任限制的条件限制性债权与非限制性债权　海事赔偿责任限额（关于人身伤亡的赔偿请求　关于非人身伤亡的赔偿请求　旅客人身伤亡的责任限额）

第十节　海事诉讼特别程序

海事诉讼的管辖（地域管辖　专属管辖　协议管辖）　海事诉讼中的强制措施（海事请求保全海事强制令　海事证据保全）　海事担保　海事诉讼中的送达　海事诉讼审判程序（审理船舶碰撞案件的特别规定　审理共同海损案件的特别规定　海上保险人行使代位请求赔偿权利的规定）

附：本部分新增法规

1. 最高人民法院关于适用《中华人民共和国公司法》若干问题的规定（五）（2019.4.28）
2. 中华人民共和国证券法（2019.12.28）

经济法

第一章　竞争法

第一节　反垄断法

反垄断法的立法目的和基本原则　垄断行为（垄断协议　滥用市场支配地位　经营者集中　滥用行政权力排除、限制竞争）　反垄断调查机制（反垄断调查机构的职权　反垄断调查程序）　违反反垄断法的法律责任

第二节　反不正当竞争法

反不正当竞争法的立法目的　不正当竞争行为（商业混淆行为　商业贿赂行为　虚假宣传行为　侵犯商业秘密行为　不正当有奖销售行为　诋毁商誉行为　互联网不正当竞争行为）　监督检查（监督检查部门　监督检查部门的调查措施）　违反反不正当竞争法的法律责任（违反反不正当竞争法的行为种类及其法律责任）

第二章　消费者法

第一节　消费者权益保护法

消费者权益保护法的适用对象　消费者的权利与经营者的义务（消费者的权利　经营者的义务）消费者权益的保护（国家对消费者合法权益的保护　消费者组织）　争议的解决（争议解决的途径　解决争议的若干特殊规则）　违反消费者权益保护法的法律责任（民事责任　行政责任　刑事责任）

第二节　产品质量法

产品质量法的调整对象和立法宗旨　产品质量责任　产品质量监督（行政监督　社会监督　产品质量检验、认证机构）　生产者、销售者的产品质量义务（生产者的产品质量义务　销售者的产品质量义务）　产品责任（产品责任的归责原则　损害赔偿责任　诉讼时效）　违反产品质量法的法律责任（生产者、销售者违反产品质量法的法律责任　其他相关当事人违反产品质量法的法律责任　市场监督管理部门和其他政府部门违反产品质量法的法律责任）

第三节　食品安全法

食品安全法概述　食品安全风险监测和评估　食品安全标准　食品安全控制（食品生产经营中的安全控制制度　食品召回制度　食品检验制度　食品进出口管理制度）　食品安全事故处置　政府监管机构及其职权　法律责任（行政处罚　行政问责　民事赔偿　刑事责任）

第三章　银行业法

第一节　商业银行法

商业银行法概述　商业银行的设立和变更　商业银行的管理机制　商业银行的业务规则　商业银行的接管、清算和终止　违反商业银行法的法律责任

第二节　银行业监督管理法

监督管理机构　监督管理职责　监督管理措施　违反银行业监督管理法的法律责任

第四章　财税法

第一节　税　法

税法概述（税法的概念和调整对象　税收法律关系　税法的构成要素）　增值税法（增值税的概念和基本内容）　消费税法（消费税的概念和基本内容）　企业所得税法（企业所得税的概念和基本内容）　个人所得税法（个人所得税的概念和基本内容）　车船税法（车船税的基本内容）　税收征收管理法（税收征收管理法的宗旨和适用范围　纳税人权利　税务管理　税款征收　税务检查　法律责任）

第二节　审计法

审计法的调整范围　审计法的原则　审计工作领导体制　审计机关的职责和权限　违反审计法的责任（被审计单位的违法责任　审计人员的违法责任）

第五章　土地法和房地产法

第一节　土地管理法

土地管理法的基本原则　土地所有权（国家土地所有权　集体土地所有权）　土地使用权（农用地使用权　建设用地使用权　建设用地使用权流转制度）　土地规划制度（土地利用总体规划　国土空间规划　规划管理配套制度）　耕地保护制度（耕地保护的基本政策　耕地保护的政策责任制　永久基本农田保护制度）　建设用地管理制度（农地转用审批制度　土地征收制度　建设用地使用管理）　监督检查制度（监督检查机关　监督检查措施　违法行为查处）　法律责任和争议处理（违反土地管理法的法律责任　土地权属争议处理）

第二节　城乡规划法

城乡规划和规划区　城乡规划的制定（体系规划和总体规划　控制性详细规划　修建性详细规划）　城乡规划的实施（基本要求　近期建设规划　建设规划许可　建设规划变更　临时建设规划管理　核实与监督检查）　城乡规划的修改　监督检查和法律责任

第三节　城市房地产管理法

房地产开发用地制度（土地使用权出让　土地使用权划拨　城市规划区内的集体土地流转）　房地产开发制度（房地产开发项目管理　房地产开发企业管理）　房地产交易制度（房地产转让　房地产抵押　房屋租赁　商品房预售与按揭）　物业服务管理制度（物业服务法律关系的主体　物业服务管理的内容　商品房销售与前期物业服务）

第四节　不动产登记

不动产登记的对象、种类和机构　不动产登记簿　登记程序　登记信息共享与保护　法律责任

附：本部分新增法规

1. 中华人民共和国反不正当竞争法（2019.4.23）①
2. 中华人民共和国车船税法（2019.4.23）②
3. 中华人民共和国土地管理法（2019.8.26）③
4. 中华人民共和国城市房地产管理法（2019.8.26）④
5. 中华人民共和国城乡规划法（2019.4.23）⑤

环境资源法

第一章　环境保护法

第一节　环境保护法概述

环境保护法的概念和特点　环境保护法的体系　环境保护法的基本原则

第二节　环境保护法的基本制度

环境保护的基本制度（环境规划制度　清洁生产制度　环境影响评价制度　"三同时"制度　环境保护税制度　总量控制制度　环境保护许可管理制度　环境标准制度　环境监测制度　信息公开和公众参与制度　跨行政区污染防治制度　农村环境综合治理制度　生态保护制度　政府监管责任制度）

第三节　环境法律责任

环境法律责任（环境行政责任　环境民事责任　环境刑事责任）

第二章　自然资源法

第一节　自然资源法概述

自然资源的概念　自然资源法的概念　我国自然资源立法现状

---

①②③④⑤部分修改。

第二节　森林法①

~~森林法概述（立法宗旨和调整对象　森林资源的定义　森林的分类）　森林资源权属制度（权利归属　使用权流转　权属争议的解决）　森林资源管理制度（资源档案制度　林业规划制度　林地占用审批制度及森林植被恢复费制度　森林采伐管理制度）　森林资源培育制度（林业发展方针　森林生态效益补偿基金制度　植树造林制度）　森林资源保护制度（国家对森林资源的保护措施　护林制度　森林灾害防护制度　自然保护区制度和珍贵树木特殊保护制度）　森林违法行为的法律责任（森林违法行为的概念　森林违法行为的样态及责任）~~

森林法概述（立法宗旨和调整对象　森林资源的定义　森林的分类）　森林资源权属制度（森林资源所有权　森林资源使用权　森林资源权属登记　林木所有权及收益权　林地、林木的征收、征用　权利保护及权利人义务　争议解决）　森林资源保护制度（森林保护的目标及相关职责　重点保护制度　护林制度　森林灾害防控制度　林地保护制度　珍稀资源保护制度）　森林资源培育制度（造林绿化　生态修复）　森林资源管理制度（发展规划制度　调查监测制度　公益林管理制度　商品林管理制度　林地占用审批制度　森林经营方案制度　森林采伐管理制度　监督检查制度）　涉林违法行为的法律责任（涉林违法行为的概念　涉林违法行为的样态及责任）

第三节　矿产资源法

矿产资源权属制度（国家所有权　矿业权）　矿产资源勘查开发管理（基本原则　管理部门　管理制度　集体矿山企业和个体采矿　矿区争议解决）　违反矿产资源管理秩序的法律责任（行为样态及责任　行政处罚的有关规定）

附：本部分新增法规

中华人民共和国森林法（2019.12.28）

劳动与社会保障法

第一章　劳动法

第一节　劳动法概述

劳动法的概念和调整对象　我国劳动法的适用范围　劳动法律关系

第二节　劳动合同法

劳动合同的概念和种类　劳动合同的订立　劳动合同的条款　劳动合同的效力　劳动合同的履行和变更　劳动合同的解除和终止（解除劳动合同的条件、程序和经济补偿　劳动合同终止的法定情形）集体合同（集体合同的概念　集体合同的订立和生效　集体合同争议处理）　劳务派遣（劳务派遣岗位　劳务派遣单位　劳务派遣协议　用工单位的义务　被派遣劳动者的权利）　非全日制用工　违反劳动合同法的法律责任

---

① 《中华人民共和国森林法》于2019年修订，本部分大纲内容根据新法整体修改。

第三节 劳动基准法

工作时间和休息休假制度（工作时间的概念和种类 休息休假的概念和种类 有关加班的法律规定） 工资制度（工资的概念和特征 工资分配原则 工资支付保障 最低工资保障） 职业安全卫生制度（职业安全卫生法的概念和特点 职业安全卫生法律制度的内容）

第四节 劳动争议

劳动争议的概念和分类 劳动争议的处理机构（劳动争议调解机构 劳动争议仲裁机构 人民法院） 劳动争议的解决方式及处理程序（协商 调解 仲裁 诉讼）

第二章 社会保障法

第一节 社会保障法概述

社会保障法的概念 我国的社会保障立法

第二节 社会保险法

社会保险法的基本构架（社会保险法的特点 社会保险法的基本原则） 社会保险法的基本制度（社会保险费征缴制度 社会保险基金制度 社会保险经办制度 社会保险监督制度） 社会保险的险种（基本养老保险 基本医疗保险 工伤保险 失业保险 生育保险） 军人保险（军人保险的特点 军人保险的经办机构 军人保险的险种 军人保险基金 军人保险的经办和监督） 违反社会保险法的法律责任（承担行政责任的情形 承担行政责任和民事责任的情形 追究刑事责任的情形）

附：本部分新增法规
无

国际私法

第一章 国际私法概述

第一节 国际私法的概念

国际私法的名称（法则区别说 私国际法 国际私法 冲突法） 国际私法的调整对象（国际民商事法律关系 国际私法调整国际民商事法律关系的方法） 国际私法的定义

第二节 国际私法的范围

在国际私法范围上的不同主张 国际私法的规范（外国人的民商事法律地位规范 冲突规范 国际统一实体私法规范 国际民商事争议解决规范）

第三节 国际私法的渊源

国内法渊源（国内立法 国内判例 司法解释） 国际法渊源（国际条约 国际惯例）

第二章　国际私法的主体

第一节　自然人

自然人的国际私法主体资格　自然人的国籍（自然人国籍的积极冲突的解决　自然人国籍的消极冲突的解决）　自然人的住所（自然人住所的积极冲突的解决　自然人住所的消极冲突的解决）　自然人的居所

第二节　法　人

法人的国际私法主体资格　法人的国籍（法人国籍的确定　中国确定法人国籍的实践）　法人的住所　法人的经常居所与营业所　外国法人的认可（外国法人认可的概念　外国法人认可的方式　外国法人在中国的认可）

第三节　国家和国际组织

国家和国际组织的国际私法主体资格　国家及其财产豁免（国家及其财产豁免的概念　国家及其财产豁免问题的产生　国家及其财产豁免权的内容　国家及其财产豁免的理论　国家及其财产豁免与国家的民商事法律责任　中国的实践）

第四节　外国人的民商事法律地位

关于外国人的民商事法律地位的制度（国民待遇　最惠国待遇　优惠待遇）　外国人在中国的民商事法律地位

第三章　法律冲突、冲突规范和准据法

第一节　法律冲突

法律冲突的概念和类型（法律冲突的概念　法律冲突的类型）　国际民商事法律冲突的产生和特点（国际民商事法律冲突的产生　国际民商事法律冲突的特点）　国际民商事法律冲突的解决方法（冲突法解决方法　实体法解决方法）

第二节　冲突规范

冲突规范的概念（冲突规范的名称和定义　冲突规范的特性）　冲突规范的结构（冲突规范的构成　连结点　系属公式）　冲突规范的类型（单边冲突规范　双边冲突规范　重叠适用的冲突规范　选择适用的冲突规范）

第三节　准据法

准据法的概念和特点（准据法的概念　准据法的特点）　准据法的选择方法　准据法的确定（区际法律冲突与准据法的确定　人际法律冲突与准据法的确定　时际法律冲突与准据法的确定）

第四章　适用冲突规范的制度

第一节　定　性

定性的概念及其法律意义　定性的依据（依法院地法定性　依准据法定性　中国关于定性的规定）

第二节　反　致

反致的概念和类型（直接反致　转致　间接反致　完全反致）　反致问题的产生　关于反致的实践　中国对反致的态度

第三节　外国法的查明和解释

外国法的查明的概念　外国法的查明方法　无法查明外国法时的解决办法　外国法的错误适用（适用内国冲突规范的错误　适用外国法本身的错误）　外国法的解释　中国关于外国法的查明的规定

第四节　公共秩序保留

公共秩序保留的概念及其法律意义　关于公共秩序保留的实践　中国关于公共秩序保留的规定　公共秩序保留与"直接适用的法"

第五节　法律规避

法律规避的概念　法律规避的效力　法律规避的对象　中国关于法律规避的规定

第五章　国际民商事关系的法律适用

第一节　权利能力和行为能力

自然人权利能力的法律适用（自然人权利能力的法律冲突　自然人权利能力的法律适用　中国关于自然人权利能力法律适用的规定）　自然人行为能力的法律适用（自然人行为能力的法律冲突　自然人行为能力的法律适用　中国关于自然人行为能力法律适用的规定）　法人权利能力和行为能力的法律适用（法人权利能力和行为能力的法律冲突　法人权利能力和行为能力的法律适用　中国关于法人权利能力和行为能力法律适用的规定）

第二节　物　权

物之所在地法原则（物之所在地法原则的含义　物之所在地法的适用范围　物之所在地法适用的例外）　物权关系的法律适用（动产物权和不动产物权的法律适用　中国关于物权法律适用的规定）

第三节　债　权

合同的法律适用（合同准据法的概念　主观论与客观论　当事人意思自治原则　客观标志说　最密切联系原则　特征性履行方法　中国关于合同法律适用的规定）　侵权行为的法律适用（侵权行为地的认定　侵权行为的法律冲突　一般侵权行为的法律适用　特殊侵权行为的法律适用　中国关于侵权行为法律适用的规定）

第四节　商事关系

票据关系的法律适用（票据当事人能力的法律适用　票据行为方式的法律适用　票据追索权行使期限的法律适用　持票人责任的法律适用　票据丧失时权利保全程序的法律适用）　海事关系的法律适用　民用航空关系的法律适用　代理的法律适用　信托的法律适用

第五节　婚姻与家庭

结婚的法律适用（结婚实质要件的法律适用　结婚形式要件的法律适用　中国关于结婚法律适用的规定）　夫妻关系的法律适用（夫妻人身关系的法律适用　夫妻财产关系的法律适用　中国关于夫妻关系法律适用的规定）　离婚的法律适用（离婚案件的管辖权　离婚的法律适用　中国关于涉外离婚的规定）　家庭关系的法律适用（父母子女关系的法律适用　收养的法律适用　扶养的法律适用　监护的法律适用）

第六节　继　承

法定继承的法律适用（区别制　同一制　继承准据法的适用范围　中国关于法定继承法律适用的规定）　遗嘱的法律适用（立遗嘱人能力的法律适用　遗嘱方式的法律适用　遗嘱内容和效力的法律适用　中国关于遗嘱法律适用的规定）　遗产管理的法律适用　无人继承财产归属问题的法律适用

第七节　知识产权

知识产权归属的法律适用　知识产权转让的法律适用　知识产权侵权的法律适用

第六章　国际民商事争议的解决

第一节　国际民商事争议概述

国际民商事争议的概念和特点（国际民商事争议的概念　国际民商事争议的特点）　国际民商事争议的类型　国际民商事争议的解决方式（协商　调解　仲裁　诉讼　替代争议解决方式）

第二节　国际商事仲裁

国际商事仲裁的概念和特性　仲裁协议（仲裁协议的概念和类型　仲裁协议的基本内容　仲裁协议的法律效力　仲裁协议的有效性及其认定）　仲裁程序中的财产保全与证据保全　国际商事仲裁的法律适用　申请撤销仲裁裁决　仲裁裁决的承认与执行（承认与执行外国仲裁裁决的国际公约　中国仲裁机构涉外仲裁裁决在中国的执行　中国仲裁机构仲裁裁决在外国的承认与执行　外国仲裁裁决在中国的承认与执行）

第三节　国际民事诉讼

国际民事诉讼和国际民事诉讼法（国际民事诉讼的概念和特点　国际民事诉讼法的概念和特点）　外国人的民事诉讼地位（有关外国人民事诉讼地位的一般原则　外国人在中国的民事诉讼地位）　国际民事案件管辖权（国际民事案件管辖权概述　确定国际民事案件管辖权的原则　一事再理与一事两诉　诉讼管辖权和仲裁管辖权　中国关于国际民事案件管辖权的规定）　国际民事诉讼的期间　诉讼保全　诉讼时效　国际司法协助（司法协助的概念　司法协助的途径和履行　中国关于司法协助的规定　域外送达与中国关于域外送达文书的规定　域外取证　外国法院判决的承认与执行）　外资非正常撤离中国相关利益方跨国追究与诉讼的问题

第七章 区际法律问题

第一节 区际法律冲突与区际冲突法

法域的概念 区际法律冲突与区际冲突法的概念 区际法律冲突的解决（区际冲突法解决途径 统一实体法解决途径） 中国区际法律冲突的解决（中国区际法律冲突的解决途径 中国区际法律冲突的解决步骤）

第二节 区际司法协助

中国内地（大陆）与港澳台地区之间的送达（内地与香港特别行政区之间的送达 内地与澳门特别行政区之间的送达 大陆与台湾地区之间的送达） 中国内地（大陆）与港澳台地区之间的调查取证 中国内地与香港特别行政区法院就仲裁程序相互协助保全 中国内地（大陆）与港澳台地区相互执行法院判决 中国内地（大陆）与港澳台地区相互执行仲裁裁决

附：本部分新增法规

> 1. 最高人民法院关于内地与香港特别行政区法院就仲裁程序相互协助保全的安排（2019.9.26）
> 2. 最高人民法院关于内地与澳门特别行政区法院就民商事案件相互委托送达司法文书和调取证据的安排（2020.1.14）

国际经济法

第一章 导 论

国际经济法的概念和调整范围 国际经济法的主体 国际经济法的渊源

第二章 国际货物买卖

第一节 概 述

国际货物买卖合同的概念 格式合同 国际货物买卖合同的当事人 国际货物买卖合同的主要条款

> ## 第二节 《国际贸易术语解释通则》
>
> 国际贸易术语的概念 通则的选用 《2010 年通则》对《2000 年通则》的主要修改 《国际贸易术语解释通则® 2010》的主要内容（新增术语 DAT、DAP 主要术语 FOB、CIF、CFR） 《国际贸易术语解释通则》的选用 《国际贸易术语解释通则® 2020》的主要修改 《国际贸易术语解释通则® 2020》的主要内容（FOB CIF CFR）

第三节　《联合国国际货物销售合同公约》

《公约》的适用范围［适用《公约》的货物销售合同　《公约》适用的任意性　中国对《公约》的保留（保留与撤销）］　国际货物买卖合同的订立（要约　承诺）　国际货物买卖合同双方的义务（卖方的义务　买方的义务）　风险转移（《公约》确定的风险转移的时间）　违反合同的补救办法（卖方违反合同时适用于买方的补救办法　买方违反合同时适用于卖方的补救办法　适用于买卖双方的一般规定）

第三章　国际货物运输与保险

第一节　国际货物运输

班轮运输（班轮运输的概念　班轮运输的当事人　提单的概念及其法律特征　提单的种类　提单的内容　提单在跟单信用证机制中的作用和存在的问题）　其他运输单证　调整班轮运输的国际公约（《海牙规则》　《维斯比规则》　《汉堡规则》）　其他方式的国际货物运输

第二节　国际货物运输保险

国际货物运输保险概述　国际海洋货物运输保险条款（中国海洋货物运输保险的主要险别　中国海洋货物运输保险的保险期限　中国海洋货物运输保险的除外责任　索赔时效　中国海洋货物运输保险的附加险别）

第四章　国际贸易支付

第一节　汇付与托收

汇付（汇付的概念　汇付的当事人　汇付的种类）　托收（托收的概念　托收的程序　托收的当事人　托收当事人之间的关系　托收的种类　银行的义务与免责）

第二节　信用证

信用证（信用证的内容　信用证的种类　信用证的流转程序　信用证的当事人　信用证当事人之间的关系　银行的责任和免责　信用证欺诈及例外原则　UCP600号）

第五章　对外贸易管理制度

第一节　我国的对外贸易法

外贸法律制度（外贸法的结构　对外贸易经营者　货物进出口　技术进出口　国际服务贸易　贸易秩序、知识产权保护、贸易调查）

第二节　贸易救济措施

反倾销措施（倾销与损害的确定　因果关系　反倾销调查　反倾销措施　反倾销措施的期限和审查）　反补贴措施（补贴及专向补贴　损害　因果关系　反补贴调查及反补贴措施）　保障措施（进口产品数量增加　损害的调查与确定　因果关系　保障措施的实施）　贸易救济措施的国内司法审查与多边审查　WTO的两反一保制度

第六章　世界贸易组织

第一节　世界贸易组织概述

世界贸易组织法律制度与前关税与贸易总协定法律制度的区别与联系　世界贸易组织的成员　世界贸易组织的法律框架　世界贸易组织的机构设置　世界贸易组织的决策程序　中国入世承担的特殊义务

第二节　世界贸易组织的主要法律制度

《关税与贸易总协定》（最惠国待遇　国民待遇　约束关税措施　数量限制的禁止与例外）《服务贸易总协定》[特点　最惠国待遇义务　具体承诺（市场准入与国民待遇　减让表）]　争端解决机制（制度特点　争端解决程序　通过争端解决报告的方式　专家组、上诉机构的职能　争端类型）

第七章　国际经济法领域的其他法律制度

第一节　知识产权的国际保护

保护知识产权的国际公约（《保护工业产权巴黎公约》　《保护文学和艺术作品伯尔尼公约》《与贸易有关的知识产权协议》）　有关知识产权国际保护的原则（国民待遇原则　优先权原则　独立保护原则　最惠国待遇原则）　中国对知识产权保护的边境措施　国际技术转让法律制度（国际技术转让合同）

第二节　国际投资法

国际投资法的概念、渊源及形式　中国有关外商投资的立法　《多边投资担保机构公约》　《与贸易有关的投资措施协议》　《关于解决各国和其他国家国民之间投资争端公约》

第三节　国际融资法

国际融资法概述（国际贷款　国际证券融资　国际融资租赁）　国际贷款协议的种类及共同性条款国际融资担保（国际融资的信用担保　国际融资的物权担保）

第四节　国际税法

国际税法的概念及渊源　国家税收管辖权及其表现形式［居民税收管辖权和居民身份的确认标准CRS（共同申报准则）与境外账户信息交换　所得来源地税收管辖权和所得来源地的认定］　国际双重征税及其解决（国际重复征税　国际重叠征税）　国际逃税与避税的概念　中国对外签订的国际税收协定

附：本部分新增法规

1. 国际贸易术语解释通则® 2020（2020.1.1）
2. 中华人民共和国外商投资法实施条例（2019.12.26）
3. 最高人民法院关于适用《中华人民共和国外商投资法》若干问题的解释（2019.12.26）

民事诉讼法与仲裁制度

第一章　民事诉讼与民事诉讼法

第一节　民事诉讼

民事纠纷的解决方式（内容　特点　不同的解决民事纠纷方式的区别点）　民事诉讼的特征

第二节　民事诉讼法

民事诉讼法的概念与属性　民事诉讼法的效力（对人的效力　对事的效力　空间上的效力　时间上的效力）

第二章　民事诉讼法的基本原则与基本制度

第一节　基本原则

当事人诉讼权利平等原则（含义　内容　法院对诉讼权利平等的保障）　同等原则和对等原则（同等原则　对等原则　两者之间的关系）　法院调解自愿和合法的原则（调解应当自愿　调解应当合法　贯彻调解原则应当注意的问题）　辩论原则（含义　内容　对辩论权行使的保障）　诚实信用原则（含义　内容　对当事人、其他诉讼参与人和法官诉讼行为的要求）　处分原则（含义　内容　法院对当事人行使处分权的保障）　检察监督原则（含义　检察监督的内容　抗诉和检察建议）

第二节　基本制度

合议制度（合议的概念与内容　合议制度的适用范围　合议制在不同审判程序中的运用）　回避制度（回避的含义　回避的适用对象　回避适用的具体情形　回避的法律后果）　公开审判制度（内容　公开审判的范围与例外）　两审终审制度（内容　两审终审之例外）

第三章　主管与管辖

第一节　民事诉讼主管

民事诉讼主管概述　法院民事诉讼主管的范围

第二节　管辖概述

管辖的概念　管辖恒定（最高人民法院关于管辖恒定的有关司法解释）　专门法院的管辖

第三节　级别管辖

级别管辖的概念与依据　各级法院管辖的第一审民事案件

第四节　地域管辖

地域管辖的概念与依据　一般地域管辖（一般地域管辖的原则规定　一般地域管辖的例外规定）

特殊地域管辖（民事诉讼法中规定的各类特殊地域管辖的适用　最高人民法院关于适用特殊地域管辖的相关司法解释）　专属管辖　共同管辖与选择管辖　协议管辖（概念　条件）

第五节　裁定管辖

移送管辖（移送管辖的概念　适用移送管辖的条件）　指定管辖（指定管辖的概念　适用指定管辖的情形）　管辖权转移（管辖权转移的概念　管辖权转移的情形　管辖权转移与移送管辖的区别）

第六节　管辖权异议

管辖权异议的概念与条件　法院对管辖权异议的处理

第四章　诉

第一节　诉的概念与特征

诉的概念　诉的特征

第二节　诉的要素

当事人　诉讼标的（概念　诉讼标的与诉讼标的物的区别　诉讼标的与诉讼请求的关系）　诉的理由

第三节　诉的分类

确认之诉（内容　特点）　给付之诉（内容　特点）　变更之诉（内容　特点）

第四节　反诉

反诉的概念与特征（反诉是独立的诉讼请求　反诉与本诉之间有一定的牵连关系　反诉提出的目的是吞并、抵销本诉）　反诉与反驳的区别　反诉的条件（由本诉的被告向本诉的原告提出　反诉应当在本诉的进行中提出　反诉应当向受理本诉的法院提出，且受诉法院对反诉具有管辖权　反诉与本诉必须适用同一种诉讼程序　反诉与本诉之间存在牵连关系）　反诉的审理

第五节　诉的合并与分离

诉的合并　诉的分离

第五章　当事人

第一节　当事人概述

当事人的概念与特征　诉讼权利能力与诉讼行为能力（诉讼权利能力与民事权利能力的关系　诉讼行为能力与民事行为能力之间的关系）　当事人适格（含义　当事人适格的标准　当事人适格与诉讼权利能力的关系）当事人的诉讼权利与诉讼义务

第二节　原告与被告

原告和被告地位的确定（通常情况下原告与被告诉讼地位的确定　最高人民法院相关司法解释中有关原告与被告地位的确定）

第三节　共同诉讼

共同诉讼的概念和特征　共同诉讼人的概念　必要共同诉讼（必要共同诉讼的概念和特征　必要共同诉讼的类型　必要共同诉讼人的追加　必要共同诉讼人的内部关系）　普通共同诉讼（普通共同诉讼的概念和特征　普通共同诉讼的构成要件　普通共同诉讼人的内部关系）

第四节　诉讼代表人

诉讼代表人概述（代表人诉讼的概念　诉讼代表人的概念）　诉讼代表人（诉讼代表人的产生　诉讼代表人的权限　诉讼代表人的更换）　代表人诉讼的种类（人数确定的代表人诉讼　人数不确定的代表人诉讼）　人数不确定的代表人诉讼的程序（公告　登记　裁判的效力）　公益诉讼（案件范围　起诉主体　人民检察院提起公益诉讼　公益诉讼的具体制度）

第五节　第三人

第三人的概念和特征　有独立请求权的第三人（含义　有独立请求权第三人参加诉讼的条件　有独立请求权第三人的诉讼地位　有独立请求权第三人与必要共同诉讼中共同原告的区别）　无独立请求权第三人（含义　无独立请求权第三人参加诉讼的条件　无独立请求权第三人的诉讼地位　无独立请求权第三人与必要共同诉讼中共同被告的区别　最高人民法院关于如何确定无独立请求权第三人地位的规定）

第三人撤销之诉（概念　第三人撤销之诉的特征　第三人撤销之诉的程序设置　第三人撤销之诉与案外人申请再审、原裁判所涉及的案件再审的关系）

第六章　诉讼代理人

第一节　诉讼代理人概述

诉讼代理人的概念　诉讼代理人的种类

第二节　法定诉讼代理人

法定诉讼代理人的范围　法定诉讼代理人的代理权限　法定诉讼代理权的取得与消灭

第三节　委托诉讼代理人

委托诉讼代理人的范围　委托诉讼代理人的权限　委托诉讼代理权的产生与消灭

第七章　民事证据

第一节　民事证据概述

民事证据的概念　民事证据的特征（客观性、关联性和合法性）　民事证据的证明力

第二节　民事证据的种类

书证（书证的概念与特征　书证的分类　书证的提出　书证的效力）　物证（物证的概念与特征　物证的提出　物证的效力）　视听资料（视听资料的概念与特征　视听资料的效力）　电子数据（电子数据的概念　电子数据与视听资料的区别）　证人证言（证人证言的概念与特征　证人资格　证人证言的提出　证人证言的效力）　当事人陈述（当事人陈述的概念与特征　当事人陈述的效力　专业人士的出庭）　鉴定意见（鉴定意见的概念与特征　鉴定意见的提出　申请重新鉴定的情形　鉴定意

的效力 鉴定的启动 鉴材 鉴定书的作出 当事人鉴定异议的处理 鉴定人出庭 鉴定意见的撤销） 勘验笔录（勘验笔录的概念与特征 勘验笔录的形成 勘验笔录的效力）

第三节 民事证据的分类

本证与反证（划分的意义 划分的标准） 直接证据与间接证据（划分的意义 划分的标准）原始证据与传来证据（划分的意义 划分的标准）

第四节 证据保全

证据保全的概念和意义 证据保全的条件 证据保全的程序 证据保全的措施

第八章 民事诉讼中的证明

第一节 证明对象

证明对象的概念与范围 免于证明的事实

第二节 证明责任

证明责任的概念 证明责任的分配（最高人民法院相关司法解释中关于当事人举证责任承担的有关规定） 证明责任的特殊分配（证明责任特殊分配的具体情形）

第三节 证明标准

证明标准的概念 民事诉讼的证明标准（高度盖然性 与刑事诉讼证明标准的区别）

第四节 证明程序

举证时限（举证时限的概念 举证时限的确定 "新证据"的界定） 证据交换与质证 人民法院调查收集证据 认证（概念 基本要求 方法 注意事项）

第九章 期间、送达

第一节 期 间

期间的概念（期间 期限 期日） 期间的种类（法定期间 指定期间） 期间的计算 期间的耽误和延展

第二节 送 达

送达的概念与特征 送达方式（直接送达 电子送达 留置送达 委托送达 邮寄送达 转交送达 公告送达） 送达的效力

第十章 人民法院调解

第一节 人民法院调解概述

人民法院调解的概念与性质 人民法院调解与诉讼外调解、诉讼中和解的区别

第二节　人民法院调解的原则

当事人自愿原则　合法原则

第三节　人民法院调解的程序

调解的开始　调解的进行　调解结束

第四节　调解书及调解的效力

调解协议与调解书（调解协议的概念　调解书的概念　调解书的制作　不需要制作调解书的案件　调解书的送达）　调解的法律效力　调解的相关问题

第十一章　保全和先予执行

第一节　保　全

保全的概念与对象　保全的种类（诉前保全　诉讼保全）　保全的申请和裁定　保全的担保　保全的范围　保全的措施（财产保全的措施　行为保全的措施　财产保全措施的延续与解除　行为保全的程序）　财产保全的相关问题

第二节　先予执行

先予执行的概念　先予执行的适用范围　先予执行的条件　先予执行的裁定与执行

第十二章　对妨害民事诉讼的强制措施

第一节　对妨害民事诉讼的强制措施的概念

对妨害民事诉讼的强制措施的概念

第二节　妨害民事诉讼行为的构成和种类

妨害民事诉讼行为的构成　妨害民事诉讼行为的种类（恶意诉讼行为）

第三节　对妨害民事诉讼的强制措施的种类和适用

对妨害民事诉讼强制措施的种类（拘传　训诫　责令退出法庭　罚款　拘留）　对妨害民事诉讼的强制措施的适用

第十三章　普通程序

第一节　普通程序概述

普通程序的概念　普通程序的特征

第二节　普通程序的基本程序阶段

起诉、立案登记（起诉的条件、方式和起诉状的内容　人民法院对起诉的审查与立案登记　对当事人起诉时几种特殊情况的处理　重复起诉的识别标准　案件受理的法律后果）　审理前的准备（在法定期间内送达诉讼文书 被告答辩 管辖权异议 告知当事人诉讼权利义务及合议庭组成人员 确定举证期限 庭前会议 审阅诉讼材料 调查收集必要的证据 追加当事人 选择审理案件适用的程序 庭前调解)

开庭审理（庭审准备 宣布开庭 法庭调查 法庭辩论 合议庭评议和宣判 审理期限 庭审笔录）

第三节 撤诉和缺席判决

撤诉（申请撤诉的条件 按撤诉处理的情形 撤诉的法律后果） **缺席判决**（缺席判决的情形）

第四节 延期审理、诉讼中止和诉讼终结

延期审理（延期审理的事由 延期审理的法律后果） **诉讼中止**（诉讼中止的事由 诉讼中止的法律后果） **诉讼终结**（诉讼终结的事由 诉讼终结的法律后果）

第十四章 简易程序

第一节 简易程序的概念和适用范围

简易程序的概念 简易程序的适用范围（适用简易程序的法院 适用简易程序的案件 当事人约定适用简易程序 对适用简易程序的异议及处理）

第二节 简易程序的具体适用

起诉与答辩（起诉的方式 答辩的方式） 审理前的准备（诉状送达的特别规定 举证期限的特别规定 审判组织） 开庭审理（传唤当事人与其他诉讼参与人 法庭调查与辩论 审理期限） 宣判（宣判方式 判决书的送达 判决书的简化）

第三节 对小额案件审理的特别规定

小额诉讼程序的适用范围 小额诉讼的特别规定（人民法院告知义务 期间的特别规定 裁判效力 程序转换 对适用小额案件审理程序的异议及处理 裁判文书的简化）

第十五章 第二审程序

第一节 第二审程序概述

第二审程序的概念 第二审程序与第一审程序的联系与区别

第二节 上诉的提起与受理

上诉的提起（提起上诉的条件 提起上诉的途径） 上诉的受理（诉讼文书的接收与送达 诉讼案卷和证据的移送 上诉的审查）

第三节 上诉案件的审理

上诉案件审理的范围 审判组织形式 上诉案件的审理方式及地点 上诉案件的调解 上诉的撤回（上诉撤回的条件 上诉撤回的法律效果）

第四节 上诉案件的裁判

上诉案件的裁判（对第一审判决提起上诉案件的裁判 对第一审裁定提起上诉案件的裁定） 第二审裁判的效力 第二审程序的审理期限

第十六章　特别程序

第一节　特别程序的概念、特点和适用范围

特别程序的概念和特点　特别程序的适用范围（适用特别程序的法院　适用特别程序的案件）

第二节　选民资格案件的审理

选民资格案件的起诉（选民资格案件的起诉条件　管辖法院）　审理与判决（审判组织　审理选民资格案件的参与人　审结的时间　判决书的送达）

第三节　宣告公民失踪案件的审理

宣告公民失踪案件的申请（申请条件　管辖法院）　审理与判决　宣告公民失踪判决的法律效果　宣告公民失踪判决的撤销

第四节　宣告公民死亡案件的审理

宣告公民死亡案件的申请（申请条件　管辖法院）　审理与判决　宣告公民死亡判决的法律后果　宣告公民死亡判决的撤销

第五节　认定公民无民事行为能力、限制民事行为能力案件的审理

认定公民无民事行为能力、限制民事行为能力的申请（申请条件　管辖法院）　审理与判决　认定公民无民事行为能力、限制行为能力判决的撤销

第六节　认定财产无主案件的审理

认定财产无主案件的申请（申请条件　管辖法院）　审理与判决　对原财产所有权人的救济

第七节　确认调解协议案件的审理

确认调解协议案件的申请与受理（申请条件　适用范围　管辖法院）　对确认调解协议案件的审理与裁定

第八节　实现担保物权案件的审理

实现担保物权案件的申请（申请条件　管辖法院）　对申请实现担保物权案件的审理与裁定

第十七章　审判监督程序

第一节　审判监督程序概述

审判监督程序的概念　审判监督程序的特点

第二节　基于审判监督权提起再审

人民法院提起再审的条件　人民法院提起再审的程序（本院院长及审判委员会提起再审　上级人民法院提起再审）

· 91 ·

第三节　基于检察监督权的抗诉提起再审

抗诉和检察建议的启动　抗诉的事实和理由　抗诉的程序（抗诉的提出　抗诉的方式　抗诉的对象　人民法院对抗诉的接受）　检察建议的审查程序

第四节　基于诉权的申请再审

申请再审的条件（申请再审的主体　申请再审的对象　申请再审的事实和理由　申请再审的期限　申请再审的管辖法院　申请再审的提交材料）　再审申请的审查程序（审查的主体　审查的方式　审查的结果　审查中的竞合　审查的期限）

第五节　再审案件的审判程序

再审审理的管辖法院　再审审理的审判程序　再审审理的特殊性（裁定中止原法律文书的执行　另行组成合议庭　再审审理范围　再审审理时当事人的确定　再审审理的方式　撤回抗诉、撤回再审申请和撤回起诉　再审审理的裁判方式　裁定终结再审）

第十八章　督促程序

第一节　督促程序概述

督促程序的概念和特点　督促程序的适用范围（适用督促程序的法院　适用督促程序的案件）

第二节　支付令的申请、审查和发出

支付令的申请（申请条件　申请形式及内容　管辖法院）　对支付令申请的审查　支付令的发出（支付令的内容　支付令的送达与效力）

第三节　对支付令的异议

支付令异议的提出（提出支付令异议的条件）　异议成立的法律后果（督促程序与诉讼程序的转换）　支付令错误的救济

第十九章　公示催告程序

第一节　公示催告程序概述

公示催告程序的概念和特点　公示催告程序的适用范围（适用公示催告程序的法院　适用公示催告程序的案件）

第二节　公示催告的申请和受理

公示催告程序的申请（申请条件　管辖法院）　公示催告申请的受理

第三节　公示催告案件的审理

止付与公告（停止支付　公告）　申报权利（对权利申报的审查及处理）　除权判决（申请作出除权判决的条件　除权判决的公告与效力）　公示催告程序的终结　对利害关系人权利的救济

第二十章 民事裁判

第一节 民事裁判的概念

民事裁判的概念 民事裁判的类型（广义的民事裁判 狭义的民事裁判）

第二节 判 决

民事判决的概念和种类 民事判决的内容（案由、诉讼请求及理由 事实认定与法律适用 诉讼费用的分担） 民事判决的法律效力（既判力 对人的拘束力 对事的确定力 执行力 形成力） 民事判决书的制作

第三节 裁 定

民事裁定的概念（概念 裁定与判决的区别） 民事裁定的内容 民事裁定的效力 裁判文书的查阅

第四节 决 定

民事决定的概念 民事决定的内容 民事决定的效力

第二十一章 执行程序

第一节 执行程序概述

执行和执行程序 执行的原则 执行程序中的一般性制度（执行机构 执行根据 执行管辖 对执行行为的异议 案外人对执行标的的异议及案外人异议之诉、许可执行之诉 委托执行 执行和解 执行担保 执行承担 参与分配 执行回转）

第二节 执行开始

执行开始的方式（申请执行 移送执行） 执行通知和立即执行

第三节 执行措施

对财产的执行措施（扣押、冻结、划拨、变价被执行人的金融资产 扣留、提取被执行人的收入 查封、扣押、拍卖、变卖被执行人的财产 强制被执行人交付法律文书指定的财物或票证） 对行为的执行措施（强制被执行人迁出房屋或退出土地 强制被执行人履行法律文书指定的行为） 保障性执行措施（查询被执行人的身份信息和财产信息 搜查被执行人的财产 强制被执行人支付迟延履行期间债务利息及迟延履行金 办理财产权证照转移手续 报告财产 限制出境 纳入失信名单，通报征信系统记录不履行义务信息 媒体公布不履行义务信息 限制被执行人消费） 代位执行

第四节 暂缓执行、执行中止和执行终结

暂缓执行 执行中止 执行终结

第二十二章　涉外民事诉讼程序

第一节　涉外民事诉讼程序概述

涉外民事诉讼程序　涉外民事诉讼程序的一般原则（适用我国民事诉讼法的原则　遵守我国缔结或参加的国际条约的原则　司法豁免原则　委托中国律师代理诉讼的原则　使用我国通用的语言、文字的原则）

第二节　涉外民事诉讼管辖

涉外民事诉讼管辖的原则　涉外民事诉讼管辖的种类（牵连管辖　专属管辖）

第三节　涉外民事诉讼中的期间与送达

涉外民事诉讼中的期间　涉外民事诉讼中的送达

第四节　司法协助

一般司法协助　对外国法院裁判的承认与执行　对外国仲裁裁决的承认与执行　我国法院裁判和仲裁裁决在国外的承认和执行

第二十三章　仲裁与仲裁法概述

第一节　仲裁概述

仲裁的概念　仲裁的特点（自愿性　专业性　灵活性　保密性　快捷性　经济性　独立性）　仲裁与民事诉讼的关系

第二节　仲裁法概述

仲裁法的概念和特点　仲裁范围　仲裁法的基本原则和基本制度（基本原则　基本制度）

第二十四章　仲裁委员会和仲裁协会

第一节　仲裁委员会

仲裁委员会的设立机制　设立条件

第二节　仲裁协会

仲裁协会的职责

第三节　仲裁规则

仲裁规则的概念　仲裁规则的制定　仲裁规则的主要内容　仲裁规则与仲裁法的关系及作用

第二十五章　仲裁协议

第一节　仲裁协议概述

仲裁协议的概念　仲裁协议的类型（仲裁条款　仲裁协议书　其他书面形式的仲裁协议　当事人通过援引达成的仲裁协议）　仲裁协议的形式

第二节　仲裁协议的内容

请求仲裁的意思表示　仲裁事项　选定的仲裁委员会

第三节　仲裁条款的独立性

仲裁条款独立性的含义　仲裁条款独立性原则的适用

第四节　仲裁协议的效力

仲裁协议的法律效力（对双方当事人的法律效力　对法院的法律效力　对仲裁机构的法律效力）仲裁协议效力的确认机构及程序

第五节　仲裁协议的无效与失效

仲裁协议无效的法定情形　仲裁协议的失效　仲裁协议无效、失效的法律后果

第二十六章　仲裁程序

第一节　仲裁当事人与代理人

仲裁当事人　仲裁代理人

第二节　申请与受理

申请仲裁（申请仲裁的条件　申请仲裁的方式）　审查与受理（对仲裁申请的审查　审查后的处理　对仲裁申请受理的法律后果）

第三节　仲裁保全

财产保全和行为保全（概念及适用条件　范围及措施　程序　申请人的责任）　证据保全（概念及适用条件　程序）

第四节　仲裁庭的组成

仲裁庭的组成形式（合议仲裁庭　独任仲裁庭）　仲裁庭的组成程序（约定仲裁庭的组成形式确定仲裁员）　仲裁员的回避与更换（仲裁员的回避　仲裁员因其他原因的更换）

第五节　仲裁审理

仲裁审理的方式（开庭审理　书面审理）　开庭审理程序　仲裁审理中的几个特殊问题（撤回仲裁申请　延期开庭　缺席判决）　开庭笔录

第六节　仲裁中的和解、调解和裁决

仲裁和解与调解　仲裁裁决（仲裁裁决作出的方式　仲裁裁决的种类　仲裁裁决书　仲裁裁决书的

补正 仲裁裁决的效力)

第七节 简易程序

简易程序的概念和特点 适用简易程序的条件（争议标的金额在规定数额以下 案情简单 经双方当事人默示或者书面同意) 适用简易程序的审理

第八节 仲裁时效

仲裁时效的概念 仲裁时效期间的计算

第二十七章 申请撤销仲裁裁决

第一节 申请撤销仲裁裁决的概念和特征

申请撤销仲裁裁决的概念 申请撤销仲裁裁决的特征

第二节 申请撤销仲裁裁决的条件和理由

申请撤销仲裁裁决的条件 申请撤销仲裁裁决的理由

第三节 法院对撤销仲裁裁决申请的处理及其法律后果

撤销仲裁裁决 驳回撤销仲裁裁决的申请 通知仲裁庭重新仲裁

第二十八章 仲裁裁决的执行与不予执行

第一节 仲裁裁决的执行

执行仲裁裁决的概念 申请执行仲裁裁决的条件 执行仲裁裁决的程序

第二节 仲裁裁决的不予执行

仲裁裁决不予执行的理由 不予执行仲裁裁决的程序 不予执行仲裁裁决的法律后果 不予执行仲裁裁决和撤销仲裁裁决的关系

第三节 仲裁裁决的中止执行、终结执行和恢复执行

仲裁裁决的中止执行 仲裁裁决的终结执行 仲裁裁决的恢复执行

第二十九章 涉外仲裁

第一节 涉外仲裁的概念

涉外仲裁的概念

第二节 涉外仲裁机构

涉外仲裁机构的设立 我国受理涉外仲裁案件的仲裁机构

第三节　涉外仲裁程序

仲裁申请、答辩、反请求程序　仲裁庭的组成　审理与裁决

第四节　对涉外仲裁裁决的撤销和不予执行

对涉外仲裁裁决撤销和不予执行的法定事由　对涉外仲裁裁决撤销和不予执行的程序

第五节　对涉外仲裁裁决和外国仲裁裁决的执行

涉外仲裁裁决的执行　对外国仲裁裁决的承认和执行

附：本部分新增法规

最高人民法院关于民事诉讼证据的若干规定（2019.12.25)①

---

① 部分修改。

第二部分

2020 国家统一法律职业资格考试大纲
新增考点精讲

中国特色社会主义法治理论

▶▶▶ **新增考点1** 习近平总书记关于全面依法治国的重要论述的主要内容和时代意义

【第一章第二节 全面依法治国的指导思想和总目标】

习近平总书记关于全面依法治国的重要论述，其主要内容可以概括为"十个坚持"，即（1）坚持加强党对依法治国的领导，（2）坚持人民主体地位，（3）坚持中国特色社会主义法治道路，（4）坚持建设中国特色社会主义法治体系，（5）坚持依法治国、依法执政、依法行政共同推进，法治国家、法治政府、法治社会一体建设，（6）坚持依宪治国、依宪执政，（7）坚持全面推进科学立法、严格执法、公正司法、全民守法，（8）坚持处理好全面依法治国的辩证关系，（9）坚持建设德才兼备的高素质法治工作队伍，（10）坚持抓住领导干部这个"关键少数"。"十个坚持"深刻回答了全面依法治国的指导思想、发展道路、工作布局、重点任务等一系列带有方向性、根本性、全局性的重大问题，把我们党对社会主义法治建设规律的认识提升到了新的高度。

作为新时代中国特色社会主义思想的重要组成部分，习近平总书记关于全面依法治国的重要论述，是新时代法治中国建设实践的思想旗帜和行动纲领，是对马克思主义法治思想的全面继承和创新发展，是对世界法治文明进步作出的中国原创性理论贡献。

▶▶▶ **新增考点2** 党的十九届四中全会关于进一步推进全面依法治国的新要求 **【第一章第四节 新时代深化依法治国实践的主要任务】**

党的十九届四中全会《决定》深刻阐释了坚持和完善中国特色社会主义制度、推进国家治理体系和治理能力现代化的重大意义和总体要求。《决定》将"坚持全面依法治国，建设社会主义法治国家，切实保障社会公平正义和人民权利"列为我国国家

制度和国家治理体系的13个显著优势之一，进一步深化了对法治功能的认识。《决定》将中国特色社会主义法治体系作为坚持和完善中国特色社会主义制度的重要内容，明确中国特色社会主义法治体系是中国特色社会主义制度的重要组成部分，进一步强化了法治体系在国家制度体系和治理体系中的地位。

党的十九届四中全会《决定》重申了法治建设的方向、原则、路径和目标任务等重大问题。在此基础上，提出健全保证宪法全面实施的体制机制、完善立法体制机制、健全社会公平正义法治保障制度、加强对法律实施的监督等4个方面举措，进一步聚焦法治领域支撑中国特色社会主义制度的根本制度、基本制度和重要制度，体现出强烈的问题导向和鲜明的实践特色。

▶▶▶ **新增考点3** 健全保证宪法全面实施的体制机制 **【第二章第一节 完善中国特色社会主义法律体系，加强宪法实施】**

党的十九届四中全会《决定》强调："依法治国首先要坚持依宪治国，依法执政首先要坚持依宪执政。加强宪法实施和监督，落实宪法解释程序机制，推进合宪性审查工作，加强备案审查制度和能力建设，依法撤销和纠正违宪违法的规范性文件。坚持宪法法律至上，健全法律面前人人平等保障机制，维护国家法制统一、尊严、权威，一切违反宪法法律的行为都必须予以追究。"要健全保证宪法全面实施的体制机制，加强对法律实施的监督，健全社会公平正义法治保障制度，提升法治促进治理体系和治理能力现代化的效能。

▶▶▶ **新增考点4** 完善以宪法为核心的中国特色社会主义法律体系 **【第二章第一节 完善中国特色社会主义法律体系，加强宪法实施】**

党的十九届四中全会《决定》强调："坚持科

学立法、民主立法、依法立法，完善党委领导、人大主导、政府依托、各方参与的立法工作格局，立改废释并举，不断提高立法质量和效率。完善以宪法为核心的中国特色社会主义法律体系，加强重要领域立法，加快我国法域外适用的法律体系建设，以良法保障善治。"

▶▶▶ 新增考点5　加强重点领域立法【第二章第一节　完善中国特色社会主义法律体系，加强宪法实施】

完善涉外经贸法律和规则体系。

坚定不移推进反腐败斗争，坚决查处政治问题和经济问题交织的腐败案件，坚决斩断"围猎"和甘于被"围猎"的利益链，坚决破除权钱交易的关系网。深化标本兼治，推动审批监管、执法司法、工程建设、资源开发、金融信贷、公共资源交易、公共财政支出等重点领域监督机制改革和制度建设，推进反腐败国家立法，促进反腐败国际合作，加强思想道德和党纪国法教育，巩固和发展反腐败斗争压倒性胜利。

坚持总体国家安全观，统筹发展和安全，坚持人民安全、政治安全、国家利益至上有机统一。以人民安全为宗旨，以政治安全为根本，以经济安全为基础，以军事、科技、文化、社会安全为保障，健全国家安全体系，增强国家安全能力。完善集中统一、高效权威的国家安全领导体制，健全国家安全法律制度体系。

健全生态环境监测和评价制度，完善生态环境公益诉讼制度，落实生态补偿和生态环境损害赔偿制度，实行生态环境损害责任终身追究制。

完善疫情防控相关立法，加强配套制度建设，完善处罚程序，强化公共安全保障，构建系统完备、科学规范、运行有效的疫情防控法律体系。

▶▶▶ 新增考点6　建设法治政府的意义和基本要求【第二章第二节　深入推进依法行政，加快建设法治政府】

国家行政管理承担着按照党和国家决策部署推动经济社会发展、管理社会事务、服务人民群众的重大职责。必须坚持一切行政机关为人民服务、对人民负责、受人民监督，创新行政方式，提高行政效能，建设人民满意的服务型政府。

党的十九届四中全会《决定》强调，"坚持和完善中国特色社会主义行政体制，构建职责明确、依法行政的政府治理体系"；"深化行政执法体制改革，最大限度减少不必要的行政执法事项。进一步整合行政执法队伍，继续探索实行跨领域跨部门综合执法，推动执法重心下移，提高行政执法能力水平。落实行政执法责任制和责任追究制度。创新行政管理和服务方式，加快推进全国一体化政务服务平台建设，健全强有力的行政执行系统，提高政府执行力和公信力"。各级党委和政府要全面依法履行职责，坚持运用法治思维和法治方式开展工作，在处置重大突发事件中推进法治政府建设，提高依法执政、依法行政水平。

▶▶▶ 新增考点7　依法全面履行政府职能【第二章第二节　深入推进依法行政，加快建设法治政府】

以推进国家机构职能优化协同高效为着力点，优化行政决策、行政执行、行政组织、行政监督体制。健全部门协调配合机制，防止政出多门、政策效应相互抵消。

▶▶▶ 新增考点8　强化对行政权力的制约和监督【第二章第二节　深入推进依法行政，加快建设法治政府】

完善标准科学、规范透明、约束有力的预算制度。完善权力配置和运行制约机制。坚持权责法定，健全分事行权、分岗设权、分级授权、定期轮岗制度，明晰权力边界，规范工作流程，强化权力制约。坚持权责透明，推动用权公开，完善党务、政务、司法和各领域办事公开制度，建立权力运行可查询、可追溯的反馈机制。坚持权责统一，盯紧权力运行各个环节，完善发现问题、纠正偏差、精准问责有效机制，压减权力设租寻租空间。

▶▶▶ 新增考点9　公正司法的意义和基本要求【第二章第三节　保证公正司法，提高司法公信力】

党的十九届四中全会《决定》以"健全社会公平正义法治保障制度"为题强调，"坚持法治建设为了人民、依靠人民，加强人权法治保障，保证人民依法享有广泛的权利和自由、承担应尽的义务，引导全体人民做社会主义法治的忠实崇尚者、自觉遵守者、坚定捍卫者。坚持有法必依、执法必严、违法必究，严格规范公正文明执法，规范执法自由裁量权，加大关系群众切身利益的重点领域执法力度。深化司法体制综合配套改革，完善审判制度、检察制度，全面落实司法责任制，完善律师制度，加强对司法活动的监督，确保司法公正高效权威，努力让人民群众在每一个司法案件中感受到公平正义"。

▶▶▶ 新增考点 10　健全社会公平正义法治保障制度【第二章第三节　保证公正司法，提高司法公信力】

公平正义，民之所向。要严格规范公正文明执法，规范执法自由裁量权，加大关系群众切身利益的重点领域执法力度，推动和健全社会公平正义法治保障制度，规范权力行使，进一步健全执法和司法细分领域制度，完善运行机制，优化执法程序，深化司法改革，通过严格执法和公正司法确保社会公平正义，净化正义水源，强化阳光透明。这是让人民群众在每一项执法决定、每一个司法案件中感受到公平正义的必然选择。

▶▶▶ 新增考点 11　加强法治监督，强化对权力运行的制约和监督【第二章　法治工作的基本格局】

坚持和完善党和国家监督体系，强化对权力运行的制约和监督。党和国家监督体系是党在长期执政条件下实现自我净化、自我完善、自我革新、自我提高的重要制度保障。必须健全党统一领导、全面覆盖、权威高效的监督体系，增强监督严肃性、协同性、有效性，形成决策科学、执行坚决、监督有力的权力运行机制，确保党和人民赋予的权力始终用来为人民谋幸福。

健全党和国家监督制度。完善党内监督体系，落实各级党组织监督责任，保障党员监督权利。重点加强对高级干部、各级主要领导干部的监督，完善领导班子内部监督制度，破解对"一把手"监督和同级监督难题。强化政治监督，加强对党的理论和路线方针政策以及重大决策部署贯彻落实情况的监督检查，完善巡视巡察整改、督察落实情况报告制度。深化纪检监察体制改革，加强上级纪委监

委对下级纪委监委的领导，推进纪检监察工作规范化、法治化。完善派驻监督体制机制。推进纪律监督、监察监督、派驻监督、巡视监督统筹衔接，健全人大监督、民主监督、行政监督、司法监督、群众监督、舆论监督制度，发挥审计监督、统计监督职能作用。以党内监督为主导，推动各类监督有机贯通、相互协调。

对法律实施的监督既是党和国家监督体系的重要组成部分，也是法治建设的一个主要环节。只有加强法治监督，才能有效推动严格执法、公正司法、全民守法的实现。

2014 年 10 月，党的十八届四中全会《决定》把"严密的法治监督体系"作为中国特色社会主义法治体系建设的五大子体系之一。2017 年 10 月，党的十九大着眼全面从严治党、提高党的执政能力和领导水平，作出健全党和国家监督体系的战略部署。2019 年 10 月，党的十九届四中全会贯彻党的十九大精神，确立党和国家监督体系在坚持和完善中国特色社会主义制度、推进国家治理体系和治理能力现代化中的重要支撑地位，将"坚持和完善党和国家监督体系，强化对权力运行的制约和监督"专列一节作出重大制度安排。

行政权、监察权、审判权、检察权都是承担法律实施和监督的公权力，与人民群众的切身利益息息相关。党的十九届四中全会《决定》强调："保证行政权、监察权、审判权、检察权得到依法正确行使，保证公民、法人和其他组织合法权益得到切实保障，坚决排除对执法司法活动的干预。拓展公益诉讼案件范围。加大对严重违法行为处罚力度，实行惩罚性赔偿制度，严格刑事责任追究。加大全民普法工作力度，增强全民法治观念，完善公共法律服务体系，夯实依法治国群众基础。各级党和国家机关以及领导干部要带头尊法学法守法用法，提高运用法治思维和法治方式深化改革、推动发展、化解矛盾、维护稳定、应对风险的能力。"

党的十九届四中全会《决定》着眼影响社会公平正义的突出问题，进一步提出了一系列新的举措，提出加强对法律实施的监督，保证法律充分实施。在工作重点上，拓展公益诉讼案件范围，有利于维护公共利益，对受损害的公共利益进行救济。同时，近年来社会公众反映在某些方面违法成本太低，也在一定程度上影响着法律实施的效果。惩罚

性赔偿涉及消费者权益保护法、食品安全法、药品管理法等。实行惩罚性赔偿制度，有利于增加违法成本，给相关主体一个明确的行为责任指引，从而减少甚至消除其违法行为。按照《决定》的精神，通过健全惩罚性赔偿制度等一系列体制机制，进一步加大法律的保护力度；通过严格执法、规范执法，严格责任追究机制，进一步加大对严重违法行为处罚力度；通过提高主观恶意行为的违法成本，进一步彰显法律的权威，显然有助于保障相关领域法律的有效实施。

▶▶▶ 新增考点 12　充分认识成立中央全面依法治国委员会的重要意义【第三章第二节 加强和改进党对依法治国的领导】

中国共产党领导是中国特色社会主义最本质的特征。习近平总书记指出，党中央决定组建中央全面依法治国委员会，这是我们党历史上第一次设立这样的机构，目的是加强党对全面依法治国的集中统一领导，统筹推进全面依法治国工作。第一，这是贯彻落实党的十九大精神，加强党对全面依法治国集中统一领导的需要；第二，这是研究解决依法治国重大事项、重大问题，协调推进中国特色社会主义法治体系和社会主义法治国家建设的需要；第三，这是推动实现"两个一百年"奋斗目标，为实现中华民族伟大复兴中国梦提供法治保障的需要。无论是实现"两个一百年"奋斗目标，还是实现中华民族伟大复兴的中国梦，全面依法治国既是重要内容，又是重要保障。在统筹推进伟大斗争、伟大工程、伟大事业、伟大梦想，全面建设社会主义现代化国家的新征程上，必须更好发挥法治固根本、稳预期、利长远的保障作用。

▶▶▶ 新增考点 13　坚持依法执政【第三章第二节 加强和改进党对依法治国的领导】

健全党中央对重大工作的领导体制，强化党中央决策议事协调机构职能作用，完善推动党中央重大决策落实机制，严格执行向党中央请示报告制度，确保令行禁止。健全维护党的集中统一的组织制度，形成党的中央组织、地方组织、基层组织上下贯通、执行有力的严密体系，实现党的组织和党的工作全覆盖。

健全党领导依法治国的制度和工作机制，完善保证党确定依法治国方针政策和决策部署的工作机制和程序。发挥中央全面依法治国委员会作用，加强对全面依法治国统一领导、统一部署、统筹协调。完善党委依法决策机制，发挥政策和法律的各自优势，促进党的政策和国家法律互联互动。党委要定期听取政法机关工作汇报，做促进公正司法、维护法律权威的表率。党政主要负责人要履行推进法治建设第一责任人职责。各级党委要领导和支持工会、共青团、妇联等人民团体和社会组织在依法治国中积极发挥作用。

▶▶▶ 新增考点 14　依法保障"一国两制"实践和推进祖国统一【第三章第二节 加强和改进党对依法治国的领导】

党的十九届四中全会《决定》指出："健全中央依照宪法和基本法对特别行政区行使全面管治权的制度。完善中央对特别行政区行政长官和主要官员的任免制度和机制、全国人大常委会对基本法的解释制度，依法行使宪法和基本法赋予中央的各项权力。建立健全特别行政区维护国家安全的法律制度和执行机制，支持特别行政区强化执法力量。""加强对香港、澳门社会特别是公职人员和青少年的宪法和基本法教育、国情教育、中国历史和中华文化教育，增强香港、澳门同胞国家意识和爱国精神。坚决防范和遏制外部势力干预港澳事务和进行分裂、颠覆、渗透、破坏活动，确保香港、澳门长治久安。"

党的十九届四中全会《决定》指出："坚定推进祖国和平统一进程。解决台湾问题、实现祖国完全统一，是全体中华儿女共同愿望，是中华民族根本利益所在。推动两岸就和平发展达成制度性安排。完善促进两岸交流合作、深化两岸融合发展、保障台湾同胞福祉的制度安排和政策措施，团结广大台湾同胞共同反对'台独'、促进统一。在确保国家主权、安全、发展利益的前提下，和平统一后，台湾同胞的社会制度和生活方式将得到充分尊重，台湾同胞的私人财产、宗教信仰、合法权益将得到充分保障。"

法 理 学

▶▶▶ 新增考点 **法 的 发 现 与 法 的 证 成**
【第二章第三节 法适用的一般原理】

法律人将现行有效的一般法律规范适用于特定案件不仅仅是获得一个法律决定或判断，而且获得的这个决定或判断应该而且必须是合理的。就后者而言，法律人必须要对其所得的决定或判断提供尽可能充足的理由支持，换言之，要保证作为结论命题的决定或判断是推理或论证的结果。在这个意义上，后者就是我们所谓的"法的证成"。法律人获得法律决定或判断的事实过程就是我们所谓的"法的发现"。

法的发现与法的证成之区分的根源最早可以回溯到科学哲学之中的心理与逻辑的区分。这个区分是指实际的思想过程与思想的逻辑关联之间的不同，或者说思想者如何发现定理的过程与他如何证明或者如何证成定理之间不同。法的发现，是指特定法律人的心理因素与社会因素引发或引诱他针对特定案件做出某个具体的决定或判断的实际过程。法的证成，是指法律人将其实际上所作的决定或判断进行合理化的证明和证成以保证该决定或判断是

理性的、正当的或正确的。它并不是将决定或判断作为由一定作为原因的那些因素而导致的作为事实的结果，而是将决定或判断作为一个命题从一定的前提命题推论、推理出来的结论。虽然法的发现与法的证成是两种不同性质的过程，但是，它们并不是两个先后各自独立发生的过程，而是同一个过程的不同层面。

相比法的发现而言，法的证成具有优先性。这是因为法的证成能够保证法律人的法律适用目标的实现，也就是说，法的证成能够在更大程度上保证法律决定或判断的可预测性与正当性的实现。具体理由如下：一方面，法的发现过程中影响法律人作法律决定或判断的心理与社会因素是无法进行规范地控制、检验与评价的。另一方面，法的发现过程中影响法律人作法律决定或判断的心理与社会因素对法律人作法律决定或判断来说并不具有普遍必然性。

就法律决定的合理性要求的实现而言，法的证成具有优先性，但是，我们不并认为法的发现研究进路就是无意义的或无价值的。

宪 法

▶▶▶ 新增考点 **特别行政区维护国家安全的宪制责任**【第三章第六节 特别行政区制度】

维护国家安全是保证国家长治久安、保持香港长期繁荣稳定的必然要求，是包括香港同胞在内的全中国人民的共同义务，是国家和香港特别行政区的共同责任。香港回归以来，"一国两制"实践在

香港取得了前所未有的成功，但"一国两制"在实践中，也遇到了一些新情况新问题，当前一个最突出问题就是香港特别行政区国家安全风险日益凸显，成为制度短板。"一国两制"是有机统一体，"一国"是实行"两制"的前提和基础，"两制"从属和派生于"一国"并统一于"一国"之内。从国家层面建立健全香港特别行政区维护国家安全的法律制度和执行机制，有助于改变特别行政区国家安全领域长期"不设防"状况，在宪法和香港

基本法的轨道上推进维护国家安全法律制度建设，确保"一国两制"事业行稳致远。

2020年5月28日，十三届全国人大三次会议通过了《全国人民代表大会关于建立健全香港特别行政区维护国家安全的法律制度和执行机制的决定》，就相关问题作出若干基本规定，同时授权全国人大常委会就建立健全香港特别行政区维护国家安全的法律制度和执行机制制定相关法律。该决定的依据是《宪法》第31条和第62条第2项、第14项、第16项的规定以及《香港特别行政区基本法》的有关规定，充分考虑维护国家安全的现实需要和香港特别行政区的具体情况，就建立健全香港特别行政区维护国家安全的法律制度和执行机制作出的制度安排。

该决定强调，国家坚定不移并全面准确贯彻"一国两制"、"港人治港"、高度自治的方针，坚决反对任何外国和境外势力以任何方式干预香港特别行政区事务，采取必要措施予以反制。该决定规定，维护国家主权、统一和领土完整是香港特别行政区的宪制责任，香港特别行政区应当尽早完成《香港特别行政区基本法》规定的维护国家安全立法，香港特别行政区行政机关、立法机关、司法机关应当依据有关法律规定有效防范、制止和惩治危害国家安全的行为；香港特别行政区应当建立健全维护国家安全的机构和执行机制，中央人民政府维护国家安全的有关机关根据需要在香港特别行政区设立机构、履行职责；香港特别行政区行政长官应当就香港特别行政区履行维护国家安全职责、开展国家安全推广教育、依法禁止危害国家安全的行为等情况，定期向中央人民政府提交报告。该决定还授权全国人大常委会就建立健全香港特别行政区维护国家安全的法律制度和执行机制制定相关法律，切实防范、制止和惩治发生在香港特别行政区内的任何分裂国家、颠覆国家政权、组织实施恐怖活动等严重危害国家安全的行为以及外国和境外势力干预香港特别行政区事务的活动，全国人大常委会决定将相关法律列入《香港特别行政区基本法》附件三并由香港特别行政区在当地公布实施。

中国法律史

▶▶▶ 新增考点1   五院制【第五章第四节南京国民政府的法律制度】

国民政府设行政院、立法院、司法院、考试院、监察院及各部会。

▶▶▶ 新增考点2   司法院【第五章第四节南京国民政府的法律制度】

1928年《中华民国国民政府组织法》规定："司法院为国民政府最高司法机关，掌握司法审判，司法行政官吏惩戒及行政审判之职权。"司法院院长总理全院事务，经最高法院院长及所属各庭庭长会议议决后，统一行使解释法令及变更判例之权。

1947年《中华民国宪法》规定，司法院为国家最高司法机关，有掌握民事、刑事、行政诉讼之审判及公务员之惩戒、解释宪法，并有统一解释法律及命令之权。司法院之下设立各级法院。

刑事诉讼法

新增考点1　人民检察院的立场【第三章第一节　刑事诉讼中的专门机关】

人民检察院办理刑事案件，以事实为根据，以法律为准绳，秉持客观公正的立场。检察官既是犯罪的追诉者，也是无辜的保护者。客观公正立场要求检察官作为人民检察院的代表在参与刑事诉讼过程中不能单纯站在公诉人或追诉者的立场一味地考虑如何追诉犯罪，而应当既注重不利于被追诉者的内容，又注重有利于被追诉者的因素。

▶▶▶ 新增考点2　监察机关立案调查的案件【第四章第一节　立案管辖】

根据《监察法》的规定，之前由检察机关直接受理并立案侦查的绝大部分公职人员职务犯罪案件，现由监察机关立案调查，而监察机关立案调查本身不属于刑事诉讼程序的一部分。根据《监察法》第15条的规定，监察机关对下列公职人员和有关人员进行监察：（1）中国共产党机关、人民代表大会及其常务委员会机关、人民政府、监察委员会、人民法院、人民检察院、中国人民政治协商会议各级委员会机关、民主党派机关和工商业联合会机关的公务员，以及参照《公务员法》管理的人员；（2）法律、法规授权或者受国家机关依法委托管理公共事务的组织中从事公务的人员；（3）国有企业管理人员；（4）公办的教育、科研、文化、医疗卫生、体育等单位中从事管理的人员；（5）基层群众性自治组织中从事管理的人员；（6）其他依法履行公职的人员。根据《监察法》第11条的规定，对于上列监察对象涉嫌贪污贿赂、滥用职权、玩忽职守、权力寻租、利益输送、徇私舞弊以及浪费国家资财等职务犯罪，由监察机关进行立案调查。监察机关经过调查认为涉嫌职务犯罪的，将调查结果移送人民检察院审查起诉。

▶▶▶ 新增考点3　值班律师的权利【第六章第二节　我国辩护制度的基本内容】

根据《关于适用认罪认罚从宽制度的指导意见》的规定，值班律师为履行法律规定的职责，享有下列权利：（1）会见权。与犯罪嫌疑人、被告人有约见值班律师的权利相对应，值班律师可以会见犯罪嫌疑人、被告人，看守所应当为值班律师会见提供便利。危害国家安全犯罪、恐怖活动犯罪案件，侦查期间值班律师会见在押犯罪嫌疑人的，应当经侦查机关许可。（2）阅卷权。人民检察院对案件审查起诉之日起，值班律师可以查阅案卷材料、了解案情。人民法院、人民检察院应当为值班律师查阅案卷材料提供便利。（3）提出意见权。这一权利与值班律师对案件处理提出意见的职责相一致。

为保障值班律师参与的效果和认罪认罚的犯罪嫌疑人、被告人获得法律帮助权，《关于适用认罪认罚从宽制度的指导意见》还从以下几个方面规定了保障措施：（1）值班律师提供法律咨询、查阅案卷材料、会见犯罪嫌疑人或者被告人、提出书面意见等法律帮助活动的相关情况应当记录在案，并随案移送；（2）尽量保障不同诉讼阶段值班律师的同一。对于被羁押的犯罪嫌疑人、被告人，在不同诉讼阶段，可以由派驻看守所的同一值班律师提供法律帮助。对于未被羁押的犯罪嫌疑人、被告人，前一诉讼阶段的值班律师可以在后续诉讼阶段继续为犯罪嫌疑人、被告人提供法律帮助；（3）人民法院、人民检察院、看守所应当为派驻值班律师提供必要办公场所和设施。

▶▶▶ 新增考点4　不批准逮捕或不予逮捕的情形【第八章第六节　逮捕】

1. 应当不批准逮捕或不予逮捕

根据《高检规则》① 第139条，对具有下列情

---

① 即《人民检察院刑事诉讼规则》，以下称《高检规则》。

形之一的犯罪嫌疑人，人民检察院应当作出不批准逮捕或者不予逮捕的决定：（1）不符合应当或可以逮捕条件的；（2）具有《刑事诉讼法》第16条规定的情形之一的。

2. 可以不批准逮捕或不予逮捕

根据《高检规则》第140条，犯罪嫌疑人涉嫌的罪行较轻，且没有其他重大犯罪嫌疑，具有以下情形之一的，可以作出不批准逮捕或者不予逮捕的决定：（1）属于预备犯、中止犯，或者防卫过当、避险过当的；（2）主观恶性较小的初犯，共同犯罪中的从犯、胁从犯，犯罪后自首、有立功表现或者积极退赃、赔偿损失、确有悔罪表现的；（3）过失犯罪的犯罪嫌疑人，犯罪后有悔罪表现，有效控制损失或者积极赔偿损失的；（4）犯罪嫌疑人与被害人双方根据刑事诉讼法的有关规定达成和解协议，经审查，认为和解系自愿、合法且已经履行或者提供担保的；（5）犯罪嫌疑人认罪认罚的；（6）犯罪嫌疑人系已满14周岁未满18周岁的未成年人或者在校学生，本人有悔罪表现，其家庭、学校或者所在社区、居民委员会、村民委员会具备监护、帮教条件的；（7）犯罪嫌疑人系已满75周岁的人。

▶▶▶ **新增考点5**　**保护未成年人权利原则**
【第二十章第二节　未成年人刑事案件诉讼程序的方针与原则】

保护未成年人权利原则，是指公安司法机关在处理未成年人刑事案件的过程中，应当充分保障未成年犯罪嫌疑人、被告人和未成年被害人、证人依法享有的各项权利。《刑事诉讼法》第277条第2款规定，人民法院、人民检察院和公安机关办理未成年人刑事案件，应当保障未成年人行使其诉讼权利，保障未成年人得到法律帮助，并由熟悉未成年人身心特点的审判人员、检察人员、侦查人员承办。《高检规则》第457条规定，人民检察院办理未成年人刑事案件，应当坚持优先保护、特殊保护和双向保护，以帮助教育和预防重新犯罪为目的。其中优先保护和特殊保护是指应当根据未成年人的身心特点并针对未成年人所享有的特殊权利给予优先和特殊的保护，对于确有特殊困难、特殊需求的

未成年人，应当予以特殊帮助；双向保护是指既要注重保护未成年犯罪嫌疑人、被告人的合法权益，也要注重维护社会利益，积极化解矛盾，使被害人得到平等保护，尤其要注重对未成年被害人的权利维护和帮扶救助。

在刑事诉讼中，未成年犯罪嫌疑人、被告人除享有成年犯罪嫌疑人、被告人享有的各项诉讼权利外，还享有一些特殊的权利。例如，《刑事诉讼法》第281条规定，未成年人被讯问和审判时有法定代理人或其他合适成年人在场的权利。再如，原则上不得对未成年犯罪嫌疑人、被告人使用戒具。《高检规则》第466条规定，讯问未成年犯罪嫌疑人一般不得使用戒具。对于确有人身危险性，必须使用戒具的，在现实危险消除后，应当立即停止使用。《高法解释》[①]第480条规定，在法庭上不得对未成年被告人使用戒具，但被告人人身危险性大，可能妨碍庭审活动的除外。必须使用戒具的，在现实危险消除后，应当立即停止使用。

未成年被害人（证人）在刑事诉讼中也享有一些特殊的权利。上述《刑事诉讼法》第281条关于法定代理人和其他合适成年人在场的规定同样适用于未成年被害人与证人。《高检规则》第465条第6款规定，对未成年被害人、证人的询问应当以一次为原则，避免反复询问对其可能造成的伤害。《人民检察院办理未成年人刑事案件的规定》还要求，对于未成年被害人，应及时启动被害人救助程序，并可以适当放宽救助条件、扩大救助的案件范围，并可以根据需要，对未成年犯罪嫌疑人、未成年被害人进行心理疏导。

▶▶▶ **新增考点6**　**未成年人刑事案件社会调查制度**【第二十章第二节　未成年人刑事案件诉讼程序的方针与原则】

《刑事诉讼法》第279条对全面调查原则进行了规定：公安机关、人民检察院、人民法院办理未成年人刑事案件，根据情况可以对未成年犯罪嫌疑人、被告人的成长经历、犯罪原因、监护教育等情况进行调查。全面调查原则主要通过社会调查制度予以落实。社会调查制度是指在未成年人刑事案件办理过程中由专门人员对未成年人的成长经历、犯

---

① 即《最高人民法院关于适用〈中华人民共和国刑事诉讼法〉的解释》，以下称《高法解释》。

罪原因、监护教育等情况开展调查并记录整理的制度，其核心是形成一份全面反映未成年人情况的社会调查报告，并在未成年人刑事案件诉讼程序中提供给公安司法人员作为案件办理的重要依据。社会调查报告既可以由公检法机关自行开展调查并制作，也可以委托其他主体进行，辩护人也可以提交反映未成年人全面情况的书面材料。《高法解释》第476条第2款规定，必要时，人民法院可以委托未成年被告人居住地的县级司法行政机关、共青团组织以及其他社会团体组织对未成年被告人的上述情况进行调查，或者自行调查。《高检规则》第461条第2款规定，人民检察院开展社会调查，可以委托有关组织和机构进行。

基于未成年人司法关注行为人的特点，社会调查报告以及其他反映未成年人全面情况的材料的运用应当贯穿于整个未成年人刑事案件诉讼程序，作为审查批捕、审查起诉以及作出不起诉决定和开展帮教的依据，在法庭审理中则应当进行质证，并可以作为法庭教育和量刑的依据。《高检规则》第461条规定，人民检察院应当对公安机关移送的社会调查报告进行审查。必要时，可以进行补充调查。人民检察院制作的社会调查报告应当随案移送人民法院。《高法解释》第484条规定，对未成年被告人情况的调查报告，以及辩护人提交的有关未成年被告人情况的书面材料，法庭应当审查并听取控辩双方意见。上述报告和材料可以作为法庭教育和量刑的参考。

▶▶▶ **新增考点7** 　**未成年人刑事案件法律援助制度【第二十章第三节　未成年人刑事案件诉讼制度与程序的具体规定】**

《刑事诉讼法》第278条规定，未成年犯罪嫌疑人、被告人没有委托辩护人的，人民法院、人民检察院、公安机关应当通知法律援助机构指派律师为其提供辩护。根据该条规定，在侦查、起诉、审判阶段，只要未成年犯罪嫌疑人、被告人没有委托辩护人，公、检、法机关就有义务通知法律援助机构指定律师为其提供辩护，无论该未成年人是否因经济困难而没有委托辩护人。需要说明的是，判断是否需要通知法律援助机构为其指定律师是以到案和审判时的年龄为标准，而不是以实施涉嫌犯罪行为时的年龄为标准。

刑　　法

▶▶▶ **新增考点** 　**组织考试作弊罪【第二十章第一节　扰乱公共秩序罪】**

1. 组织考试作弊罪

本罪是指在法律规定的国家考试中组织作弊，以及为组织作弊提供作弊器材或者其他帮助的行为。"法律规定的国家考试"，仅限于全国人民代表大会及其常务委员会制定的法律所规定的考试。根据有关法律规定，下列考试属于"法律规定的国家考试"：（1）普通高等学校招生考试、研究生招生考试、高等教育自学考试、成人高等学校招生考试等国家教育考试；（2）中央和地方公务员录用考试；（3）国家统一法律职业资格考试、国家教师资格考试、注册会计师全国统一考试、会计专业技术资格考试、资产评估师资格考试、医师资格考试、执业药师职业资格考试、注册建筑师考试、建造师执业资格考试等专业技术资格考试；（4）其他依照法律由中央或者地方主管部门以及行业组织的国家考试。上述考试涉及的特殊类型招生、特殊技能测试、面试等考试，属于"法律规定的国家考试"。在法律规定的国家考试以外的其他考试中，组织作弊，为他人组织作弊提供作弊器材或者其他帮助，或者非法出售、提供试题、答案，符合非法获取国家秘密罪，非法生产、销售窃听、窃照专用器材罪，非法使用窃听、窃照专用器材罪，非法利用信息网络罪，扰乱无线电通讯管理秩序罪等犯罪构成要件的，依法追究刑事责任。"组织作弊"，是指组织、策划、指挥考试作弊。组织行为虽然不排除集团犯罪的形式，但不必形成犯罪集团与聚众犯罪，个人组织他人进行考试作弊的，也能成立本罪。在普通高等学校招生、公务员录用等法律规定的国家考试涉及的体育、体能测试等体育运动中，组织考生非法使用兴奋剂的，应以组织考试作弊罪定罪处罚。组织考试作弊，在考试开始之前被查获，但已经非法获取考试试题、答案或者具有其他严重扰乱考试秩序情形的，应当认定为组织考试作弊罪既遂。

根据《刑法》第284条之一第2款明文规定，为组织作弊提供作弊器材或者其他帮助的，按组织考试作弊罪定罪处罚。"作弊器材"是指具有避开或者突破考场防范作弊的安全管理措施，获取、记录、传递、接收、存储考试试题、答案等功能的程序、工具，以及专门设计用于作弊的程序、工具。"其他帮助"是指提供作弊器材之外的其他一切可使考试作弊顺利进行的各种便利。如明知他人在普通高等学校招生、公务员录用等法律规定的国家考试涉及的体育、体能测试等体育运动中，组织考生非法使用兴奋剂，而为其提供兴奋剂的，即属于这一类型。《刑法》第284条之一第2款的规定不是典型的帮助犯的正犯化，只是帮助犯量刑的正犯化。这意味着若乙为甲组织作弊提供了作弊器材，但甲并没有实施组织作弊行为的，因不存在任何法益侵害与危险，对乙的行为不能以犯罪论处；只有当甲利用乙提供的作弊器材组织他人作弊时，才能认定乙的行为构成组织考试作弊罪。犯本罪的，根据《刑法》第284条之一第1款的规定处罚。

2. 非法出售、提供试题、答案罪

本罪是指为实施考试作弊行为，向他人非法出售或者提供法律规定的国家考试的试题、答案的行为。为实施考试作弊行为，行为人向任何参加法律规定的国家考试的人员、亲友或者其他相关人员提供试题、答案的，均成立本罪。为实施考试作弊行为，向他人非法出售或者提供法律规定的国家考试的试题、答案，试题不完整或者答案与标准答案不完全一致的，或者获得试题、答案的人员是否利用行为人所出售、提供的试题、答案，均不影响本罪的认定。行为人向组织作弊的人员提供试题、答案的，同时触犯了本罪与组织考试作弊罪，宜按本罪论处。成立本罪，要求行为人所提供的试题、答案是真实的，而不是虚假的，但只要求部分真实，所以，存在部分虚假时不影响本罪的成立。本罪还要求出售、提供试题、答案的行为应在考试前或者考试过程中，考试结束后出售、提供试题、答案的，不成立本罪。以窃取、刺探、收买方法非法获取法律规定的国家考试的试题、答案，又组织考试作弊或者非法出售、提供试题、答案，分别符合《刑法》第282条、第284条之一规定的，以非法获取国家秘密罪和组织考试作弊罪或者非法出售、提供试题、答案罪数罪并罚。犯本罪的，根据《刑法》第284条之一第1款的规定处罚。

3. 代替考试罪

本罪是指代替他人或者让他人代替自己参加法律规定的国家考试的行为。一般来说，代替他人考试的人（替考人）与让他人代替自己参加考试的人（应考人）会形成共犯关系（可谓对向性的共同正犯），但不也尽然。例如，应考人丙因生病住院不能参加考试，丙的父亲乙让甲代替丙参加考试，但丙并不知情。此时，甲是代替考试，乙不是"让他人代替自己参加考试"，而是"代替他人参加考试"的教唆犯。犯本罪的，根据《刑法》第284条之一第4款的规定处罚。对于行为人犯罪情节较轻，确有悔罪表现，综合考虑行为人替考情况以及考试类型等因素，认为符合缓刑适用条件的，可以宣告缓刑；犯罪情节轻微的，可以不起诉或者免予刑事处罚；情节显著轻微危害不大的，不以犯罪论处。

行政法与行政诉讼法

▶▶▶ 新增考点 行政合同（行政协议）诉讼【第八章第一节 行政合同】

《行政诉讼法》第12条把行政合同（行政协议）纳入行政诉讼受案范围，从而在行政诉讼法上明确了行政合同诉讼。《行政协议规定》对此类诉讼涉及的问题作出了较全面规定。

（一）受案范围

行政合同诉讼受案范围的确定，与对行政合同（行政协议）的整体界定有内在关联。如前所述，《行政协议规定》第1条对行政合同作出了界定，即"行政机关为了实现行政管理或者公共服务目标，与公民、法人或者其他组织协商订立的具有行政法上权利义务内容的协议，属于行政诉讼法第十二条第一款第十一项规定的行政协议"。这构成了行政合同诉讼的基本范围。不过，由于现实的复杂性，对行政合同的辨识仍会存在争议。《行政协议规定》从肯定性列举和否定性列举两个方面作出了进一步厘定。

1. 肯定性列举

《行政协议规定》第2条规定，公民、法人或者其他组织就下列行政协议提起行政诉讼的，法院应当依法受理：政府特许经营协议；土地、房屋等征收征用补偿协议；矿业权等国有自然资源使用权出让协议；政府投资的保障性住房的租赁、买卖等协议；符合本规定第1条规定的政府与社会资本合作协议；其他行政协议。

在上述纳入肯定性列举范围的行政协议中，政府特许经营协议和土地、房屋征收补偿协议是行政诉讼法明确列出的事项。矿业权等国有自然资源使用权出让协议，政府投资的保障性住房的租赁、买卖等协议，符合本规定第1条规定的政府与社会资本合作协议，是此次司法解释加以明确的事项。

针对上述行政协议，如行政协议约定仲裁条款的，这些条款原则上无效。《行政协议规定》第26条明确规定，"行政协议约定仲裁条款的，人民法院应当确认该条款无效，但法律、行政法规或者我国缔结、参加的国际条约另有规定的除外。"

2. 否定性列举

《行政协议规定》第3条明确规定，因行政机关订立的下列协议提起诉讼的，不属于人民法院行政诉讼的受案范围：行政机关之间因公务协助等事由而订立的协议；行政机关与其工作人员订立的劳动人事协议。

（二）当事人

行政合同诉讼依然是"民告官"的诉讼，因行政协议的订立、履行、变更、终止等发生纠纷的，公民、法人或者其他组织是原告，行政机关是被告。

1. 原告

根据《行政协议规定》的规定，下列与行政协议有利害关系的公民、法人或者其他组织提起行政诉讼的，具有原告资格，法院应当依法受理：

第一，参与招标、拍卖、挂牌等竞争性活动，认为行政机关应当依法与其订立行政协议但行政机关拒绝订立，或者认为行政机关与他人订立行政协议损害其合法权益的公民、法人或者其他组织；

第二，认为征收征用补偿协议损害其合法权益的被征收征用土地、房屋等不动产的用益物权人、公房承租人；

第三，其他认为行政协议的订立、履行、变更、终止等行为损害其合法权益的公民、法人或者其他组织。

行政协议原告有权提出下列具体的诉讼请求，其构成了《行政协议规定》第49条第3项规定的"有具体的诉讼请求"：

第一，请求判决撤销行政机关变更、解除行政协议的行政行为，或者确认该行政行为违法；

第二，请求判决行政机关依法履行或者按照行政协议约定履行义务；

第三，请求判决确认行政协议的效力；

第四，请求判决行政机关依法或者按照约定订

立行政协议;

第五,请求判决撤销、解除行政协议;

第六,请求判决行政机关赔偿或者补偿;

第七,其他有关行政协议的订立、履行、变更、终止等诉讼请求。

《行政协议规定》规定,公民、法人或者其他组织向人民法院提起民事诉讼,生效法律文书以涉案协议属于行政协议为由裁定不予立案或者驳回起诉,当事人又提起行政诉讼的,人民法院应当依法受理。

2. 被告

行政机关不能以原告身份起诉公民、法人或者其他组织,只能作为行政合同诉讼的被告。《行政协议规定》同时明确规定,法院受理行政协议案件后,被告就该协议的订立、履行、变更、终止等提起反诉的,人民法院不予准许。

因行政机关委托的组织订立的行政协议发生纠纷的,委托的行政机关是被告。

(三) 管辖与起诉期限

1. 管辖

《行政协议规定》第7条规定,当事人书面协议约定选择被告所在地、原告所在地、协议履行地、协议订立地、标的物所在地等与争议有实际联系地点的人民法院管辖的,人民法院从其约定,但违反级别管辖和专属管辖的除外。

2. 起诉期限

《行政协议规定》规定,公民、法人或者其他组织对行政机关不依法履行、未按照约定履行行政协议提起诉讼的,诉讼时效参照民事法律规范确定;对行政机关变更、解除行政协议等行政行为提起诉讼的,起诉期限依照行政诉讼法及其司法解释确定。

《行政协议规定》同时规定,2015年5月1日后订立的行政协议发生纠纷的,适用行政诉讼法及本规定。2015年5月1日前订立的行政协议发生纠纷的,适用当时的法律、行政法规及司法解释。

(四) 审理

1. 举证责任

根据《行政协议规定》的规定,被告对于自己具有法定职权、履行法定程序、履行相应法定职责以及订立、履行、变更、解除行政协议等行为的合法性承担举证责任。

原告主张撤销、解除行政协议的,对撤销、解除行政协议的事由承担举证责任。

对行政协议是否履行发生争议的,由负有履行义务的当事人承担举证责任。

2. 合法性审查

人民法院审理行政协议案件,应当对被告订立、履行、变更、解除行政协议的行为是否具有法定职权、是否滥用职权、适用法律法规是否正确、是否遵守法定程序、是否明显不当、是否履行相应法定职责进行合法性审查。

原告认为被告未依法或者未按照约定履行行政协议的,人民法院应当针对其诉讼请求,对被告是否具有相应义务或者履行相应义务等进行审查。

3. 调解

人民法院审理行政协议案件,可以依法进行调解。人民法院进行调解时,应当遵循自愿、合法原则,不得损害国家利益、社会公共利益和他人合法权益。

4. 法律适用

人民法院审理行政协议案件,应当适用《行政诉讼法》的规定;《行政诉讼法》没有规定的,参照适用《民事诉讼法》的规定。人民法院审理行政协议案件,可以参照适用民事法律规范关于民事合同的相关规定。

《行政协议规定》第18条规定,当事人依据民事法律规范的规定行使履行抗辩权的,人民法院应予支持。

(五) 裁判

1. 确认协议无效或有效

行政协议存在《行政诉讼法》第75条规定的重大且明显违法情形的,人民法院应当确认行政协议无效。人民法院可以适用民事法律规范确认行政协议无效。

行政协议无效的原因在一审法庭辩论终结前消除的,人民法院可以确认行政协议有效。

2. 确认协议未生效及补救

法律、行政法规规定应当经过其他机关批准等程序后生效的行政协议,在一审法庭辩论终结前未获得批准的,人民法院应当确认该协议未生效。

行政协议约定被告负有履行批准程序等义务而被告未履行,原告要求被告承担赔偿责任的,人民法院应予支持。

3. 判决撤销协议

原告认为行政协议存在胁迫、欺诈、重大误解、显失公平等情形而请求撤销，人民法院经审理认为符合法律规定可撤销情形的，可以依法判决撤销该协议。

4. 判决撤销变更、解除协议的行政行为

被告变更、解除行政协议的行政行为存在《行政诉讼法》第 70 条规定情形的，人民法院判决撤销或者部分撤销，并可以责令被告重新作出行政行为。

5. 判决被告继续履行协议、采取补救措施

被告变更、解除行政协议的行政行为违法，人民法院可以依据《行政诉讼法》第 78 条的规定判决被告继续履行协议、采取补救措施；给原告造成损失的，判决被告予以赔偿。

被告未依法履行、未按照约定履行行政协议，人民法院可以依据《行政诉讼法》第 78 条的规定，结合原告诉讼请求，判决被告继续履行，并明确继续履行的具体内容；被告无法履行或者继续履行无实际意义的，人民法院可以判决被告采取相应的补救措施；给原告造成损失的，判决被告予以赔偿。

原告要求按照约定的违约金条款或者定金条款予以赔偿的，人民法院应予支持。

6. 判决解除协议

原告请求解除行政协议，人民法院认为符合约定或者法定解除情形且不损害国家利益、社会公共利益和他人合法权益的，可以判决解除该协议。

7. 确认变更、解除协议的行政行为合法及补救措施

在履行行政协议过程中，可能出现严重损害国家利益、社会公共利益的情形，被告作出变更、解除协议的行政行为后，原告请求撤销该行为，人民法院经审理认为该行为合法的，判决驳回原告诉讼请求；给原告造成损失的，判决被告予以补偿。

8. 判决赔偿、补偿或采取补救措施

行政协议无效、被撤销或者确定不发生效力后，当事人因行政协议取得的财产，人民法院应当判决予以返还；不能返还的，判决折价补偿。因被告的原因导致行政协议被确认无效或者被撤销，可以同时判决责令被告采取补救措施；给原告造成损失的，人民法院应当判决被告予以赔偿。

被告明确表示或者以自己的行为表明不履行行政协议，原告在履行期限届满之前向人民法院起诉请求其承担违约责任的，人民法院应予支持。

被告或者其他行政机关因国家利益、社会公共利益的需要依法行使行政职权，导致原告履行不能、履行费用明显增加或者遭受损失，原告请求判令被告给予补偿的，人民法院应予支持。

原告以被告违约为由请求人民法院判令其承担违约责任，人民法院经审理认为行政协议无效的，应当向原告释明，并根据原告变更后的诉讼请求判决确认行政协议无效；因被告的行为造成行政协议无效的，人民法院可以依法判决被告承担赔偿责任。原告经释明后拒绝变更诉讼请求的，人民法院可以判决驳回其诉讼请求。

（六）相对人不依法、不依约履行行政协议的执行

根据《行政协议规定》的规定，分两种情形：

一种情形是，公民、法人或者其他组织未按照行政协议约定履行义务，经催告后不履行，行政机关可以作出要求其履行协议的书面决定。公民、法人或者其他组织收到书面决定后在法定期限内未申请行政复议或者提起行政诉讼，且仍不履行，协议内容具有可执行性的，行政机关可以向人民法院申请强制执行。

另一种情形是，法律、行政法规规定行政机关对行政协议享有监督协议履行的职权，公民、法人或者其他组织未按照约定履行义务，经催告后不履行，行政机关可以依法作出处理决定。公民、法人或者其他组织在收到该处理决定后在法定期限内未申请行政复议或者提起行政诉讼，且仍不履行，协议内容具有可执行性的，行政机关可以向人民法院申请强制执行。

民　　法

▶▶▶ 新增考点 1　　流转土地经营权的方式

【第九章第二节　土地承包经营权】

土地承包经营权人可以自主决定采取出租、入股或其他方式流转土地经营权；取得土地经营权者，有权在合同约定期限内对农村土地行使占有、使用、收益的权利；流转期限超过 5 年的土地经营权，采取登记对抗主义，自流转合同生效时设立，未经登记不得对抗善意第三人。此外，根据《民法典》第 342 条规定，通过招标、拍卖、公开协商等方式承包农村土地，经依法登记取得权属证书的，可以依法采取出租、入股、抵押或者以其他方式流转土地经营权。

同时，根据《农村土地承包法》第 9 条规定，承包方承包土地后，享有土地承包经营权，可以自己经营，也可以保留土地承包权，流转其承包地的土地经营权，由他人经营。根据《农村土地承包法》第 38 条规定，土地经营权流转应当遵循以下原则：（1）依法、自愿、有偿，任何组织和个人不得强迫或者阻碍土地经营权流转；（2）不得改变土地所有权的性质和土地的农业用途，不得破坏农业综合生产能力和农业生态环境；（3）流转期限不得超过承包期的剩余期限；（4）受让方须有农业经营能力或者资质；（5）在同等条件下，本集体经济组织成员享有优先权。而根据《农村土地承包法》第 54 条规定，通过招标、拍卖、公开协商等方式取得土地经营权的，该承包人死亡，其应得的承包收益，依照《民法典》的规定继承；在承包期内，其继承人可以继续承包。另外，根据《农村土地承包法》第 64 条规定，土地经营权人擅自改变土地的农业用途、弃耕抛荒连续两年以上、给土地造成严重损害或者严重破坏土地生态环境，承包方在合理期限内不解除土地经营权流转合同的，发包方有权要求终止土地经营权流转合同；土地经营权人对土地和土地生态环境造成的损害应当予以赔偿。

▶▶▶ 新增考点 2　　居住权【第九章第五节　居住权】

1. 居住权的概念和特征

学理上的居住权，源自罗马法。罗马法上，居住权的上位概念为人役权；人役权包括用益权、使用权和居住权，该三者的权利范围依次递减；此外，人役权与地役权相对应，共同构成役权。理论上，强调居住权的人身属性，则实定法上的构造即倾向于居住权的无偿性和不可转让性；同时，居住权的投资功能等其他构造可能性，便会受到抑制。

我国实定法上的居住权，是指出于生活居住的需要、对他人所有之住宅为占有使用的用益物权。其主要特征为：其一，居住权的性质，是设立在他人住宅之上的用益物权。其二，居住权的功能，原则上限于满足生活居住需要。其三，就对住宅的使用而言，原则上只能自用，不能转租他人。

2. 居住权的设立和内容

根据我国《民法典》的规定，设立居住权的方式如下：（1）应当采取书面形式订立居住权合同，合同条款一般包括当事人的姓名或者名称和住所、住宅的位置、居住的条件和要求、居住权期限、解决争议的方法等；此外，居住权也可以通过遗嘱方式设立。（2）原则上居住权无偿设立，但是当事人另有约定的除外。（3）设立居住权应当登记，且居住权自登记时设立。

居住权的核心内容是居住权人得为居住，其权利范围要小于其他用益物权。同时，我国实定法上的居住权不得转让、继承；此外，设立居住权的住宅原则上不得出租，但当事人另有约定的除外。

3. 居住权的消灭

《民法典》规定了居住权消灭的两项事由：其一，居住权期限届满；其二，居住权人死亡。同时，居住权消灭的，应当及时办理注销登记。至于居住权人是否滥用权利或长期不行使等，并未被纳入消灭事由范畴。

113

▶▶▶ 新增考点 3　因第三方原因违约的责任

【第十七章第一节　违约责任的成立与免责】

《民法典》第 593 条规定，当事人一方因第三人的原因造成违约的，应当依法向对方承担违约责任。当事人一方和第三人之间的纠纷，依照法律规定或者按照约定处理。这一规定遵循了合同相对性理论，即合同仅在当事人之间产生法律效力，违约责任也只能在合同当事人之间产生。同时，《民法典》中还规定了由第三人履行的合同和向第三人履行的合同的违约责任，这两类合同虽然在履行义务的主体上突破了合同的相对性，但是在违约责任上仍遵循合同的相对性原理。

▶▶▶ 新增考点 4　定金责任与违约金责任

【第十七章第二节　违约责任的形式】

在合同既有违约金条款又设有定金担保的情形下，一方违约时如何处理违约金与定金的关系，《民法典》第 588 条确立了以下规则：

1. 当事人既约定违约金，又约定定金的，一方违约时，对方可以选择适用违约金或者定金条款。据此，违约定金与违约金原则上不能并用。

2. 约定的定金不足以弥补一方违约造成的损失的，对方可以请求赔偿超过定金部分的损失。对此应理解为，适用定金罚则（如违约方双倍返还定金）后，守约方损失仍未得到充分补偿，可就超出的数额部分向违约方请求赔偿。

▶▶▶ 新增考点 5　招标投标买卖【第十八章第一节　买卖合同】

招标投标买卖，是指由招标人向不特定主体发出招标通知或招标公告，在诸多投标中选择某一投标人并与之订立买卖合同的方式。招标可分为公开招标与邀请招标，其中招标通知或公告为要约邀请，投标书为要约，定标为承诺。根据《政府采购法》的规定，公开招标应作为政府采购的主要采购方式。依此方式订立买卖合同，应遵守相关法律规定。

▶▶▶ 新增考点 6　保理合同【第二十章第一节　保理合同】

一、保理合同的概念和特征

《民法典》第 761 条规定，保理合同是应收账款债权人将现有的或者将有的应收账款转让给保理人，保理人提供资金融通、应收账款管理或者催收、应收账款债务人付款担保等服务的合同。

保理合同具有下列特征：

1. 保理合同的标的是保理人的劳务或服务。具体而言，在保理合同中，保理人向应收账款债权人提供资金融通，应收账款管理、催收，应收账款债务人付款担保等服务。

2. 保理合同为要式合同。根据《民法典》第 762 条第 2 款的规定，保理合同应当采用书面形式。

3. 保理合同是双务有偿合同。保理人有义务为债权人提供保理服务，同时有权获得报酬；债权人有义务支付报酬，同时有权要求保理人提供保理服务。

4. 保理合同为诺成合同。保理合同只需当事人意思表示达成一致即可成立，无须特定财物的交付。

二、保理合同的主要内容及履行规则

（一）保理合同的主要内容

保理合同的内容一般包括业务类型、服务范围、服务期限、基础交易合同情况、应收账款信息、转让价款、服务报酬及其支付方式等条款。

（二）保理合同的履行规则

1. 虚构债权的保理。

《民法典》第 763 条规定，应收账款债权人与债务人虚构应收账款作为转让标的，与保理人订立保理合同的，为保护交易安全，除保理人明知该应收账款为虚构的外，应收账款的债务人不得以该应收账款为虚构对抗保理人。

2. 应收账款转让的通知。

根据《民法典》第 764、765 条的规定，保理人向应收账款债务人发出应收账款转让通知的，应当在通知中表明保理人身份并附有必要凭证；应收账款债务人接到应收账款转让通知后，应收账款债权人和债务人无正当理由协商变更或者终止基础交易合同，对保理人产生不利影响的，对保理人不发生效力。

3. 有追索权保理。

有追索权保理，指保理人不负责为债务人核定信用额度和提供坏账担保的义务，仅提供包括融资在内的其他服务。无论应收账款因何种原因不能收回，保理人都有权向供应商索回已付融资款项并拒付尚未收回的差额款项。

《民法典》第766条规定，当事人约定有追索权保理的，保理人可以向应收账款债权人主张返还保理融资款本息或者回购应收账款债权，也可以向应收账款债务人主张应收账款债权。保理人向应收账款债务人主张应收账款债权，在扣除保理融资款本息和相关费用后有剩余的，剩余部分应当返还给应收账款债权人。

4. 无追索权保理。

无追索权保理，指保理人凭债权转让向供应商融通资金后，即放弃对供应商追索的权利，保理人独自承担买方拒绝付款或无力付款的风险。

《民法典》第767条规定，当事人约定无追索权保理的，保理人应当向应收账款债务人主张应收账款债权，保理人取得超过保理融资款本息和相关费用的部分，无需向应收账款债权人返还。

5. 多重保理。

多重保理，指应收账款债权人就同一应收账款订立多个保理合同，致使多个保理人主张权利。

关于多重保理情形下各保理人行使权利的顺序，《民法典》第768条作出了如下规定：（1）已登记的先于未登记的受偿；（2）均已登记的，按照登记的先后顺序受偿；（3）均未登记的，由最先到达应收账款债务人的转让通知中载明的保理人受偿；（4）既未登记也未通知的，按照应收账款比例清偿。

▶▶▶ 新增考点7 仓储合同【第二十章第四节 仓储合同】

一、仓储合同的概念和特征

仓储合同是保管人储存存货人交付的仓储物，存货人支付仓储费的合同。

仓储合同有如下特征：

1. 仓储合同的保管人须为有仓储设备并专事仓储保管业务的人。这是仓储合同区别于保管合同的一大特征。仓储合同中，作为保管存货人货物的保管人一方只能是仓库营业人，而不能为其他主体，否则，便不称其为仓储合同。

2. 仓储合同中保管的仓储物须为动产。仓储合同是以储存货物为内容的合同，只有适于存放的物品才可为仓库储存保管，因此，在我国法律上只有动产才适于作为仓储合同的标的物。

3. 仓储合同为诺成合同。仓储合同自保管人和存货人意思表示一致时成立，不以仓储物的实际交付作为合同成立的条件。

4. 仓储合同为双务、有偿合同。仓储合同成立后，当事人双方互负对待给付义务。保管人须提供仓储服务，存货人须给付仓储费和其他费用，双方的义务具有对应性和对价性。

二、仓储合同的主要内容及履行规则

（一）保管人的义务

1. 接受和验收存货人的仓储物入库的义务。保管人应当按照约定对入库仓储物进行验收。保管人验收时发现入库仓储物与约定不符合的，应当及时通知存货人。保管人验收后，发生仓储物的品种、数量、质量不符合约定的情况的，保管人应当承担赔偿责任。

2. 填发和交付仓单的义务。存货人交付仓储物的，保管人应当给付仓单、入库单等凭证。保管人应当在仓单上签名或者盖章。

3. 妥善保管仓储物的义务及赔偿责任。保管人应当按照合同约定或者法律规定的储存条件和保管要求，妥善保管仓储物。储存期间，因保管不善造成仓储物毁损、灭失的，保管人应当承担赔偿责任。因仓储物的性质、包装不符合约定或者超过有效储存期造成仓储物变质、损坏的，保管人不承担赔偿责任。

4. 危险通知义务。当仓储物出现危险时，保管人应当及时通知存货人。保管人发现入库仓储物有变质或者其他损坏的，应当及时通知存货人或者仓单持有人；当该情形危及其他仓储物的安全和正常保管的，应当催告存货人或者仓单持有人作出必要的处置。因情况紧急，保管人可以作出必要的处置；但是，事后应当将该情况及时通知存货人或者仓单持有人。

5. 返还仓储物的义务。在因合同约定的储存期限届满或者其他事由终止合同时，保管人应将仓储物返还给存货人或者仓单持有人，保管人不得无故扣押仓储物。

（二）存货人的义务

1. 按照合同的约定交存仓储物入库的义务。存货人应当按照合同约定的时间，存储物的品种、数量、质量交付仓储物给保管人入库，并在验收期间向保管人提供验收资料。存货人未按照约定全部入库仓储物的，应当承担违约责任。

2. 告知义务和处置危险物品的义务。储存易燃、易爆、有毒、有腐蚀性、有放射性等危险物品或者易变质物品的，存货人应当说明该物品的性质，提供有关资料。存货人违反此规定的，保管人可以拒收仓储物，也可以采取相应措施以避免损失的发生，因此产生的费用由存货人负担。

3. 支付仓储费和偿付其他必要费用的义务。存货人未按照合同约定或法律规定支付仓储费和其他必要费用的，除当事人另有约定外，保管人对仓储物享有留置权。

4. 及时提取仓储物的义务。当事人对储存期间没有约定或者约定不明确的，存货人或者仓单持有人可以随时提取仓储物，保管人也可以随时请求存货人或者仓单持有人提取仓储物，但是应当给予必要的准备时间。储存期间届满，存货人或者仓单持有人应当凭仓单、入库单等提取仓储物。存货人或者仓单持有人逾期提取的，应当加收仓储费；提前提取的，不减收仓储费。

▶▶▶ **新增考点8** 物业服务合同【第二十章第六节 物业服务合同】

一、物业服务合同的概念和特征

《民法典》第937条规定，物业服务合同是物业服务人在物业服务区域内，为业主提供建筑物及其附属设施的维修养护、环境卫生和相关秩序的管理维护等物业服务，业主支付物业费的合同。其中，提供物业服务的一方当事人为物业服务人，物业服务人包括物业服务企业和其他物业管理人。接受物业服务并支付物业费的一方当事人为业主。

物业服务合同具有如下特征：

1. 物业服务合同是以劳务为标的的合同。物业服务人的义务是提供合同约定的劳务或服务，如房屋维修、设备保养、治安保卫、清洁卫生、园林绿化等。

2. 物业服务合同是双务、有偿合同。物业服务合同的双方当事人互负对待给付义务。物业服务人应当按照合同的约定提供物业服务，并有权要求业主支付物业费。业主应当按照合同的约定支付物业费，并有权要求物业服务人提供符合标准的物业服务。

3. 物业服务合同是要式合同。《民法典》第938条第3款规定，物业服务合同应当采用书面形式。

二、物业服务合同的主要内容及履行规则

（一）物业服务合同的主要内容

物业服务合同的内容一般包括服务事项、服务质量、服务费用的标准和收取办法、维修资金的使用、服务用房的管理和使用、服务期限、服务交接等条款。

物业服务人公开作出的有利于业主的服务承诺，为物业服务合同的组成部分。

（二）物业服务人的义务

1. 亲自提供物业服务的义务。原则上，物业服务人应当亲自提供物业服务，不得将其应当提供的全部物业服务转委托给第三人，或者将全部物业服务支解后分别转委托给第三人。对于物业服务区域内的部分专项服务事项，物业服务人可以委托给专业性服务组织或者其他第三人的，但应当就该部分专项服务事项向业主负责。

2. 按约定妥善提供物业服务的义务。物业服务人应当按照约定和物业的使用性质，妥善维修、养护、清洁、绿化和经营管理物业服务区域内的业主共有部分，维护物业服务区域内的基本秩序，采取合理措施保护业主的人身、财产安全。对物业服务区域内违反有关治安、环保、消防等法律法规的行为，物业服务人应当及时采取合理措施制止、向有关行政主管部门报告并协助处理。

3. 报告义务。物业服务人应当定期将服务的事项、负责人员、质量要求、收费项目、收费标准、履行情况，以及维修资金使用情况、业主共有部分的经营与收益情况等以合理方式向业主公开并向业主大会、业主委员会报告。

4. 合同终止时的退出义务。物业服务合同终止的，原物业服务人应当在约定期限或者合理期限内退出物业服务区域，将物业服务用房、相关设施、物业服务所必需的相关资料等交还给业主委员会、决定自行管理的业主或者其指定的人，配合新物业服务人做好交接工作，并如实告知物业的使用和管理状况。原物业服务人违反此规定的，不得请求业主支付物业服务合同终止后的物业费；造成业主损失的，应当赔偿损失。

5. 继续处理物业服务事项的义务。物业服务合同终止后，在业主或者业主大会选聘的新物业服务人或者决定自行管理的业主接管之前，原物业服务人应当继续处理物业服务事项，并可以请求业主支付该期间的物业费。

（三）业主的义务

1. 接受物业服务人的义务。建设单位依法与物业服务人订立的前期物业服务合同，以及业主委员会与业主大会依法选聘的物业服务人订立的物业服务合同，对业主具有法律约束力。此时，业主应当接受该物业服务人。但是，建设单位依法与物业服务人订立的前期物业服务合同约定的服务期限届满前，业主委员会或者业主与新物业服务人订立的物业服务合同生效的，前期物业服务合同终止。此时，业主不再受到之前的物业服务合同的约束。

2. 按约定支付物业费的义务。业主应当按照约定向物业服务人支付物业费。物业服务人已经按照约定和有关规定提供服务的，业主不得以未接受或者无须接受相关物业服务为由拒绝支付物业费。

3. 告知义务。业主装饰装修房屋的，应当事先告知物业服务人，遵守物业服务人提示的合理注意事项，并配合其进行必要的现场检查。业主转让、出租物业专有部分、设立居住权或者依法改变共有部分用途的，应当及时将相关情况告知物业服务人。

（四）物业服务合同的解除与续订

1 物业服务合同的解除。业主依照法定程序共同决定解聘物业服务人的，可以解除物业服务合同。决定解聘的，应当提前60日书面通知物业服务人，但是合同对通知期限另有约定的除外。如因解除合同给物业服务人造成损失的，除不可归责于业主的事由外，业主应当赔偿损失。

2. 物业服务合同的续订。物业服务期限届满前，业主依法共同决定续聘的，应当与原物业服务人在合同期限届满前续订物业服务合同。物业服务期限届满前，物业服务人不同意续聘的，应当在合同期限届满前90日书面通知业主或者业主委员会，但是合同对通知期限另有约定的除外。

物业服务期限届满后，业主没有依法作出续聘或者另聘物业服务人的决定，物业服务人继续提供物业服务的，原物业服务合同继续有效，但是服务期限为不定期。当事人可以随时解除不定期物业服务合同，但是应当提前60日书面通知对方。

▶▶▶ 新增考点9 保证合同【第二十二章第一节 保证合同】

一、保证合同的概念和特征

《民法典》第681条规定，保证合同是为保障债权的实现，保证人和债权人约定，当债务人不履行到期债务或者发生当事人约定的情形时，保证人履行债务或者承担责任的合同。

保证合同具有如下特征：

1. 保证合同是从合同。保证合同是从属于既存债权债务关系即主合同的合同，其从属性表现在以下几个方面：一是成立上的从属性。保证合同以主合同的成立为前提，于其存续中从属于主合同。二是效力上的从属性。主债权债务合同无效，保证合同也归于无效，但法律另有规定的除外。三是债务范围的从属性。由保证的目的所决定，保证债务的范围不得大于或强于主合同债务。四是变更、消灭上的从属性。主合同债务消灭时，保证债务也随之消灭；主合同债务变更时，保证债务一般随之变更，但不得增加其范围。《民法典》第695条规定，债权人和债务人未经保证人书面同意，协商变更主债权债务合同内容，减轻债务的，保证人仍对变更后的债务承担保证责任；加重债务的，保证人对加重的部分不承担保证责任。债权人和债务人变更主债权债务合同履行期限，未经保证人书面同意的，保证期间不受影响。保证合同的相对独立性，是指保证合同债务虽附从于主合同债务，但并非主合同债务的一部分，而是另一个独立的债务，在附从于主合同债务的范围内有独立性。因此，保证合同可以约定保证债务仅担保主合同债务的一部分，保证债务的范围和强度可以不同于主合同债务，可以有自己独立的变更或消灭原因。此外，保证合同还可以单就保证债务约定违约金。基于保证合同所发生的抗辩权，保证人可以单独行使。

2. 保证合同是单务合同、不要式合同。保证合同中，保证人对债权人仅承担保证债务而不享有债权，故保证合同属单务合同。我国法律规定保证合同可采取合同书、保证条款等书面形式，但其成立并非以书面形式为必要，口头保证也为法律所肯认。

保证合同适用于保证的不同方式与形态，包括：

1. 一般保证与连带责任保证。所谓一般保证，是指当事人在保证合同中约定，债务人不能履行债务时，由保证人承担保证责任的保证。所谓连带责任保证，是指当事人在保证合同中约定保证人与债务人对债务承担连带责任的保证。这两种保证之间最大的区别在于保证人是否享有先诉抗辩权。

2. 单独保证与共同保证。单独保证是指由单一保证人担保债务履行的保证。共同保证是指由数个保证人担保同一债务履行的保证。共同保证可分为连带责任的共同保证与按份责任的共同保证。连带共同保证的债务人在主合同规定的债务履行期届满时没有履行债务的，债权人可以要求债务人履行债务，也可以要求任何一个保证人承担全部保证责任。连带共同保证的保证人承担保证责任后，向债务人不能追偿的部分，由各连带保证人按其内部约定的比例分担；没有约定的平均分担。按份共同保证的保证人按照保证合同约定的保证份额承担保证责任后，在其履行保证责任的范围内可对债务人行使追偿权。《民法典》第699条规定，同一债务有两个以上保证人的，保证人应当按照保证合同约定的保证份额，承担保证责任；没有约定保证份额的，债权人可以请求任何一个保证人在其保证范围内承担保证责任。

3. 定期保证与不定期保证。定期保证是指保证合同规定有保证人承担保证责任的期限，保证人仅于此期限内负其责任，债权人未在此期限内对保证人主张权利的，保证人即免负其责。不定期保证是指保证合同未约定保证期限，债权人有权自主债务履行期届满之日起6个月内请求保证人承担保证责任的保证。

4. 有限保证与无限保证。所谓有限保证，是指当事人约定了担保范围的保证。当然，该约定的范围不得超出主债务的范围。所谓无限保证，是指当事人未特别约定保证担保的范围，而是依据法律的规定确定该范围的保证。

5. 普通保证与最高额保证。普通保证，即保证设立时主债务已实际发生且数额确定的保证。最高额保证，是指保证人对债权人与债务人在一定期间内连续发生的若干笔债务，在最高限额内承担保证责任的保证。《民法典》第690条第2款规定，最高额保证合同除适用保证合同的一般规定外，参照适用物权编最高额抵押权的有关规定。

二、保证合同的成立和效力

（一）保证合同的成立

1. 保证人的条件。

根据《民法典》第683条的规定，下列主体不得作为保证人：

（1）机关法人不得为保证人，但是经国务院批准为使用外国政府或者国际经济组织贷款进行转贷的除外。外国政府和国际经济组织贷款一般由国家有关主管机关负责借入，然后按有关规定转贷给国内有关单位。

（2）以公益为目的的非营利法人、非法人组织不得为保证人。如果允许以公益为目的的事业单位、社会团体为债权人提供担保，极有可能减损其用于公益目的的财产，有违公益法人的宗旨。因此，法律不允许它们作保证人。但在实践中，有的事业单位和社会团体并非从事公益事业，对这些从事非公益事业的事业单位和社会团体，依据国家政策允许从事经营活动的，应当认为其有从事保证活动的民事权利能力，可以担任保证人。

2. 保证合同的内容。

保证合同的内容一般包括被保证的主债权的种类、数额，债务人履行债务的期限，保证的方式、范围和期间等条款。

（1）被保证的主债权种类与数额。被保证的主债权种类，如借款合同中的还本付息债权、买卖合同中的请求交付标的物或支付价款的债权等均属此类。

被担保的债权，也可以是将来可能发生的债权。《民法典》第690条第1款规定，保证人与债权人可以协商订立最高额保证的合同，约定在最高债权额限度内就一定期间连续发生的债权提供保证。

（2）债务人履行债务的期限。债务人履行债务的期限是衡量债务人是否违约的标准之一，也是保证人是否实际承担保证责任的因素之一，因而应该明确规定。它有两种情形：一为期日，二为期间。

（3）保证的方式。保证方式包括一般保证方式和连带责任保证方式。不同的保证方式对当事人的利益有较大影响，应予明确；未约定或者约定不明确的，按一般保证承担保证责任。

（4）保证担保的范围。保证担保的范围依当事人在保证合同中的约定，无约定时按《民法典》第691条的规定处理，即包括主债权及其利息、违约金、损害赔偿金和实现债权的费用。

（5）保证期间。《民法典》第692条规定，保证期间是确定保证人承担保证责任的期间，不发生中止、中断和延长。债权人与保证人可以约定保证期间，但是约定的保证期间早于主债务履行期限或者与主债务履行期限同时届满的，视为没有约定；没有约定或者约定不明确的，保证期间为主债务履行期限届满之日起6个月。债权人与债务人对主债务履行期限没有约定或者约定不明确的，保证期间自债权人请求债务人履行债务的宽限期届满之日起计算。

（6）双方认为需要约定的其他事项。双方认为需要约定的其他事项，主要有赔偿损失的范围及计算方法、是否设立反担保等。

3. 保证合同的形式。

保证合同可采取以下书面形式：（1）单独订立的书面合同；（2）主债权债务合同中的保证条款；（3）第三人单方以书面形式向债权人作出保证，债权人接收且未提出异议的。

（二）保证合同的效力

1. 保证担保的范围。

保证担保的范围，即保证债务的范围，或称保证责任的范围。对此，《民法典》第691条规定，保证的范围包括主债权及其利息、违约金、损害赔偿金和实现债权的费用。当事人另有约定的，按照其约定。据此，保证担保的范围，首先依保证合同当事人的约定。例如，可以单就本金债权为保证，不保证利息；也可以仅就债权的一部分设定保证；还可以只保证缔结保证合同时已存在的债权，而不及后扩张的部分。基于保证的附从性，约定的保证担保的范围不得超出主债务的数额，否则，超出部分无效。

在当事人未约定保证担保的范围时，依《民法典》第691条的规定加以确定，包括主债权及其利息、违约金、损害赔偿金和实现债权的费用。

2. 保证人与主债权人的关系。

（1）债权人的权利。债权人对保证人享有请求承担保证责任（履行保证债务）的权利。该权利的行使以主债务不履行为前提，以保证责任已届承担期为必要。在一般保证中，保证人有权主张先

诉抗辩权，拒绝承担保证责任。在连带责任保证中，保证责任已届承担期，债权人请求保证人实际承担保证责任时，保证人无先诉抗辩权，但有主债务已适当履行或相应责任已经承担的抗辩权。

债权人请求保证人承担保证责任的期间，有约定时依约定；无约定时应自主债务履行期届至或届满之日始，至6个月届满时止。但在保证人有权行使先诉抗辩权的情况下，保证人不负迟延责任。

（2）保证人的权利。保证合同是单务合同，保证人对债权人不享有给付请求权，但可依法向主债权人主张抗辩或其他防御性的权利。

一是债务人对债权人的抗辩。《民法典》第701条规定，保证人可以主张债务人对债权人的抗辩。债务人放弃抗辩的，保证人仍有权向债权人主张抗辩。此类抗辩包括：①主债权未发生的抗辩，如主合同未成立；②主债权已消灭的抗辩权，如债权因履行而消灭；③拒绝履行抗辩权，如时效完成的抗辩权、同时履行抗辩权、不安抗辩权、先诉抗辩权等。

二是债务人的抵销权和撤销权。《民法典》第702条规定，债务人对债权人享有抵销权或者撤销权的，保证人可以在相应范围内拒绝承担保证责任。

三是先诉抗辩权。先诉抗辩权又称检索抗辩权，是指保证人在债权人未就主债务人的财产依法强制执行而无效果时，对于债权人可拒绝清偿的权利。《民法典》第687条第2款规定，一般保证的保证人在主合同纠纷未经审判或者仲裁，并就债务人的财产依法强制执行仍不能履行债务前，有权拒绝承担保证责任。先诉抗辩权既可以通过诉讼行使，也可以在诉讼外行使。根据《民法典》第687条第2款的规定，下列情况下保证人不得行使先诉抗辩权：其一，债务人下落不明，且无财产可供执行；其二，人民法院受理债务人破产案件；其三，债权人有证据证明债务人的财产不足以履行全部债务或者丧失履行债务能力；其四，保证人书面放弃先诉抗辩权。

四是基于一般债务人的地位享有的权利。在保证关系中，保证人是债务人，因而一般债务人应有的权利，保证人也应享有。例如，保证债务已经单独消灭时，保证人有权主张；保证债务未届清偿期，保证人有权抗辩；保证合同不成立、无效或被

撤销致使保证债务不存在时，保证人有权主张不负保证责任；保证债务罹于诉讼时效时，保证人亦可拒绝履行。

3. 保证人与主债务人的关系

保证人与主债务人的关系，主要表现为保证人的求偿权。保证人的求偿权，又称保证人的追偿权，是指保证人承担保证责任后，可以向主债务人请求偿还的权利。《民法典》第700条对此作了规定。

保证人求偿权的产生必须具备以下要件：第一，保证人已经对债权人承担了保证责任；第二，主债务人对债权人因保证而免责，如果主债务人的免责不是由保证人承担保证责任的行为引起的，保证人不得主张求偿权；第三，保证人没有赠与的意思。

保证人的求偿权为一新成立的权利，应适用《民法典》第188条规定的3年诉讼时效，时效期间从保证人承担保证责任完毕时起算。

保证人的求偿权可以预先行使。《企业破产法》第51条规定，债务人的保证人或者其他连带债务人已经代替债务人清偿债务的，以其对债务人的求偿权申报债权。债务人的保证人或者其他连带债务人尚未代替债务人清偿债务的，以其对债务人的将来求偿权申报债权。但是，债权人已经向管理人申报全部债权的除外。

三、保证责任

（一）保证责任的概念

保证责任，又称保证债务，是保证人基于保证合同而承担的义务。

（二）保证责任的诉讼时效

一般保证的债权人请求一般保证人承担保证责任的，应当在保证期间内对债务人提起诉讼或者申请仲裁，否则一般保证人不再承担保证责任。一般保证的债权人在保证期间届满前对债务人提起诉讼或者申请仲裁的，从保证人拒绝承担保证责任的权利消灭之日起，开始计算保证债务的诉讼时效。此时，债权人应当在保证债务的诉讼时效期间内向保证人主张保证责任；否则，保证人取得诉讼时效抗辩权，得拒绝承担保证责任。

连带责任保证的债权人请求连带保证人承担保证责任的，应当在保证期间对保证人主张承担保证责任的，否则连带保证人不再承担保证责任。连带

责任保证的债权人在保证期间届满前请求保证人承担保证责任的，从债权人请求保证人承担保证责任之日起，开始计算保证债务的诉讼时效。此时，债权人应当在保证债务的诉讼时效期间内向保证人主张保证责任；否则，保证人取得诉讼时效抗辩权，得拒绝承担保证责任。

（三）保证责任的免除

1. 特殊情形下的债权让与。债权人将全部或者部分债权转让给第三人，通知保证人后，保证人对受让人承担相应的保证责任。未经通知，该转让对保证人不发生效力。保证人与债权人约定仅对特定的债权人承担保证责任或者禁止债权转让，债权人未经保证人书面同意转让全部或者部分债权的，保证人就受让人的债权术再承担保证责任。

2. 未经保证人同意的债务承担。债权人未经保证人书面同意，允许债务人转移全部或者部分债务，保证人对未经其同意转移的债务不再承担保证责任，但是债权人和保证人另有约定的除外。第三人加入债务的，保证人的保证责任不受影响。

3. 债权人放弃或怠于主张权利。一般保证的保证人在主债务履行期限届满后，向债权人提供债务人可供执行财产的真实情况，债权人放弃或者怠于行使权利致使该财产不能被执行的，保证人在其提供可供执行财产的价值范围内不再承担保证责任。

▶▶▶ **新增考点10** 合伙合同【第二十二章第二节　合伙合同】

一、合伙合同的概念和特征

合伙合同是二个以上合伙人为了共同的事业目的，订立的共享利益、共担风险的协议。

合伙合同具有以下特征：

1. 合伙合同是当事人之间的协同行为。合伙合同基于各方当事人所作同一内容的意思表示一致而成立，即各方为了某项共同的的目的事业达成协议。此点与基于各方对立意思表示而成立的合同（如买卖合同、承揽合同）相区别。

2. 合伙合同是非典型双务合同。合伙合同当事人既享有权利又负担义务，因此属于双务合同。但是，合伙合同当事人之间的权利义务并非典型的对待给付关系，因此合伙合同不能简单适用双务合同履行抗辩权规则。

3. 合伙合同是诺成合同、不要式合同。当事人意思表示一致，合伙合同即告成立，无须合伙人实际履行出资义务。合伙合同可以采取书面形式，也可以采取口头形式。

二、合伙财产

根据《民法典》第969条的规定，合伙财产由三个部分组成：

1. 合伙人的出资。合伙人应当按照约定的出资方式、数额和缴付期限，履行出资义务。

2. 因合伙事务依法取得的收益。如经营收益。

3. 其他财产。例如，合伙接受赠与所取得的财产。

合伙合同终止前，合伙人不得请求分割合伙财产。

三、合伙事务

合伙事务原则上由全体合伙人共同执行。合伙人就合伙事务作出决定的，除合伙合同另有约定外，应当经全体合伙人一致同意。

按照合伙合同的约定或者全体合伙人的决定，可以委托一个或者数个合伙人执行合伙事务；其他合伙人不再执行合伙事务，但是有权监督执行情况。合伙人分别执行合伙事务的，执行事务合伙人可以对其他合伙人执行的事务提出异议；提出异议后，其他合伙人应当暂停该项事务的执行。

合伙人不得因执行合伙事务而请求支付报酬，但是合伙合同另有约定的除外。

四、合伙利润分配与债务承担

（一）合伙的利润分配与债务承担

根据《民法典》第972条的规定，合伙的利润分配和亏损分担，按照下列顺序进行：（1）按照合伙合同的约定办理；（2）合伙合同没有约定或者约定不明确的，由合伙人协商决定；（3）协商不成的，由合伙人按照实缴出资比例分配、分担；（4）无法确定出资比例的，由合伙人平均分配、分担。

合伙人对合伙债务承担连带责任。清偿合伙债务超过自己应当承担份额的合伙人，有权向其他合伙人追偿。

（二）合伙人的个人债务

合伙人向合伙人以外的人转让其全部或者部分财产份额的，须经其他合伙人一致同意，合伙合同另有约定的除外。

合伙人的债权人不得代位行使合伙人依照《民法典》合同编第二十七章和合伙合同享有的权利，但是合伙人的债权人可以代位行使合伙人享有的利益分配请求权。

五、合伙合同的终止

有下列情形之一的，合伙合同终止：

1. 合伙人死亡或终止的；

2. 合伙人丧失民事行为能力的。

发生上述情形，但是合伙合同另有约定或者根据合伙事务的性质不宜终止的，合伙合同不发生终止。

合伙合同终止后，合伙财产在支付因终止而产生的费用以及清偿合伙债务后有剩余的，依据《民法典》第972条的规定进行分配。

▶▶ **新增考点 11** 　**人格权保护的一般规则**
【第二十四章第二节　人格权保护的一般规则】

一、人格要素的使用

（一）人格要素的许可使用

1. 某些人格要素可以被许可使用。

按照传统民法的观点，人格权是纯粹精神性权利，并不包含经济价值；而且人格权是消极防御性的权利，只有在遭受侵害时，权利人才能通过侵权法规则获得救济，在遭受侵害前，权利人无法积极行使其人格权。而随着社会的发展，尤其是广告传媒业的发展，某些人格要素逐渐成为经济活动的客体。

某些人格要素之所以可以成为许可使用的对象，主要是因为这些人格要素本身具有经济利用的价值，可以成为许可使用的对象。如自然人的姓名、肖像、声音等人格标识，对产品或者服务的宣传具有一定的促进作用。从实践来看，一些演艺人员许可他人在其产品宣传或者产品包装中使用其姓名、肖像等，就是典型的人格要素许可使用行为。

人格要素许可使用制度的产生与发展也是人格权制度发展的必然结果。人格权制度的根本目的在于维护个人的人格尊严。所谓人格尊严，是指作为法律主体得到承队和尊重的法律地位，是人作为人应当受到的尊重。按照传统观点，人格尊严的内涵主要体现为消极不受侵害。而随着人格尊严内涵的发展，其逐渐具有人格自由发展的内涵，与此相适应，个人也逐渐具有自主和自我决定的权利，其中也包括对其人格要素进行许可利用的权利。人格尊严内涵的发展为人格要素许可使用制度的产生与发展奠定了理论基础。

2. 同许可使用的人格要素的范围。

关于可许可使用的人格要素的范围，《民法典》第993条规定："民事主体可以将自己的姓名、名称、肖像等许可他人使用，但是依照法律规定或者根据其性质不得许可的除外。"该条规定从正面规定了可许可使用的人格要素的范围，即姓名、名称、肖像等人格要素，但并没有采用封闭列举的方法，而使用了"等"这一兜底表述，这表明可以许可使用的人格要素的范围并不限于姓名、名称、肖像这三种人格标识。可见，《民法典》第993条保持了可许可使用的人格要素范围的开放性。

3. 不可许可使用的人格要素。

《民法典》第993条还从反面规定了不得许可使用的人格要素，即依照法律规定或者根据其性质不得许可使用的人格要素，不得成为许可使用的对象。一般认为，下列人格利益不得成为许可使用的对象：

（1）生命。虽然从发展趋势上看，可许可使用的人格要素的范围不断扩大，但应当禁止生命的许可使用行为。一方面，生命权具有人身专属性，无法与主体相分离，无法成为许可使用的对象；另一方面，生命权在价值位阶上处于最高地位。生命权是其他人格权益赖以存在的基础，也是个人主体资格存在的前提，其价值高于其他人格要素，任何时候都不应当出于经济需要而牺牲个人的生命。

（2）健康。与生命一样，健康作为物质性人格要素，也具有内化于主体的特点，具有很强的人身专属性，无法与主体相分离，一般难以成为许可使用的对象。当然，在人体医学试验等特殊情形下，权利人可以许可他人对自己的健康进行利用，但进行人体医学试验应当经权利人明确同意。

（3）身体。随着科学技术的发展，人的身体的部分组成部分与身体的可分离性正在逐渐增强，但一般认为，应当严格限制身体的许可利用行为，以防止个人的"客体化""工具化"，从而维护个人的人格尊严。

（二）人格要素的合理使用

实践中，人格权的保护常常与新闻报道、舆论监督等发生一定的冲突，在实施新闻报道、舆论监督等行为时，可能无法避免对个人的人格要素进行使用。例如，在报道新闻事件时，可能无法避免使用个人的肖像、声音、个人信息等，此时，一概要求取得个人的同意可能不利于新闻报道、舆论监督等行为的实施，这就需要对人格利益合理使用规则作出规定。

关于人格要素的合理使用，《民法典》第999条规定："为公共利益实施新闻报道、舆论监督等行为的，可以合理使用民事主体的姓名、名称、肖像、个人信息等；使用不合理侵害民事主体人格权的，应当依法承担民事责任。"依据该条规定，只要是为了实施新闻报道、舆论监督等行为的需要，就可以对民事主体的姓名、肖像、名称等进行合理使用；该利用行为即便没有取得权利人的同意，也不构成侵权。当然，即便是为了实施新闻报道、舆论监督等行为，也只能对民事主体的人格利益进行合理使用；如果超出了合理使用的范围，则应当取得权利人的同意，否则将构成侵权。该条规定妥当平衡了民事主体人格权益保护与新闻报道、舆论监督之间的关系。

二、人格权的延伸保护

从我国《民法典》的规定来看，人格权的延伸保护主要包括两种情形：

一是胎儿的人格利益保护。对此，《民法典》第16条规定："涉及遗产继承、接受赠与等胎儿利益保护的，胎儿视为具有民事权利能力。但是，胎儿娩出时为死体的，其民事权利能力自始不存在。"这也意味着，虽然胎儿不是民事主体，但胎儿的相关利益也受法律保护。关于胎儿利益的保护范围，该条使用了"等"这一兜底表述，表明受保护的胎儿利益的范围并不限于涉及遗产继承、接受赠与的情形，胎儿的相关人格利益如基因、隐私等，也应当受到法律保护。

二是死者的人格利益保护。所谓死者人格利益，是指自然人死亡后，其姓名、肖像、名誉、隐私等利益。自然人死亡后，其民事权利能力终止，无法享有各项人格权益，但死者人格利益仍应当受到法律保护，其目的在于维护死者的人格尊严。对个人人格尊严的保护既体现为个人生存期间人格尊严的保护，也体现为死后的保护。关于死者人格利益保护，《民法典》第994条规定："死者的姓名、肖像、名誉、荣誉、隐私、遗体等受到侵害的，其配偶、子女、父母有权依法请求行为人承担民事责任；死者没有配偶、子女且父母已经死亡的，其他近亲属有权依法请求行为人承担民事责任。"在死者人格利益保护方面，该条确立了如下规则：

1. 受保护的死者人格利益的范围。关于受保护的死者人格利益的范围，《民法典》第994条明确列举了死者的姓名、肖像、名誉、荣誉、隐私、遗体这几项人格利益。从实践来看，侵害这几项死者人格利益是较为常见的侵害死者人格利益的行为。例如，自然人死亡后，其姓名、肖像等人格标识仍具有一定的经济利用价值，行为人未经许可将死者的姓名、肖像等用于商业宣传的，即构成对死者人格利益的侵害。当然，该条在规定受保护的死者人格利益的范围时使用了"等"这一兜底表述，表明受保护的死者人格利益并不限于该条所列举的这几项人格利益。

2. 侵害死者人格利益的请求权主体。在死者人格利益遭受侵害的情形下，死者人格利益保护模式不同，有权提出请求的主体也存在一定的差别，具体而言：一是直接保护模式，即应当通过肯定死者享有人格权的方式实现对死者人格权益的保护。按照直接保护模式，在死者人格利益遭受侵害的情形下，有权提出请求的应当是死者本人，而死者的近亲属等主体实际上充当的是死者保护人的角色。二是间接保护模式，即自然人死亡后，其民事权利能力终止，并不享有人格权，在死者人格利益遭受侵害的情形下，法律通过保护死者近亲属等主体利益的方式间接保护死者人格利益。按照间接保护模式，自然人死亡后，即不再具有民事主体资格，在其人格利益遭受侵害的情形下，有权提出请求的应当是死者的近亲属等主体，而非死者本人。从《民法典》第994条规定来看，其显然是采取了前述间接保护模式的立场，即在死者人格利益遭受侵害的情形下，仅死者的近亲属有权提出请求。

3. 死者人格利益的保护期限。自然人死亡后，其民事主体资格消灭，既无法享有民事权利、负担民事义务，也无法参与民事活动，因此，无论从事实层面还是价值层面，均应当对死者人格利益的保护设置一定的期限，而不应当对其进行永久保护。从《民法典》第994条规定来看，在死者人格利益遭受侵害的情形下，仅死者近亲属有权提出请求，

即在死者没有近亲属或者近亲属均已死亡的情形下，死者人格利益在客观上将难以受到保护，这也意味着，死者人格利益的保护期限为死者近亲属的生存期限。

三、人格权请求权与诉讼时效

所谓人格权请求权，是指在人格权受到侵害、妨害或者有受到妨害之虞时，权利人有权请求行为人停止侵害、排除妨碍、消除危险、消除影响、恢复名誉，以恢复对其人格利益的圆满支配状态。《民法典》第995条对人格权请求权作出了规定，该条规定："人格权受到侵害的，受害人有权依照本法和其他法律的规定请求行为人承担民事责任。受害人的停止侵害、排除妨碍、消除危险、消除影响、恢复名誉、赔礼道歉请求权，不适用诉讼时效的规定。"

在人格权遭受侵害时，权利人有权选择依据人格权请求权或者侵权请求权向行为人提出请求。而在权利人主张人格权请求权时，只需要证明其人格利益受到了不当妨害即可，并不需要证明行为人的行为符合侵权责任的构成要件，例如，权利人既不需要证明其遭受了现实的损害，也不需要证明行为人具有过错。与侵权请求权相比，人格权请求权的上述特点也使其具有更强的损害预防功能。一方面，其适用范围要大于侵权请求权。对于侵害人格权益但并不符合侵权责任构成要件的行为，权利人难以主张侵权请求权，但权利人只要能够证明其人格利益的圆满支配状态受到了不当影响，即可主张人格权请求权，这也意味着在人格权保护方面，人格权请求权的适用范围更大。另一方面，权利人在主张人格权请求权时，并不需要证明行为人的行为符合侵权责任的构成要件，因此，在损害后果尚未实际发生时，权利人即可主张人格权请求权，这就可以将权利人可以提出请求的时间提前，从而更有利于损害的预防。

权利人主张人格权请求权时，并不受诉讼时效的限制。也就是说，只要侵害人格权益的行为仍然处于持续状态，权利人随时有权主张人格权请求权，以排除妨碍、消除危险，这也有利于对侵害人格权损害后果的预防。

四、违约责任与人格权保护

一般而言，精神损害赔偿仅适用于侵权责任，无法适用于违约责任。违约责任受合理预见规则的

限制，而非违约方的精神损害往往是违约方在订立合同时无法预见的，因此，违约责任中原则上不适用精神损害赔偿责任。同时，在违约与侵权发生竞合的情形下，依据《民法典》第186条的规定，非违约方只能选择主张违约责任或者侵权责任，这也意味着，如果非违约方选择主张违约责任，即便违约方的违约行为侵害了其人身权益，对其造成严重的精神损害，其也无权主张精神损害赔偿责任。此种对违约责任与侵权责任在救济范围上的机械区分并不合理。尤其从实践来看，一方的违约行为可能侵害他人的人身权益，并造成其严重精神损害。在此类纠纷中，违约方的违约行为同时构成侵权，此时仅以违约责任与侵权责任救济范围不同而一概排除非违约方基于违约而提出的精神损害赔偿请求，在价值判断上并不妥当，也无法为受害人提供充分的救济。

为解决上述困境，《民法典》第996条规定："因当事人一方的违约行为，损害对方人格权并造成严重精神损害，受损害方选择请求其承担违约责任的，不影响受损害方请求精神损害赔偿。"这就解决了司法实践中存在的违约侵害人格权益的精神损害救济问题。当然，依据该条规定，在违约责任中适用精神损害赔偿责任应当符合如下条件：

1. 仅适用于违约责任与侵权责任竞合的情形。只有因一方当事人违约侵害他人人格权的情形下，才有可能在违约责任中适用精神损害赔偿责任，即只有在违约责任与侵权责任发生竞合的情形下，非违约方才能在违约责任中主张精神损害赔偿责任。

2. 仅适用于人格权遭受侵害的情形。在违约责任与侵权责任竞合的情形下，一方的违约行为既可能侵害对方当事人的人格权，也可能侵害其财产权，而且在非违约方财产权遭受侵害的情形下，其也可能遭受严重的精神损害，但从《民法典》第996条规定来看，在违约责任与侵权责任竞合的情形下，只有非违约方因人格权受侵害而遭受严重精神损害，其才有权在违约责任中主张精神损害赔偿责任。

3. 受害人必须遭受严重的精神损害。在一方当事人违约侵害对方当事人人格权，只有非违约方遭受严重精神损害，其才能在违约责任中主张精神损害赔偿责任，这就为违约精神损害赔偿责任的适用进行了一定的限制。

五、人格权的禁令保护

所谓侵害人格权的禁令，是指在侵害人格权益的行为正在发生或者将要发生时，如果不及时制止将造成难以弥补的损害的，权利人有权依法请求法院颁发禁止令，责令停止相关的侵害行为。禁令制度有利于及时制止侵害行为的发生和扩大，因此，从域外法的经验来看，一些国家和地区在侵害知识产权和人格权的纠纷中运用了这一制度。我国《民法典》颁行前，在司法实践中已经运用了禁令制度。我国《民法典》第997条规定："民事主体有证据证明行为人正在实施或者即将实施侵害其人格权的违法行为，不及时制止将使其合法权益受到难以弥补的损害的，有权依法向人民法院申请采取责令行为人停止有关行为的措施。"该条对侵害人格权的禁令制度作出了规定，其制度功能也旨在强化对侵害人格权行为的预防。

应当看到，虽然《民法典》侵权责任编规定了停止侵害、排除妨碍、消除危险等预防性的责任承担方式，权利人在主张行为人承担此类侵权责任承担方式时，也不需要证明自身遭受了现实的损害，但权利人仍然需要证明行为人的行为符合侵权责任的构成要件，也仍然需要通过诉讼的方式提出请求，这可能不利于及时制止侵权行为的发生和持续。与上述预防性的侵权责任承担方式相比，侵害人格权的禁令制度的预防功能更为突出，主要理由在于：

第一，禁令既可以适用于诉讼过程中，也可以适用于诉讼之前。只要符合禁令的适用条件，无论相关的侵害行为发生在诉讼过程中，还是发生在诉讼之前，权利人均可以请求人民法院颁发禁令，与预防性的侵权责任承担方式相比，禁令制度的损害预防时间显然更为提前。

第二，禁令的适用并不需要当事人提起诉讼。禁令的适用并不要求权利人必须提起诉讼，与预防性的侵权责任承担方式相比，其适用条件更为灵活，更有利于对损害的及时预防。

第三，禁令的适用并不要求行为人的行为符合侵权责任的构成要件。侵害人格权禁令的适用不要求行为人的行为必须构成侵权，对于尚未发生的侵害行为，只要权利人能够证明该行为一旦实施将使其遭受难以弥补的损害，就可以请求法院颁发禁令，这就可以做到防忠于未然，及时预防损害的发生。

六、人格权侵权责任的认定

（一）认定侵害人格权侵权责任主要参考的因素

人格权在行使与保护中常常与其他利益发生冲突，这就需要综合考量多种因素，准确认定侵害人格权的侵权责任。对此，《民法典》第998条规定："认定行为人承担侵害除生命权、身体权和健康权外的人格权的民事责任，应当考虑行为人和受害人的职业、影响范围、过错程度，以及行为的目的、方式、后果等因素。"依据该条规定，认定侵害人格权的侵权责任时，主要应当考量如下因素：

1. 行为人和受害人的职业。行为人和受害人的职业会对人格权侵权责任的认定产生一定的影响，例如，如果行为人从事新闻报道等职业，则出于保障舆论监督的需要，在认定行为人的行为构成对他人人格权的侵害时，应当提高民事责任的认定标准。再如，如果受害人是公众人物，则其容忍义务要高于其他主体，在认定侵害其人格权的民事责任时也应当适当提高认定标准。

2. 影响范围。行为的影响范围也是认定侵害人格权民事责任的重要参考标准，一般而言，侵害人格权行为的影响范围越大，则行为人的民事责任越重；反之，行为的影响范围越小，则行为人的责任越轻。

3. 过错程度。在财产权遭受侵害的情形下，行为人的过错程度通常不会对其责任范围产生大的影响；而在侵害人格权的情形下，行为人的过错程度则会影响民事责任的认定。尤其就行为人的精神损害赔偿责任而言，一般而言，行为人的过错程度越大，则其精神损害赔偿责任越重；反之亦然。

4. 行为人的目的。行为人的目的也是认定侵害人格权民事责任的参考因素，如果行为人是出于舆论监督、行使权利、行使职权等需要而侵害他人的人格权，则在认定侵害人格权的民事责任时应当妥当地进行利益衡量，谨慎地认定该行为是否构成侵权。

5. 行为的方式。行为人侵害他人人格权的方式不同，对受害人所造成的影响也不同，行为人所需要承担的民事责任也因此存在一定的差别。例如，行为人在公共场所辱骂他人与通过电话、信息等方式辱骂他人，受害人因此所遭受的精神痛苦不同，行为人的民事责任也应当有所区别。

6. 行为的后果。行为人侵害他人人格权所产生的损害后果不同，行为人的民事责任也应当有所差别。例如，有的侵害人格权的行为仅导致受害人精神损害，有的则还可能导致受害人遭受财产损失，此时，行为人的民事责任也存在一定的差别。

（二）认定侵害人格权民事责任时对生命权、身体权、健康权的特别保护

从《民法典》第998条规定来看，只有在认定行为人承担侵害除生命权、身体权和健康权外的人格权的民事责任时，才应当考虑行为人和受害人的职业等因素。这也意味着，在生命权、身体权、健康权遭受侵害时，并不需要进行上述复杂的利益衡量，而可以直接认定行为人的民事责任，这实际上是对生命权、身体权、健康权进行了一种优先保护，也体现了生命权、身体权、健康权在人格权体系中的基础性地位。

▶▶▶ 新增考点12 隐私权、个人信息的保护【第二十五章第五节 隐私权和个人信息保护】

隐私权在性质上属于具体人格权，个人信息属于人格利益，而且均受《民法典》人格权编一般规则的调整，也都受《民法典》侵权责任编规则的保护。除此之外，《民法典》人格权编还规定了一些隐私权与个人信息的特殊保护规则，具体包括如下规则：

1. 行为人不得以刺探、侵扰、泄露、公开等方式侵害他人的隐私权。隐私权的重要功能在于维护个人的私密信息、私密空间以及私人生活安宁，因此，依据《民法典》第1032条的规定，行为人以刺探、侵扰、泄露、公开等方式侵入他人私人空间或者影响他人私人生活安宁的，应当构成对他人隐私权的侵害。除此之外，《民法典》第1033条还对侵害隐私权的具体行为方式进行了列举。例如，行为人以短信、电话、即时通讯工具、电子邮件、传单等方式侵扰他人的私人生活安宁，或者进入、窥视、拍摄他人的住宅、宾馆房间等私密空间等，均构成对他人隐私权的侵害。

2. 个人信息的处理应当遵循合法、正当、必要原则，并符合法律规定的条件。所谓合法，是指处理个人信息应当遵守法律规定的条件和程序，不得非法收集、处理个人信息。所谓正当，主要是指

目的正当，即个人信息的处理必须符合事先确定的收集目的。所谓必要，是指个人信息的处理应当在必要的范围内进行。例如，为实现特定的目的，如果可以收集某些个人信息，也可以不收集此类信息，则应当尽可能不收集。

除遵守上述原则外，从《民法典》第1035条规定来看，个人信息的处理还应当符合如下条件：（1）除法律、行政法规另有规定外，个人信息的处理原则上应当取得个人同意，个人不具有同意能力的，则应当取得其监护人同意。（2）相关主体在处理个人信息时，应当公开其处理个人信息的规则，从而使个人准确了解个人信息处理的具体方式。（3）相关主体在处理个人信息时，应当明示处理信息的目的、方式和范围，从而使个人了解其个人信息处理的具体方式和范围等。（4）如果法律、行政法规对个人信息的处理作出了规定，或者当事人对个人信息的处理作出了约定，则相关主体在处理个人信息时，应当遵守法律、行政法规的规定以及当事人的约定。

当然，依据《民法典》第1036条的规定，经信息主体或者其监护人同意，或者利用信息主体已经自愿公开的个人信息，或者为维护公共利益或者信息主体的利益而合理处理个人信息的，并不构成对他人个人信息的侵害，行为人也无须承担民事责任。

3. 个人享有查询并维持其个人信息准确的权利。从《民法典》第1037条规定来看，个人有权向信息控制者查询其个人信息；如果发现信息处理者所掌握的个人信息内容有误，则有权提出异议，并有权请求信息处理者及时更正。同时，个人在向信息处理者查询其个人信息的过程中，如果发现信息处理者实施了违法处理其个人信息的行为，则有权请求信息处理者及时删除非法取得的个人信息。

4. 个人信息处理者负有保护个人信息的义务。个人信息的处理者在处理个人信息后，应当妥善保管个人信息，并在法定和约定的范围内利用个人信息。如果发生个人信息泄露、篡改或者丢失的，个人信息的处理者还负有及时采取补救措施的义务。

5. 国家机关、承担行政职能的法定机构及其工作人员的保密义务。有关国家机关、承担行政职能的法定机构及其工作人员在履行职责过程中，可能会知悉他人的隐私和个人信息，其也依法负有保密义务，不得泄露或者向他人提供其所掌握的他人个人信息。例如，户籍管理部门及其工作人员在履行职责过程中会知悉他人的大量隐私和个人信息，甚至是核心隐私和敏感个人信息，此时，其就负有保密义务，不得泄露或者向他人非法提供个人的隐私和个人信息，否则将构成对他人隐私权和个人信息的侵害。

▶▶▶ **新增考点 13**　　**离婚登记申请的撤回【第二十七章第二节　离婚】**

为了避免当事人轻率离婚、冲动离婚，维护婚姻家庭关系的稳定，《民法典》第1077条规定了离婚登记申请的撤回，从而给予要求离婚的夫妻双方重新考虑、慎重选择的机会。这一规定既能保障当事人的离婚自由，又能确保当事人经过理性思考后作出决定，从而挽救家庭关系、维护婚姻秩序、保护未成年子女的利益。按照该条规定，自婚姻登记机关收到夫妻双方离婚登记申请之日起30日内，任何一方不愿意离婚的，可以向婚姻登记机关撤回离婚登记申请。自婚姻登记机关收到夫妻双方离婚登记申请之日起30日的期限届满后，夫妻双方应当在30日内亲自到婚姻登记机关申请发给离婚证；夫妻双方未申请的，视为撤回离婚登记申请。

▶▶▶ **新增考点 14**　　**日常家事代理权【第二十八章第一节　夫妻关系】**

夫妻双方的日常家事代理权，是指夫妻双方在因满足家庭日常生活需要而与第三人实施法律行为时互为代理人，互有代理权。基于日常家事代理权，夫妻一方因满足家庭日常生活需要而与第三人实施民事法律行为的，无须显示另一方的名义，该民事法律行为即对夫妻双方发生效力，夫妻双方承担连带债务、享有连带债权，但是夫妻一方与相对人另有约定的除外。《民法典》第1060条明确规定了夫妻双方的日常家事代理权，从而能够确保夫妻双方在处理家庭事务方面机会均等，在满足夫妻日常生活需求的同时降低婚姻关系中夫妻双方的协商成本，促进交易便捷。日常家事代理权是婚姻的法定效力之一，不受夫妻双方采何种夫妻财产制的影响。不论夫妻双方采法定夫妻财产制还是约定夫妻财产制，双方均享有日常家事代理权。

家庭日常生活需要的范围，可以参考我国城镇居民家庭消费种类，根据夫妻共同生活的状态（如双方的职业、身份、资产、收入、兴趣、家庭人数等）和当地一般社会生活习惯予以认定。家庭日常生活需要的支出，是指通常情况下必要的家庭日常消费，主要包括正常的衣食消费、日用品购买、子女抚养教育等各项费用，是维系一个家庭正常生活所必需的开支。

夫妻一方行使日常家事代理权所负的债务属于夫妻共同债务，由夫妻双方承担连带责任。但是，夫妻一方在实施法律行为时，可以与第三人约定由此产生的债务为夫妻一方的个人债务，从而排除日常家事代理权的适用。对夫妻一方能够独立实施的、满足日常生活需要的民事法律行为范围，夫妻之间可以通过约定加以限制，但这一限制不得对抗善意相对人。夫妻一方超越内部限制实施民事法律行为的，善意相对人仍然可以要求夫妻双方对由此产生的债务共同负责。

▶▶▶ 新增考点 15　婚内财产分割请求权
【第二十八章第一节　夫妻关系】

夫妻共同财产属于夫妻共同共有的财产。在婚姻关系存续期间，对于共同共有的财产，夫妻双方原则上不得请求分割，但具有重大理由除外。根据《民法典》第 1066 条的规定，婚姻关系存续期间，有下列情形之一的，夫妻一方可以向人民法院请求分割共同财产：（1）一方有隐藏、转移、变卖、毁损、挥霍夫妻共同财产或者伪造夫妻共同债务等严重损害夫妻共同财产利益的行为；（2）一方负有法定扶养义务的人患重大疾病需要医治，另一方不同意支付相关医疗费用。因此，夫妻一方在具有上述重大理由时，在不终止婚姻关系的前提下，可以请求分割夫妻共同财产。这种请求法院分割夫妻共同财产的权利就是婚内财产分割请求权，性质上属于形成权。

为了避免夫妻双方或一方在婚姻关系存续期间随意请求分割共同财产，损害家庭关系稳定及影响夫妻共有财产保障功能的实现，请求分割夫妻共同财产的法定理由限于下列两种情形：（1）一方实施了严重损害夫妻共同财产利益的行为，如隐藏、转移、变卖、毁损、挥霍夫妻共同财产或者伪造夫妻共同债务。夫妻一方实施上述行为的，一般具有主观的故意，实现侵占夫妻共同财产或损害夫妻共

同财产利益的目的。夫妻一方因过失毁损夫妻共同财产的，另一方不享有婚内财产分割请求权。但是，夫妻双方不得利用婚内财产分割请求权逃避债务、损害债权人利益。（2）一方负有法定扶养义务的人患重大疾病需要医治，另一方不同意支付相关医疗费用。夫妻一方负有法定扶养义务的人，例如包括：需要赡养的父母、子女已经死亡或者子女无力赡养的祖父母和外祖父母，需要抚养的非婚生子女，以及需要抚养的父母已经死亡或者父母无力抚养的未成年弟和妹、缺乏劳动能力又缺乏生活来源的兄和姐等。夫妻一方负有法定扶养义务的人所患疾病是否重大，应当按照医学标准判断。相关医疗费用主要指为治疗疾病需要支出的必要、合理费用，不包括营养费、护理费等费用。

夫妻一方向人民法院请求婚内分割夫妻共同财产的，应当对上述法定事由负举证责任。夫妻共同财产的分割方式，可以参考离婚时夫妻共同财产分割方式的相关规定。

▶▶▶ 新增考点 16　祖父母、外祖父母与孙子女、外孙子女关系【第二十八章第二节 父母子女关系和其他近亲属关系】

祖父母、外祖父母和孙子女、外孙子女是直系血亲。一般情况下，子女由父母抚养，父母由子女赡养，祖父母、外祖父母和孙子女、外孙子女之间没有扶养关系。在特殊情形下，祖父母、外祖父母和孙子女、外孙子女之间发生扶养关系，即祖父母、外祖父母对孙子女、外孙子女的抚养义务，孙子女、外孙子女对祖父母、外祖父母的赡养义务。根据《民法典》第 1074 条的规定，有负担能力的祖父母、外祖父母，对于父母已经死亡或者父母无力抚养的未成年孙子女、外孙子女，有抚养的义务。有负担能力的孙子女、外孙子女，对于子女已经死亡或者子女无力赡养的祖父母、外祖父母，有赡养的义务。

祖父母、外祖父母对孙子女、外孙子女负担抚养义务的条件包括：（1）孙子女、外孙子女的父母已经死亡，或者孙子女、外孙子女的父母无力抚养孙子女、外孙子女。这里的死亡包括自然死亡和宣告死亡。父母无力抚养，是指父母不能以自己的收入满足子女合理的生活、教育、医疗等需要。（2）孙子女、外孙子女是不能独立生活的未成年

人。祖父母、外祖父母对已成年的孙子女、外孙子女无须承担抚养义务。孙子女、外孙子女年满 16 周岁、不满 18 周岁，以自己的劳动收入为主要生活来源的，祖父母、外祖父母也不承担抚养义务。（3）祖父母、外祖父母有负担能力。根据我国审判实践经验，祖父母有负担能力的，应由祖父母承担抚养未成年孙子女的义务；外祖父母有负担能力的，应由外祖父母承担此项义务；祖父母和外祖父母都有负担能力的，应由双方从孙子女、外孙子女的切身利益出发来协商解决。对于已满 8 周岁未成年的孙子女、外孙子女，应征求其本人的意见。

根据审判司法实践，享有探望权的父母一方死亡的，对未成年孙子女、外孙子女有抚养事实的祖父母、外祖父母请求探望孙子女、外孙子女的，人民法院可予支持。

祖父母、外祖父母是孙子女、外孙子女第二顺序的法定继承人。孙子女、外孙子女在父母先于祖父母、外祖父母死亡时，对祖父母、外祖父母享有代位继承权。

孙子女、外孙子女对祖父母、外祖父母负担赡养义务的条件包括：（1）祖父母、外祖父母的子女已经死亡或无力赡养；（2）祖父母、外祖父母需要赡养，比如祖父母、外祖父母丧失劳动能力生活不能自理、无固定收入缺乏生活来源；（3）孙子女、外孙子女有负担能力。

孙子女、外孙子女可以在父母姓氏之外选取其他直系长辈血亲的姓氏，因此，孙子女、外孙子女可以选择祖父母、外祖父母的姓氏。

▶▶▶ 新增考点 17 兄弟姐妹关系【第二十八章第二节 父母子女关系和其他近亲属关系】

兄弟姐妹是旁系血亲，是第二顺序的法定继承人。在特殊情形下，兄弟姐妹之间会发生扶养关系，即兄、姐对弟、妹的扶养义务，弟、妹对兄、姐的扶养义务。根据《民法典》第 1075 条的规定，有负担能力的兄、姐，对于父母已经死亡或者父母无力抚养的未成年弟、妹，有扶养的义务。由兄、姐扶养长大的有负担能力的弟、妹，对于缺乏劳动能力又缺乏生活来源的兄、姐，有扶养的义务。

兄、姐对弟、妹负担扶养义务的条件包括：（1）父母已经死亡或无力抚养。这里的死亡包括

自然死亡和宣告死亡。父母无力抚养，是指父母不能以自己的收入满足子女合理的生活、教育、医疗等需要。（2）弟、妹是不能独立生活的未成年人。需要扶养的弟、妹应当未满 18 周岁，没有独立生活能力。如果弟、妹年满 16 周岁但不满 18 周岁，以自己的劳动收入为主要生活来源的，兄、姐不承担扶养义务。（3）兄、姐有负担能力。兄、姐具有能够扶养未成年弟、妹的经济条件，即兄、姐在以自己的收入满足自己负有法定扶养义务的人（如子女、配偶、父母）的合理的生活、教育、医疗等需要后仍有剩余。

弟、妹对兄、姐负担扶养义务的条件包括：（1）弟、妹由兄、姐扶养长大；（2）兄、姐缺乏劳动能力又缺乏生活来源，需要扶养；（3）弟、妹有负担能力。

▶▶▶ 新增考点 18 打印遗嘱【第三十二章第二节 遗嘱】

《民法典》第 1136 条规定，"打印遗嘱应当有两个以上见证人在场见证。遗嘱人和见证人应当在遗嘱每一页签名，注明年、月、日"。打印遗嘱是新的遗嘱形式，但在司法实践中多有出现。由于不是遗嘱人亲笔书写，容易被篡改，为确保其真实性，法律一方面承认打印遗嘱的效力，另一方面要求打印遗嘱需符合如下要求：其一，打印遗嘱需要两名以上见证人在场见证订立打印遗嘱的过程。其二，遗嘱人和见证人均应在打印遗嘱的每一页签名，并注明日期。

▶▶▶ 新增考点 19 录音录像遗嘱【第三十二章第二节 遗嘱】

《民法典》第 1137 条规定，"以录音录像形式立的遗嘱，应当有两个以上见证人在场见证。遗嘱人和见证人应当在录音录像中记录其姓名或者肖像，以及年、月、日"。由于智能手机的普及，不受书写能力和书写环境限制，在录音录像中口述遗嘱内容的遗嘱形式是比较方便的。但影像录音资料也容易被篡改，所以法律要求遗嘱人和见证人均需在录音录像中表明自己的姓名等身份信息以及录音录像的日期信息，录像中应出现遗嘱人和见证人的影像，以确保见证人是在场见证的。

新增考点 20 数份遗嘱内容的认定

【第三十二章第二节 遗嘱】

根据《民法典》第 1142 条第 3 款，被继承人生前"立有数份遗嘱，内容相抵触的，以最后的遗嘱为准"。继承开始后，发现数份遗嘱，在确定哪些遗嘱内容生效的问题上，注意如下两点：其一，被继承人立有数份遗嘱，内容并不相互抵触的，各自执行不抵触的内容。例如，遗嘱人在第一份遗嘱中将动产处分给子女，第二份遗嘱将不动产处分给配偶，两份遗嘱虽订立时间不同，因内容不抵触，故继承开始后均可生效执行。其二，数份内容相互抵触的遗嘱，最后订立的遗嘱视为对先前订立遗嘱内容的撤回，不论遗嘱的形式如何，合法有效的后一遗嘱内容在继承开始后生效并执行。

新增考点 21 遗产管理人的确定【第三十三章第一节 遗产的管理】

遗产管理人是负责保护和管理被继承人遗产的人。根据《民法典》第 1145 条、第 1146 条，遗产管理人可以通过遗嘱指定、继承人推选、法律规定，以及法院指定确定。

（一）遗嘱指定的遗嘱执行人为遗产管理人

继承开始后，遗嘱执行人为遗产管理人。遗嘱执行人是遗嘱人在遗嘱中指定的执行遗嘱内容的一人或数人。从尊重遗嘱人意愿的角度，遗嘱人指定的执行人作为遗产管理人是最合适的。当然，被指定的遗嘱执行人可以拒绝担任该职务。

（二）继承人推选或共同担任遗产管理人

没有遗嘱执行人的，或遗嘱执行人拒绝的，继承人应当及时推选遗产管理人；继承人未推选的，由继承人共同担任遗产管理人。继承人在享有继承权的同时，应承担遗产管理的责任。

（三）民政部门或者村民委员会担任遗产管理人

没有继承人或者继承人均放弃继承的，由被继承人生前住所地的民政部门或者村民委员会担任遗产管理人。如果被继承人是城镇居民，则其生前住所地的民政部门是遗产管理人；如果被继承人是农村居民，则其生前住所地的村民委员会是遗产管理人。

（四）法院指定遗产管理人

依据上述方法确定遗产管理人仍然存在争议的，利害关系人可以向人民法院申请指定遗产管理人。利害关系人可以是继承人、受遗赠人、被继承人的债权人和债务人等与遗产处理有法律上利害关系的人。

新增考点 22 遗产管理人的职责【第三十三章第一节 遗产的管理】

依《民法典》第 1147 条，遗产管理人负责清理遗产并制作遗产清单，向继承人报告遗产情况，采取必要措施防止遗产毁损、灭失，处理被继承人的债权债务，按照遗嘱或者依照法律规定分割遗产，以及实施与管理遗产有关的其他必要行为。

（一）清理遗产并制作遗产清单

清理遗产的工作主要包括清查遗产的种类、数量、价值、所在位置等状况。遗产管理人应及时在查清遗产状况的基础上编制遗产清单，遗产清单应尽可能全面和准确地反映遗产的真实状态，无漏记无差错。

（二）向继承人报告遗产情况

遗产管理人就清理遗产并制作遗产清单的情况向继承人报告说明情况，这是继承人应当知情的。

（三）采取必要措施防止遗产毁损、灭失

遗产管理人应采取必要的行为来保存遗产，避免损失。例如变卖易腐生鲜物品，修理房屋以防倒塌，对被继承人生前的经营继续必要的营业行为，缴纳维持财产权利的费用等。上述行为应以必要为限度，以防止遗产毁损、灭失，保护遗产为目的。

（四）处理被继承人的债权债务

遗产管理人应通知被继承人的债权人和债务人，已知的债权人和债务人逐一通知，对尚不知道的债权人和债务人可公告通知其申报。遗产管理人对已知的到期债权予以收回，未到期债权逐一登记；对已知和已申报的债务，遗产管理人核实后清偿。为处理被继承人的债权债务，遗产管理人有权提起诉讼和应诉。

（五）按照遗嘱或者依照法律规定分割遗产

收回债权清偿债务后，遗产管理人可按照遗嘱或法定继承分割遗产并交付给继承人和受遗赠人。无人承受的遗产，遗产管理人应将遗产移交给代表国家接受遗产的机构或死者生前所属的集体所有制组织。

（六）实施与管理遗产有关的其他必要行为

除了上述职责外，与管理遗产有关的其他必要行为遗产管理人也应实施，例如支付死者的丧葬费用，缴纳税款等。

遗产管理人应当依法履行职责，尽到如同处理自己事务一样的注意义务。因故意或者重大过失造成继承人、受遗赠人、债权人损害的，遗产管理人应当承担相应的民事责任。同时，遗产管理人也享有依照法律规定或者按照约定获得报酬的权利。

▶▶▶ 新增考点 23 自甘风险【第三十四章 第五节 免除和减轻责任事由】

自甘风险，是指受害人有意识地使自己置于他人所管领的一定危险之中，从而导致损害的情形。《民法典》第 1176 第 1 款规定："自愿参加具有一定风险的文体活动，因其他参加者的行为受到损害的，受害人不得请求其他参加者承担侵权责任；但是，其他参加者对损害的发生有故意或者重大过失的除外。"至此，我国确立了自甘风险免责制度。所谓文体活动，是指多人参与的文化活动和体育活动，具有大众性、竞赛性的特征，是我国社会中群众活动的一种典型形式。

自甘风险和受害人同意存在相同之处，加害人都可以通过主张受害人对损害的发生提前知晓而请求减轻或者免除责任，但二者存在根本的差别：首先，自甘风险的适用范围被严格限定于文体活动中，而受害人同意则没有适用范围的限制。其次，自甘风险是过失侵权的免责事由，受害人同意作为免责条件则针对故意侵权。最后，自甘风险中危险的实现具有不可预测性，而受害人同意中，损害的发生是确定的。

在具体适用上，自甘风险只适用于受害人自愿参加文体活动中所发生的损害。首先，受害人参加文体活动系出于其自己的意愿。受害人"自愿参加活动"的意思表示可能通过明示或者默示表达出来。其次，侵权责任源于文体活动中受害人直接参与的活动行为，如体育活动的竞赛或是文化活动中的游戏等，如果受害人非因活动本身而遭受损害，不能认为加害人可以援引"自甘风险"的法律规定进行抗辩。再次，能够主张"自甘风险"进行抗辩的主体系活动的其他参与者，非活动的参与者则不能以"自甘风险"主张免除责任。最后，依照《民法典》第 1176 条第 2 款的规定，活动组织者的责任适用《民法典》第 1198 条至第 1201 条的规定来承担责任。值得注意的是，加害人以"自甘风险"主张免除责任，同样可以对承担侵权责任后的活动组织者进行抗辩，即活动的组织者是责任最终的承受主体。

▶▶▶ 新增考点 24 自助行为【第三十四章 第五节 免除和减轻责任事由】

自助行为，是指特殊情况下，权利人为了保护自己的权利，对他人的财物采取扣留等措施的行为。《民法典》第 1177 条第 1 款规定："合法权益受到侵害，情况紧迫且不能及时获得国家机关保护，不立即采取措施将使其合法权益受到难以弥补的损害的，受害人可以在保护自己合法权益的必要范围内采取扣留侵权人的财物等合理措施；但是，应当立即请求有关国家机关处理。"如果受害人采取的措施不当造成他人损害的，应当承担侵权责任。

自助行为系私力救济的一种类型。权利人面对正在发生或者可能发生的侵权行为，运用其力量维护权利，并无不当。同时，自助行为不仅可以有效地使受害人或者权利人实现权利，也可以节约司法成本。

在具体适用时，有以下几点值得注意：

1. 合法权益受到侵害。自助行为的适用对象为权利人的合法权利，如食客在餐厅就餐后，未付饭钱便离开，餐厅为保障此项债权的实现，可以实行自助行为。若是非法权利，如赌债，则没有自助行为适用的可能。

2. 情况紧急且不能寻求公力救济。自助行为的方式为扣留等措施，具有强制性，稍有不慎便有可能演化成行政治安事件或者刑事犯罪案件。自助行为的前提是情况紧急来不及寻求公力救济。同时，若是不采取自助行为，权利也不会受到损害，也不能实施自助行为。

3. 采取合理的方式。所谓合理的方式，是指与遭受损害相适应的方式。如食客逃单，餐厅不能对食客进行殴打来强迫付款。

4. 报告国家机关的义务。为了防止自助行为遭到滥用，受害人在采取自助行为后，应当立即报告国家机关。

依照《民法典》第 1177 条第 2 款的规定，受害人采取的措施不当造成他人损害的，应当承担侵权责任。若是受害人的行为超过了限度，则按照一般侵权行为的规定来承担责任。

▶▶▶ 新增考点 25 惩罚性赔偿【第三十四章第五节 免除和减轻责任事由】

各类损害赔偿大多均属于填补性损害赔偿，与此相对的概念是惩罚性损害赔偿。《民法典》第179条第2款规定："法律规定惩罚性赔偿的，依照其规定。"这为民法典各编引入惩罚性赔偿提供了依据。惩罚性赔偿具有独特性，其目的不是为了补偿受害人所受损失，而是为了惩罚不法行为人并威慑其他可能实施类似不法行为的人。惩罚性赔偿实质上授予私人一种惩罚特权，以弥补公法在维持公共利益上的缺漏，在损害的预防方面起着重要作用。但同时，在私法中引入惩罚性赔偿存在着潜在的危险，应该从法律整体的角度加以谨慎对待。

惩罚性赔偿制度的适用具有严格的限制，仅在法律具有明文规定时方可予以适用。《民法典》侵权责任编明文规定的情形有：（1）第1185条规定了知识产权惩罚性损害赔偿；（2）第1207条规定的对生产者、销售者的惩罚性损害赔偿；（3）第1232条规定的环境污染、生态破坏的惩罚性损害赔偿制度。需要注意的是，除了《民法典》规定的明确适用惩罚性损害赔偿的情形外，《消费者权益保护法》《食品安全法》《专利法》等法律中也存在惩罚性损害赔偿的情形。

关于惩罚性损害赔偿的数额，法律已经对惩罚性赔偿金的数额有具体规定的，应该依据法律的规定加以适用。在法律没有明文规定的情况下，应该结合行为人的主观过错、财产状况以及损害的严重程度进行综合性的考量。首先，被告行为的主观恶性程度是影响惩罚性损害赔偿金额的主观因素。行为人的主观恶性程度大的，社会危害性也就大，就应处以较高的惩罚性损害赔偿金；反之则处以较低的惩罚性损害赔偿金。其次，惩罚性损害赔偿的主要功能在于威慑和惩罚。因此在决定惩罚性损害赔偿金数额时要考虑加害人的财产状况，以保证该惩罚能对加害人起到适度威慑的作用。最后，适用惩罚性损害赔偿的情形应该限于侵权行为造成的严重的损害后果或者情节严重的场合。相反，如果造成的损害后果轻微、情节也不严重，表明其社会危害性并不大，就没有适用惩罚性赔偿制度对侵权人加以威慑的必要。

▶▶▶ 新增考点 26 环境污染和生态环境破坏的惩罚性赔偿【第三十五章第九节 环境污染和生态破坏责任】

《民法典》中增加环境污染和生态破坏的惩罚性赔偿系我国立法的一大创新，依照《民法典》第1232条规定，侵权人违反法律规定故意污染环境、破坏生态造成严重后果的，被侵权人有权请求相应的惩罚性赔偿。成立环境污染和生态破坏责任的惩罚性赔偿，需要以侵权行为人故意为要件。

请求惩罚性赔偿的主体虽然仅被限定为"被侵权人"，但因破坏生态环境而造成了公共利益受损，国家机关依然能作为诉讼主体主张惩罚性赔偿。根据《民事诉讼法》第55条规定，对污染环境等损害社会公共利益的行为，法律规定的机关和有关组织可以向人民法院提起诉讼。因此，人民检察院等机关是提起诉讼向侵权人主张惩罚性赔偿的诉讼主体。

知识产权法

▶▶▶ 新增考点 商标注册的诚实信用原则【第三章第一节 商标权的取得】

我国商标法在坚持申请在先原则的同时，还特别强调商标注册申请的正当性，要求申请注册和使用商标均应当遵循诚实信用原则，防止恶意囤积注册、恶意抢先注册等不正当行为。如《商标法》第4条规定，自然人、法人或者其他组织在生产经营活动中，对其商品或者服务需要取得商标专用权的，应当向商标局申请商标注册。不以使用为目的的恶意商标注册申请，应当予以驳回。《商标法》第32条规定，申请商标注册不得损害他人现有的在先权利，也不得以不正当手段抢先注册他人已经使用并有一定影响的商标。

商　法

▶▶▶ **新增考点1** **汇票保证的成立【第六章第四节　汇票】**

我国《票据法》第46条规定，保证人必须在汇票或者粘单上记载下列事项：

1. 表明"保证"的字样。这是票据保证的绝对必要记载事项。"保证"文句一般并不事先印制在票据用纸上，需要保证人为保证行为时，特别加以记载。保证人未在票据或者粘单上记载"保证"文句而是另行签订保证合同或者保证条款的，不构成票据保证。

2. 保证人名称和住所。该项记载能够使票据权利人及时并准确地了解保证人的情况，以便顺利行使票据权利。该项记载应属相对必要记载事项，欠缺该记载时，一般并不影响票据保证的有效成立，持票人可以依保证人的签章，推定其名称和住所。

3. 被保证人名称。该项记载亦为相对必要记载事项。保证人未记载被保证人名称的，已承兑的汇票，承兑人为被保证人；未承兑的汇票，出票人为被保证人。

4. 保证日期。该项记载为相对必要记载事项。保证人未记载保证日期的，以出票日期为保证日期。

5. 保证人签章。它是表明保证人完成保证行为，作为票据债务人承担票据保证债务的重要事项，使票据保证行为最终成立，是绝对必要记载事项。

▶▶▶ **新增考点2** **证券上市【第七章第三节　证券交易】**

证券上市，是指已公开发行的股票、债券等有价证券，符合法定条件，经证券交易所依法审核同意，并由双方签订上市协议后，在证券交易所集中竞价交易的行为。

申请证券上市交易，应当符合证券交易所上市规则规定的上市条件。证券交易所上市规则规定的上市条件，应当对发行人的经营年限、财务状况、最低公开发行比例和公司治理、诚信记录等提出要求。

上市交易的证券，有证券交易所规定的终止上市情形的，由证券交易所按照业务规则终止其上市交易。证券交易所决定终止证券上市交易的，应当及时公告，并报国务院证券监督管理机构备案。

对证券交易所作出的不予上市交易、终止上市交易决定不服的，可以向证券交易所设立的复核机构申请复核。

▶▶▶ **新增考点3** **证券交易的条件及方式【第七章第三节　证券交易】**

（一）证券交易的条件

证券交易的条件是指在证券市场上公开进行交易的证券必须符合法律规定的相关条件才能买卖。证券交易的条件主要包括以下内容：

1. 证券交易当事人依法买卖的证券，必须是依法发行并交付的证券。

2. 依法发行的证券，法律对其转让期限有限制性规定的，在限定的期限内，不得转让。如我国《公司法》规定，股份有限公司发起人持有的本公司股份，自公司成立之日起1年内不得转让。股份有限公司公开发行股份前已发行的股份，自公司股票在证券交易所上市交易之日起1年内不得转让。

此外，上市公司持有5%以上股份的股东、实际控制人、董事、监事、高级管理人员，以及其他持有发行人首次公开发行前发行的股份或者上市公司向特定对象发行的股份的股东，转让其持有的本公司股份的，不得违反法律、行政法规和国务院证券监督管理机构关于持有期限、卖出时间、卖出数量、卖出方式、信息披露等规定，并应当遵守证券交易所的业务规则。

3. 公开发行的证券，应当在依法设立的证券交易所上市交易或者在国务院批准的其他全国性证券交易场所交易。非公开发行的证券，可以在证券交易所、国务院批准的其他全国性证券交易场所、按照国务院规定设立的区域性股权市场转让。

（二）证券交易的方式

对于证券交易的方式，证券法规定必须采用公开的集中竞价交易方式，实行价格优先、时间优先的原则。

1. 集中竞价。有关集中竞价交易的操作程序、成交办法、交易单位、交易价格升降单位、交易的清算交割日期等项证券交易运作规则，由证券交易所制定，报中国证监会批准。

2. 价格优先。价格优先是指同时有两个或两个以上的买（卖）方进行买卖同种证券时，买方中出价最高者，应处在优先购买的地位；而卖方中出价最低者，应处在优先卖出的地位。

3. 时间优先。时间优先是指出价相同时，以最先出价者优先成交。

4. 证券交易当事人买卖的证券可以采用纸面形式或者符合规定的其他形式。

▶▶▶ 新增考点 4 　限制和禁止的证券交易行为【第七章第三节　证券交易】

（一）限制和禁止的证券交易行为的一般规定

证券交易的限制和禁止行为是指我国法律规定的，证券市场的参与者在证券交易过程中限制或者禁止从事的行为。

我国《证券法》还对限制和禁止的证券交易行为作了一般性的规定，这些规定包括：

1. 证券交易当事人依法买卖的证券，必须是依法发行并交付的证券。非依法发行的证券，不得交易。依法发行的证券，法律对其转让期限有限制性规定的，在限定的期限内，不得买卖。

2. 上市公司持有 5% 以上股份的股东、实际控制人、董事、监事、高级管理人员，以及其他持有

发行人首次公开发行前发行的股份或者上市公司向特定对象发行的股份的股东，转让其持有的本公司股份的，不得违反法律、行政法规和国务院证券监督管理机构关于持有期限、卖出时间、卖出数量、卖出方式、信息披露等规定，并应当遵守证券交易所的业务规则。

3. 依法公开发行的证券，应当在依法设立的证券交易所上市交易或者在国务院批准的其他全国性证券交易场所转让。非公开发行的证券，可以在证券交易所、国务院批准的其他全国性证券交易场所、按照国务院规定设立的区域性股权市场转让。

4. 证券交易场所、证券公司和证券登记结算机构的从业人员，证券监督管理机构的工作人员以及法律、行政法规规定禁止参与股票交易的其他人员，在任期或者法定限期内，不得直接或者以化名、借他人名义持有、买卖股票或者其他具有股权性质的证券，也不得收受他人赠送的股票或者其他具有股权性质的证券。任何人在成为上述所列人员时，其原已持有的股票或者其他具有股权性质的证券，必须依法转让。实施股权激励计划或者员工持股计划的证券公司的从业人员，可以按照国务院证券监督管理机构的规定持有、卖出本公司股票或者其他具有股权性质的证券。

5. 为证券发行出具审计报告或者法律意见书等文件的证券服务机构和人员，在该证券承销期内和期满后 6 个月内，不得买卖该证券。除上述规定外，为发行人及其控股股东、实际控制人，或者收购人、重大资产交易方出具审计报告或者法律意见书等文件的证券服务机构和人员，自接受委托之日起至上述文件公开后 5 日内，不得买卖该证券。实际开展上述有关工作之日早于接受委托之日的，自实际开展上述有关工作之日起至上述文件公开后 5 日内，不得买卖该证券。

6. 上市公司、股票在国务院批准的其他全国性证券交易场所交易的公司持有 5% 以上股份的股东、董事、监事、高级管理人员，将其持有的该公司的股票或者其他具有股权性质的证券在买入后 6 个月内卖出，或者在卖出后 6 个月内又买入，由此所得收益归该公司所有，公司董事会应当收回其所得收益。但是，证券公司因包购销售后剩余股票而持有 5% 以上股份，以及有国务院证券监督管理机构规定的其他情形的除外。上述所称董事、监

事、高级管理人员、自然人股东持有的股票或者其他具有股权性质的证券，包括其配偶、父母、子女持有的及利用他人账户持有的股票或者其他具有股权性质的证券。公司董事会不按照上述规定执行的，股东有权要求董事会在 30 日内执行。公司董事会未在上述期限内执行的，股东有权为了公司的利益以自己的名义直接向人民法院提起诉讼。公司董事会不按照上述规定执行的，负有责任的董事依法承担连带责任。

7. 通过计算机程序自动生成或者下达交易指令进行程序化交易的，应当符合国务院证券监督管理机构的规定，并向证券交易所报告，不得影响证券交易所系统安全或者正常交易秩序。

（二）禁止内幕交易行为

内幕交易是指知悉证券交易内幕信息的知情人和非法获取内幕信息的人，利用内幕信息进行证券交易的活动。证券交易活动中，涉及发行人的经营、财务或者对该发行人证券的市场价格有重大影响的尚未公开的信息，为内幕信息。

证券法明确规定，下列人员为知悉证券交易内幕信息的知情人员：（1）发行人及其董事、监事、高级管理人员；（2）持有公司 5% 以上股份的股东及其董事、监事、高级管理人员，公司的实际控制人及其董事、监事、高级管理人员；（3）发行人控股或者实际控制的公司及其董事、监事、高级管理人员；（4）由于所任公司职务或者因与公司业务往来可以获取公司有关内幕信息的人员；（5）上市公司收购人或者重大资产交易方及其控股股东、实际控制人、董事、监事和高级管理人员；（6）因职务、工作可以获取内幕信息的证券交易场所、证券公司、证券登记结算机构、证券服务机构的有关人员；（7）因职责、工作可以获取内幕信息的证券监督管理机构工作人员；（8）因法定职责对证券的发行、交易或者对上市公司及其收购、重大资产交易进行管理可以获取内幕信息的有关主管部门、监管机构的工作人员；（9）国务院证券监督管理机构规定的可以获取内幕信息的其他人员。

2007 年中国证监会《证券市场内幕交易行为认定指引（试行）》和 2011 年最高人民法院《关于审理证券行政处罚案件证据若干问题的座谈会纪要》中有关知情人范围的规定，基本上被 2019 年修订后的《证券法》第 51 条所采纳。

知悉证券交易内幕信息的知情人员或者非法获取内幕信息的其他人员，不得买入或者卖出所持有的该公司的证券，或者泄露该信息或者建议他人买卖该证券。

禁止证券交易场所、证券公司、证券登记结算机构、证券服务机构和其他金融机构的从业人员、有关监管部门或者行业协会的工作人员，利用因职务便利获取的内幕信息以外的其他未公开的信息，违反规定，从事与该信息相关的证券交易活动，或者明示、暗示他人从事相关交易活动。

（三）禁止操纵证券市场行为

操纵证券市场行为，是指行为人背离市场自由竞价和供求关系原则，以各种不正当的手段，影响或者试图影响证券市场价格或者证券交易量，制造证券市场假象，以引诱他人参与证券交易，为自己谋取不正当利益或者转嫁风险的行为。

下面具体分析其中四种操纵市场的典型行为：

1. 连续交易操纵。连续交易操纵，是指单独或通过合谋，集中资金优势、持股优势或者利用信息优势联合或者连续买卖，操纵证券交易价格或者证券交易量。主要是资金大户或者持股大户利用其拥有的大量资金或者某种大量证券，或者利用了解某种内幕信息的优势，进行单独或者通谋买卖，对某种有价证券进行集中买卖或连续买卖或对同一种证券反复买进卖出。在出货阶段造成此种证券市价升量增，以达到吸引投资者买入、使自己顺利出货的目的；在吸筹阶段造成此种证券价跌量增，使持筹者产生恐慌心理，抛出该种证券，从而使自己获取暴利，其他投资者遭受巨大损失。

根据《证券市场操纵行为认定指引（试行）》第 22 条的规定，连续交易操纵的构成要件包括：（1）主体是证券交易人，无论是买方还是卖方，无论是自行炒作还是委托证券经纪商炒作，也无论是单个人的行动还是多人的通谋。（2）集中资金优势、持股优势或者利用信息优势。（3）必须有联合（或连续）买卖和影响证券价格（或证券交易量）的事实。根据参加人数量的不同，连续交易操纵分为单一行为人连续交易操纵和合谋的连续交易操纵。单一的行为人集中资金优势、持股优势或者利用信息优势连续买卖，操纵证券交易价格或者证券交易量的，是单一行为人连续交易操纵。2 个以上行为人通过合谋，集中资金优势、持股优势或者利用信息优势，联合或者连续买卖，操纵证券交易价格或者证券交易量的，是合谋的连续交易操纵。按照《证券市场操纵行为认定指引（试行）》第20、21条的规定，联合买卖，是指2个以上行为人，约定在某一时段内一起买入或卖出某种证券，具体包括三种情形：（1）在某一时段内一起买入或者相继买入某种证券的；（2）在某一时段内一起卖出或者相继卖出某种证券的；（3）在某一时段内其中一个或数个行为人一起买入或相继买入而其他行为人一起卖出或相继卖出某种证券的。连续买卖，是指行为人在某一时段内连续买卖某种证券。在1个交易日内交易某一证券2次以上，或在2个交易日内交易某一证券3次以上的，即构成连续买卖。

连续交易发生证券权利的实际移转，属于证券的真实买卖，与不转移证券所有权的虚买虚卖有所不同。此外，在判断连续交易操纵时有三个因素需要考虑：一是联合或连续买卖的交易次数应当包括未成交的报价，报价本身就会影响证券价格，但报价后又主动撤销的不应当包括在其中。二是连续交易在事实上引起了一定的证券价格或者证券交易量的变动，至于变动幅度一般没有明确要求。三是行为人主观上有恶意，其目的是抬高或压低价格，或者引诱其他交易人买入或卖出证券。

2. 串通相互买卖操纵。串通相互买卖操纵，是指两个以上的行为人以事先约定的时间、价格和方式相互进行证券交易，影响证券交易价格或者证券交易量的行为。也称为合谋或相对委托，它实质上是两个或两个以上的交易人，相互串通，一买一卖，目的在于虚造声势，抬高或压低该证券价格，诱骗其他投资者买入或者卖出该种证券，使行为人达到高位出货或低位吸筹的目的。此种交易的特征是双方或多方在交易中时间相近、价格相近、方向相反。此种交易方式能为操纵者尽量减少操纵市场的资金量和证券筹码数量，有四两拨千斤之功效，对证券市场的正常秩序具有很大的破坏性。综上所述，合谋的要件可归纳如下：（1）下单的价格、时间的相似性；（2）下单数量的一致性；（3）买卖同一证券，而且买卖方向相反；（4）主观上是故意，且两个故意之间有必然的联络，即恶意串通或合谋。

3. 自买自卖操纵。自买自卖又称洗售、对倒、对敲、虚售，它是指同一投资人在自己实际控制的账户之间进行证券交易，影响证券交易价格或者证券交易量的行为。这种方式俗称庄家对倒，亦称"左手卖给右手"。主要表现为行为人在各个地方多个不同的营业部开立多个证券交易户头，自己在某地某账户内卖出证券的同时，又在另一地另一账户内买入该证券，其实质是一人自买自卖。虽然行为人的证券所有权并没有转移，持有证券的数量没有变化，但能大大增加该证券一天的成交量，给其他投资者造成该证券交易活跃的假象，从而影响其对该证券行情的判断而作出错误的买卖决策，为行为人出货或吸筹提供机会、创造条件。

自买自卖的构成要件是：（1）有现实的交易发生；（2）这些交易发生的时间相同，数量相当，价格一致，方向相反（一买一卖）；（3）这些交易并不改变该证券的实质所有权，即实质上这些证券仍然为同一人所有；（4）有自买自卖的故意。不过在证券立法上，国外有的规定，洗售本身就是故意的证据，故主张进行故意推定。据此也有人主张，洗售不需要以主观故意为要件，发生洗售的事实就可以构成。

2005年之前的我国证券立法将洗售规定为"以自己为交易对象，进行不转移所有权的自买自卖"。事实上，行为人往往借助多个证券账户进行相互交易，只要实现了交易，就发生证券权利的法律转移，只不过其背后的真实所有人为同一人或为同一人所控制。现行《证券法》第55条将洗售或者自买自卖定义为"在自己实际控制的账户之间进行证券交易"，与以前的规定相比，更符合实际情况。《证券市场操纵行为认定指引（试行）》第28条列举了"自己实际控制的账户"，包括：行为人以自己名义开设的实名账户；行为人以他人名义开设的账户；行为人虽然不是账户的名义持有人，但通过投资关系、协议或者其他安排，能够实际管理、使用或处分的他人账户。

4. 其他操纵市场的行为。《证券法》第55条所规定的"操纵证券市场的其他手段"属于"兜底条款"。所谓操纵市场的其他行为，应当是指法律已经明确列举的市场操纵行为之外的操纵市场行为。《证券市场操纵行为认定指引（试行）》第30条列举了其他操纵市场的行为，包括：（1）蛊惑交易操纵；（2）抢帽子交易操纵；（3）虚假申报操纵；（4）特定时间的价格或价值操纵；（5）尾市交易操纵；（6）证监会认定的其他操纵证券市场的行为。这里需要说明的是，《证券市场操纵行为认定指引（试行）》里面的一些内容已经被新修订的《证券法》第55条所吸收，比如，上述"蛊惑交易操纵"就是该条第5项所规定的"利用虚假或者不确定的重大信息，诱导投资者进行证券交易"，而"抢帽子交易操纵"则是该条第6项所规定的"对证券、发行人公开作出评价、预测或者投资建议，并进行反向证券交易"。所以，随着新《证券法》的颁布和实施，最高人民法院的相关司法解释也必将作相应的修订。

（四）禁止虚假陈述和信息误导行为

证券法规定：禁止任何单位和个人编造、传播虚假信息或者误导性信息，扰乱证券市场。

禁止证券交易场所、证券公司、证券登记结算机构、证券服务机构及其从业人员，证券业协会、证券监督管理机构及其工作人员，在证券交易活动中作出虚假陈述或者信息误导。

各种传播媒介传播证券市场信息必须真实、客观，禁止误导。传播媒介及其从事证券市场信息报道的工作人员不得从事与其工作职责发生利益冲突的证券买卖。

编造、传播虚假信息或者误导性信息，扰乱证券市场，给投资者造成损失的，应当依法承担赔偿责任。

（五）禁止损害客户利益的行为

损害客户利益的行为，是指证券公司及其从业人员在证券交易及相关活动中，为了牟取不法利益，而违背客户的真实意思进行代理的行为，以及诱导客户进行不必要的证券交易的行为。证券法规定，在证券交易中，禁止证券公司及其从业人员从事下列损害客户利益的行为：（1）违背客户的委托为其买卖证券；（2）不在规定时间内向客户提供交易的确认文件；（3）未经客户的委托，擅自为客户买卖证券，或者假借客户的名义买卖证券；（4）为牟取佣金收入，诱使客户进行不必要的证券买卖；（5）其他违背客户真实意思表示，损害客户利益的行为。

违反上述规定给客户造成损失的，行为人应当依法承担赔偿责任。

（六）其他禁止行为

在证券交易中的其他禁止行为，是指除上述所列禁止行为之外的其他可能影响正常证券交易或损害投资者利益的行为。例如，在证券交易中，严禁账外交易、另立非法账户；禁止法人以个人名义开立账户，买卖证券；禁止任何人挪用公款买卖证券；禁止投资者违规利用财政资金、银行信贷资金买卖证券。另外，任何单位和个人不得违反规定，出借自己的证券账户或者借用他人的证券账户从事证券交易；国有独资企业、国有独资公司、国有资本控股公司买卖上市交易的股票，必须遵守国家有关规定等。

另外，关于禁止的证券交易行为，证券法还规定，证券交易场所、证券公司、证券登记结算机构、证券交易服务机构、社会中介机构及其从业人员对证券交易中发现的禁止的交易行为，应当及时向证券监督管理机构报告。

▶▶▶ **新增考点5** 　协议收购【第七章第四节　上市公司收购制度】

采取协议收购方式的，收购人可以依照法律、行政法规的规定同被收购公司的股东以协议方式进行股份转让。以协议方式收购上市公司时，达成协议后，收购人必须在3日内将该收购协议向国务院证券监督管理机构及证券交易所作出书面报告，并予公告。在公告前不得履行收购协议。

采取协议收购方式的，协议双方可以临时委托证券登记结算机构保管协议转让的股票，并将资金存放于指定的银行。

采取协议收购方式的，收购人收购或者通过协议、其他安排与他人共同收购一个上市公司已发行的有表决权股份达到30%时，继续进行收购的，应当依法向该上市公司所有股东发出收购上市公司全部或者部分股份的要约。但是，按照国务院证券监督管理机构的规定免除发出要约的除外。

▶▶▶ **新增考点6** 　禁止转让【第七章第四节　上市公司收购制度】

在上市公司收购中，收购人持有的被收购的上市公司的股票，在收购行为完成后的18个月内不得转让。

信息披露【第七章第五节 信息披露】

一、信息披露制度的概念

信息披露制度是指上市公司在证券发行和交易过程中，必须真实、准确、完整、及时地按照法律规定的形式简明清晰、通俗易懂地向公众投资者公开一切有关公司重要信息的制度。从而使上市公司的证券能够在有效、公开、知情的市场中进行交易。信息披露不得有虚假记载、误导性陈述或者重大遗漏。

二、信息披露的基本要求

（一）同时披露

1. 同时向所有投资者披露。

2. 不得非法要求义务人披露尚未披露的信息。

（二）自愿披露

1. 自愿披露的范围。除依法需要披露的信息之外，信息披露义务人可以自愿披露与投资者作出价值判断和投资决策有关的信息，但不得与依法披露的信息相冲突，不得误导投资者。

2. 公开承诺披露的，应当披露。发行人及其控股股东、实际控制人、董事、监事、高级管理人员等作出公开承诺的，应当披露。不履行承诺给投资者造成损失的，应当依法承担赔偿责任。

（三）境内外同时披露

证券同时在境内境外公开发行、交易的，其信息披露义务人在境外披露的信息，应当在境内同时披露。

（四）信息发布与置备场所

依法披露的信息，应当在证券交易场所的网站和符合国务院证券监督管理机构规定条件的媒体发布，同时将其置备于公司住所、证券交易场所，供社会公众查阅。

三、定期报告的披露

（一）定期报告的报送和公告

定期报告，是指上市公司定期公布其财务和经营状况的文件，包括年度报告和中期报告等。上市公司、公司债券上市交易的公司、股票在国务院批准的其他全国性证券交易场所交易的公司，应当按照国务院证券监督管理机构和证券交易场所规定的内容和格式编制定期报告，并按照以下规定报送和公告：（1）在每一会计年度结束之日起4个月内，报送并公告年度报告，其中的年度财务会计报告应当经符合本法规定的会计师事务所审计；（2）在每一会计年度的上半年结束之日起2个月内，报送并公告中期报告。

（二）发行文件和定期报告披露的签署

发行人的董事、高级管理人员应当对证券发行文件和定期报告签署书面确认意见。发行人的监事会应当对董事会编制的证券发行文件和定期报告进行审核并提出书面审核意见。监事应当签署书面确认意见。发行人的董事、监事和高级管理人员应当保证发行人及时、公平地披露信息，所披露的信息真实、准确、完整。

董事、监事和高级管理人员无法保证证券发行文件和定期报告内容的真实性、准确性、完整性或者有异议的，应当在书面确认意见中发表意见并陈述理由，发行人应当披露。发行人不予披露的，董事、监事和高级管理人员可以直接申请披露。

四、临时报告的披露

（一）股票交易重大事件临时报告披露

发生可能对上市公司、股票在国务院批准的其他全国性证券交易场所交易的公司的股票交易价格产生较大影响的重大事件，投资者尚未得知时，公司应当立即将有关该重大事件的情况向国务院证券监督管理机构和证券交易场所报送临时报告，并予公告，说明事件的起因、目前的状态和可能产生的法律后果。

上述重大事件包括：（1）公司的经营方针和经营范围的重大变化；（2）公司的重大投资行为，公司在1年内购买、出售重大资产超过公司资产总额30%，或者公司营业用主要资产的抵押、质押、出售或者报废一次超过该资产的30%；（3）公司订立重要合同、提供重大担保或者从事关联交易，可能对公司的资产、负债、权益和经营成果产生重要影响；（4）公司发生重大债务和未能清偿到期重大债务的违约情况；（5）公司发生重大亏损或者重大损失；（6）公司生产经营的外部条件发生的重大变化；（7）公司的董事、1/3以上监事或者经理发生变动，董事长或者经理无法履行职责；（8）持有公司5%以上股份的股东或者实际控制人持有股份或者控制公司的情况发生较大变化，公司的实际控制人及其控制的其他企业从事与公司相同或者相似业务的情况发生较大变化；（9）公司分配股利、增资的计划，公司股权结构的重要变化、公司减资、合并、分立、解散及申请破产的决定，或者依法进入破产程序、被责令关闭；（10）涉及公司的重大诉讼、仲裁、股东大会、董事会决议被依法撤销或者宣告无效；（11）公司涉嫌犯罪被依法立案调查，公司的控股股东、实际控制人、董事、监事、高级管理人员涉嫌犯罪被依法采取强制措施；（12）国务院证券监督管理机构规定的其他事项。

公司的控股股东或者实际控制人对重大事件的发生、进展产生较大影响的，应当及时将其知悉的有关情况书面告知公司，并配合公司履行信息披露义务。

（二）债券交易重大事件临时报告披露

发生可能对上市交易公司债券的交易价格产生较大影响的重大事件，投资者尚未得知时，公司应当立即将有关该重大事件的情况向国务院证券监督管理机构和证券交易场所报送临时报告，并予公告，说明事件的起因、目前的状态和可能产生的法律后果。

上述重大事件包括：（1）公司股权结构或者生产经营状况发生重大变化；（2）公司债券信用评级发生变化；（3）公司重大资产抵押、质押、出售、转让、报废；（4）公司发生未能清偿到期债务的情况；（5）公司新增借款或者对外提供担保超过上年末净资产的20%；（6）公司放弃债权或者财产超过上年末净资产的10%；（7）公司发生超过上年末净资产10%的重大损失；（8）公司分配股利，作出减资、合并、分立、解散及申请破产的决定，或者依法进入破产程序、被责令关闭；（9）涉及公司的重大诉讼、仲裁；（10）公司涉嫌犯罪被依法立案调查，公司的控股股东、实际控制人、董事、监事、高级管理人员涉嫌犯罪被依法采取强制措施；（11）国务院证券监督管理机构规定的其他事项。

五、信息披露监管与信息披露不实的法律后果

（一）信息披露监管

国务院证券监督管理机构对信息披露义务人的信息披露行为进行监督管理。

证券交易场所应当对其组织交易的证券的信息披露义务人的信息披露行为进行监督，督促其依法及时、准确地披露信息。

（二）信息披露不实的法律后果

信息披露义务人未按照规定披露信息，或者公告的证券发行文件、定期报告、临时报告及其他信息披露资料存在虚假记载、误导性陈述或者重大遗漏，致使投资者在证券交易中遭受损失的，信息披露义务人应当承担赔偿责任；发行人的控股股东、实际控制人、董事、监事、高级管理人员和其他直接责任人员以及保荐人、承销的证券公司及其直接责任人员，应当与发行人承担连带赔偿责任，但是能够证明自己没有过错的除外。

▶▶▶ 新增考点8 投资者保护【第七章第六节　投资者保护】

一、投资者保护概述

2019年修订的《证券法》单独设立"投资者保护"一章，在制度上进一步加强对投资者的保护。

二、投资者保护新制度内容

（一）证券公司销售证券、提供服务时的义务

证券公司向投资者销售证券、提供服务时，应当按照规定充分了解投资者的基本情况、财产状况、金融资产状况、投资知识和经验、专业能力等相关信息；如实说明证券、服务的重要内容，充分揭示投资风险；销售、提供与投资者上述状况相匹配的证券、服务。证券公司违反上述规定导致投资者损失的，应当承担相应的赔偿责任。

同时，投资者在购买证券或者接受服务时，应当按照证券公司明示的要求提供上述所列真实信息。

（二）普通投资者和专业投资者

根据财产状况、金融资产状况、投资知识和经验、专业能力等因素，投资者可以分为普通投资者和专业投资者。专业投资者的标准由国务院证券监督管理机构规定。

普通投资者与证券公司发生纠纷的，证券公司应当证明其行为符合法律、行政法规以及国务院证券监督管理机构的规定，不存在误导、欺诈等情形。证券公司不能证明的，应当承担相应的赔偿责任。

（三）征集股东权利

上市公司董事会、独立董事、持有1%以上有表决权股份的股东或者依照法律、行政法规或者国

务院证券监督管理机构的规定设立的投资者保护机构（以下简称投资者保护机构），可以作为征集人，自行或者委托证券公司、证券服务机构，公开请求上市公司股东委托其代为出席股东大会，并代为行使提案权、表决权等股东权利。

依照上述规定征集股东权利的，征集人应当披露征集文件，上市公司应当予以配合。禁止以有偿或者变相有偿的方式公开征集股东权利。公开征集股东权利违反法律、行政法规或者国务院证券监督管理机构有关规定，导致上市公司或者其股东遭受损失的，应当依法承担赔偿责任。

（四）分配现金股利

上市公司应当在章程中明确分配现金股利的具体安排和决策程序，依法保障股东的资产收益权。

上市公司当年税后利润，在弥补亏损及提取法定公积金后有盈余的，应当按照公司章程的规定分配现金股利。

（五）债券持有人会议

公开发行公司债券的，应当设立债券持有人会议，并应当在募集说明书中说明债券持有人会议的召集程序、会议规则和其他重要事项。

公开发行公司债券的，发行人应当为债券持有人聘请债券受托管理人，并订立债券受托管理协议。受托管理人应当由本次发行的承销机构或者其他经国务院证券监督管理机构认可的机构担任，债券持有人会议可以决议变更债券受托管理人。债券受托管理人应当勤勉尽责，公正履行受托管理职责，不得损害债券持有人利益。

债券发行人未能按期兑付债券本息的，债券受托管理人可以接受全部或者部分债券持有人的委托，以自己名义代表债券持有人提起、参加民事诉讼或者清算程序。

（六）先行赔付

发行人因欺诈发行、虚假陈述或者其他重大违法行为给投资者造成损失的，发行人的控股股东、实际控制人、相关的证券公司可以委托投资者保护机构，就赔偿事宜与受到损失的投资者达成协议，予以先行赔付。先行赔付后，可以依法向发行人以及其他连带责任人追偿。

（七）纠纷解决

1. 投资者保护机构调解与起诉。（1）投资者保护机构申请调解。（2）投资者保护机构支持起诉。（3）投资者保护机构以自己名义起诉。

2. 代表人诉讼。（1）投资者提起虚假陈述等证券民事赔偿诉讼时，诉讼标的是同一种类，且当事人一方人数众多的，可以依法推选代表人进行诉讼。（2）对按照上述规定提起的诉讼，可能存在有相同诉讼请求的其他众多投资者的，人民法院可以发出公告，说明该诉讼请求的案件情况，通知投资者在一定期间向人民法院登记。（3）投资者保护机构受50名以上投资者委托，可以作为代表人参加诉讼，并为经证券登记结算机构确认的权利人依照上述第2项规定向人民法院登记，但投资者明确表示不愿意参加该诉讼的除外。

▶▶▶ 新增考点 9 　证券登记结算机构的职能【第七章第七节　证券机构】

证券登记结算机构履行下列职能：（1）证券账户、结算账户的设立；（2）证券的托管和过户；（3）证券持有人名册登记；（4）证券交易的清算和交收；（5）受发行人的委托派发证券权益；（6）办理与上述业务有关的查询、信息服务；（7）国务院证券监督管理机构批准的其他业务。

▶▶▶ 新增考点 10 　对证券登记结算机构的监管【第七章第七节　证券机构】

证券登记结算机构是为证券交易提供集中登记、存管与结算服务、不以营利为目的的法人，证券法对其规定了较为完备的监管制度，其主要内容如下：

1. 在证券交易所和国务院批准的其他全国性证券交易场所交易的证券的登记结算，应当采取全国集中统一的运营方式。

2. 证券登记结算机构应当依法制定章程和业务规则，并经国务院证券监督管理机构批准。

3. 在证券交易所或者国务院批准的其他全国性证券交易场所交易的证券，应当全部存管在证券登记结算机构。证券登记结算机构不得挪用客户的证券。

4. 证券登记结算机构应当向证券发行人提供证券持有人名册及有关资料。

5. 证券登记结算机构应当采取下列措施保证业务的正常进行：（1）具有必备的服务设备和完善的数据安全保护措施；（2）建立完善的业务、

财务和安全防范等管理制度；（3）建立完善的风险管理系统。

6. 证券登记结算机构应当妥善保存登记、存管和结算的原始凭证及有关文件和资料。其保存期限不得少于20年。

7. 证券登记结算机构应当设立证券结算风险基金，用于垫付或者弥补因违约交收、技术故障、操作失误、不可抗力造成的证券登记结算机构的损失。

8. 证券结算风险基金应当存入指定银行的专门账户，实行专项管理。

9. 证券登记结算机构申请解散，应当经国务院证券监督管理机构批准。

10. 投资者委托证券公司进行证券交易，应当通过证券公司申请在证券登记结算机构开立证券账户。

11. 证券登记结算机构作为中央对手方提供证券结算服务的，是结算参与人共同的清算交收对手，进行净额结算，为证券交易提供集中履约保障。

12. 证券登记结算机构按照业务规则收取的各类结算资金和证券，必须存放于专门的清算交收账户，只能按业务规则用于已成交的证券交易的清算交收，不得被强制执行。

▶▶▶ 新增考点 11 证券服务机构【第七章第七节　证券机构】

（一）证券服务机构概述

修订后的《证券法》加强了对证券服务机构的责任约束，明确要求它们对整个社会公众负有勤勉尽责义务，一旦出现信息欺诈，证券服务机构与发行人要承担连带赔偿责任。本部分内容应重点把握证券服务机构作为独立三方在证券市场中特殊作用与职能，以及其对社会公众应尽的法律义务与责任。

（二）对证券服务机构的监管

1. 会计师事务所、律师事务所以及从事证券投资咨询等服务的证券服务机构，应当勤勉尽责、恪尽职守，按照相关业务规则为证券的交易及相关活动提供服务。从事证券投资咨询服务业务，应当经国务院证券监督管理机构核准；未经核准，不得为证券的交易及相关活动提供服务。从事其他证券

服务业务，应当报国务院证券监督管理机构和国务院有关主管部门备案。

2. 证券投资咨询机构及其从业人员从事证券服务业务不得有下列行为：（1）代理委托人从事证券投资；（2）与委托人约定分享证券投资收益或者分担证券投资损失；（3）买卖本证券投资咨询机构提供服务的证券；（4）法律、行政法规禁止的其他行为。有上述所列行为之一，给投资者造成损失的，应当依法承担赔偿责任。

3. 证券服务机构应当妥善保存客户委托文件、核查和验证资料、工作底稿以及与质量控制、内部管理、业务经营有关的信息和资料，任何人不得泄露、隐匿、伪造、篡改或者毁损。上述信息和资料的保存期限不得少于10年，自业务委托结束之日起算。

4. 证券服务机构为证券的发行、上市、交易等证券业务活动制作、出具审计报告及其他鉴证报告、资产评估报告、财务顾问报告、资信评级报告或者法律意见书等文件，应当勤勉尽责，对所依据的文件资料内容的真实性、准确性、完整性进行核查和验证。其制作、出具的文件有虚假记载、误导性陈述或者重大遗漏，给他人造成损失的，应当与委托人承担连带赔偿责任，但是能够证明自己没有过错的除外。

▶▶▶ 新增考点 12 证券监管措施【第七章第七节　证券机构】

国务院证券监督管理机构依法履行职责时，有权采取下列措施：（1）对证券发行人、证券公司、证券服务机构、证券交易场所、证券登记结算机构进行现场检查。（2）进入涉嫌违法行为发生场所调查取证。（3）询问当事人和与被调查事件有关的单位和个人，要求其对与被调查事件有关的事项作出说明；或者要求其按照指定的方式报送与被调查事件有关的文件和资料。（4）查阅、复制与被调查事件有关的财产权登记、通讯记录等文件和资料。（5）查阅、复制当事人和与被调查事件有关的单位和个人的证券交易记录、登记过户记录、财务会计资料及其他相关文件和资料；对可能被转移、隐匿或者毁损的文件和资料，可以予以封存、扣押。（6）查询当事人和与被调查事件有关的单位和个人的资金账户、证券账户、银行账户以及其

他具有支付、托管、结算等功能的账户信息，可以对有关文件和资料进行复制；对有证据证明已经或者可能转移或者隐匿违法资金、证券等涉案财产或者隐匿、伪造、毁损重要证据的，经国务院证券监督管理机构主要负责人或者其授权的其他负责人批准，可以冻结或者查封，期限为6个月；因特殊原因需要延长的，每次延长期限不得超过3个月，冻结、查封期限最长不得超过2年。(7) 在调查操纵证券市场、内幕交易等重大证券违法行为时，经国务院证券监督管理机构主要负责人或者其授权的其他负责人批准，可以限制被调查的当事人的证券买卖，但限制的期限不得超过3个月；案情复杂的，可以延长3个月。(8) 通知出境入境管理机关依法阻止涉嫌违法人员、涉嫌违法单位的主管人员和其他直接责任人员出境。

▶▶▶ 新增考点13 行政执法和解措施【第七章第七节 证券机构】

国务院证券监督管理机构对涉嫌证券违法的单位或者个人进行调查期间，被调查的当事人书面申请，承诺在国务院证券监督管理机构认可的期限内纠正涉嫌违法行为，赔偿有关投资者损失，消除损害或者不良影响的，国务院证券监督管理机构可以决定中止调查。被调查的当事人履行承诺的，国务院证券监督管理机构可以决定终止调查；被调查的当事人未履行承诺或者有国务院规定的其他情形的，应当恢复调查。具体办法由国务院规定。

▶▶▶ 新增考点14 对证券行政执法的监管【第七章第七节 证券机构】

1. 国务院证券监督管理机构依法履行职责，进行监督检查或者调查，其监督检查、调查的人员不得少于2人，并应当出示合法证件和监督检查、调查通知书或者其他执法文书。

2. 国务院证券监督管理机构依法履行职责，被检查、调查的单位和个人应当配合，如实提供有关文件和资料，不得拒绝、阻碍和隐瞒。

3. 国务院证券监督管理机构制定的规章、规则和监督管理工作制度应当依法公开。国务院证券监督管理机构依据调查结果，对证券违法行为作出的处罚决定，应当公开。

4. 国务院证券监督管理机构应当与国务院其他金融监督管理机构建立监督管理信息共享机制。国务院证券监督管理机构依法履行职责，进行监督检查或者调查时，有关部门应当予以配合。

5. 对涉嫌证券违法、违规行为，任何单位和个人有权向国务院证券监督管理机构举报。

6. 国务院证券监督管理机构依法履行职责，发现证券违法行为涉嫌犯罪的，应当依法将案件移送司法机关处理；发现公职人员涉嫌职务违法或者职务犯罪的，应当依法移送监察机关处理。

7. 国务院证券监督管理机构工作人员必须忠于职守、依法办事、公正廉洁，不得利用职务便利牟取不正当利益，不得泄露所知悉的有关单位和个人的商业秘密。

国务院证券监督管理机构工作人员在任职期间，或者离职后在《公务员法》规定的期限内，不得到与原工作业务直接相关的企业或者其他营利性组织任职，不得从事与原工作业务直接相关的营利性活动。

▶▶▶ 新增考点15 证券跨境合作与监管【第七章第七节 证券机构】

国务院证券监督管理机构可以和其他国家或者地区的证券监督管理机构建立监督管理合作机制，实施跨境监督管理。

境外证券监督管理机构不得在中华人民共和国境内直接进行调查取证等活动。未经国务院证券监督管理机构和国务院有关主管部门同意，任何单位和个人不得擅自向境外提供与证券业务活动有关的文件和资料。

▶▶▶ 新增考点16 证券投资基金的概念、特征及其分类【第七章第八节 证券投资基金法律制度】

证券投资基金是指通过公开或者非公开募集资金设立证券投资基金（以下简称基金），由基金管理人管理，基金托管人托管，为基金份额持有人的利益，进行证券投资活动而获取一定收益的投资工具。

证券投资基金的证券形式通常是基金券或基金单位，它和股票、债券一样都是金融投资工具，但又别于股票和债券，它们的区别主要有以下几点：第一，它们所体现的关系不同，股票所体现的是股权关系；债券所体现的是债权关系，而基金券所体现的则是信托关系。第二，资金投向不同，由于股票和债券是融资工具，其融资投向主要在于实业，而基金由于是信托工具，其投向则在于股票或债券等有价证券。第三，收益与风险不同，股票的收益取决于公司的经营效益，投资股市风险较大；债券的收益是既定的，其投资风险较小；基金券主要投资于有价证券，其运作方式较为灵活，可在获得较高收益的同时而又风险较小。通过公开募集方式设立的基金（以下简称公开募集基金）的基金份额持有人按其所持基金份额享受收益和承担风险，通过非公开募集方式设立的基金（以下简称非公开募集基金）的收益分配和风险承担由基金合同约定。

证券投资基金具有以下基本特征：第一，它是依据信托原理来组织证券投资的。第二，证券投资基金只能投资于股票或债券等有价证券，即证券投资基金是专为投资证券而设立的，不能投资于证券以外的项目。第三，证券投资基金的投资收益由基金份额持有人享有。

根据《证券投资基金法》的规定，证券投资基金主要分为封闭式基金和开放式基金两类。

▶▶▶ 新增考点 17　证券投资基金的产生和演变【第七章第八节　证券投资基金法律制度】

一般认为，英国 1868 年建立的"国外及殖民地政府信托"是投资基金的最早形态。

证券投资基金虽起始于英国，却发展于美国。1921 年 4 月美国出现了第一个投资基金组织"美国国际证券信托"，该基金的运作与此前的英国基金基本相同，亦为封闭基金，即基金发行在外的受益凭证数量固定不变，投资者只能在市场上进行受益凭证的交易，其价格由供求关系调节。

1940 年美国政府制定了联邦《投资公司法》和《投资顾问法》，详细规定了投资基金的组成及管理的法律要件，对有关财务公开、董事监事的任命、公司经理的选择以及销售和宣传方式等都作了相应规定，从而使投资公司被置于严格的管制与监督之下，为投资者提供了完整的法律保护。

相对于发达的市场经济国家，证券投资基金业在我国起步较晚。首家经批准公开发行的基金是始于 1991 年的武汉证券投资基金。1992 年深圳市公布了《深圳市投资信托基金管理暂行条例》，1993 年上海市公布了《上海市人民币证券投资信托基金管理办法》，1997 年国务院批准颁布了《证券投资基金管理暂行办法》。作为证券投资基金的基本法则是由第十届全国人民代表大会常务委员会第五次会议于 2003 年 10 月 28 日公布的《中华人民共和国证券投资基金法》，于 2012 年、2015 年两次修改。

▶▶▶ 新增考点 18　违反证券法的法律责任
【第七章第九节　违反证券法的法律责任】

证券法主要从以下十二个方面对证券法律责任作出了规定。

一、违反证券法的一般规定

1. 民事赔偿责任优先原则。

2. 证券市场禁入措施。这里所称证券市场禁入，是指在一定期限内直至终身不得从事证券业务、证券服务业务，不得担任证券发行人的董事、监事、高级管理人员，或者一定期限内不得在证券交易所、国务院批准的其他全国性证券交易场所交易证券的制度。

3. 未按照规定保存有关文件和资料的法律责任。发行人、证券登记结算机构、证券公司、证券服务机构未按照规定保存有关文件和资料的，责令改正，给予警告，并处以 10 万元以上 100 万元以下的罚款；泄露、隐匿、伪造、篡改或者毁损有关文件和资料的，给予警告，并处以 20 万元以上 200 万元以下的罚款；情节严重的，处以 50 万元以上 500 万元以下的罚款，并处暂停、撤销相关业务许可或者禁止从事相关业务。对直接负责的主管人员和其他直接责任人员给予警告，并处以 10 万元以上 100 万元以下的罚款。

4. 建立证券市场诚信档案。

5. 治安管理处罚。拒绝、阻碍证券监督管理机构及其工作人员依法行使监督检查、调查职权，由证券监督管理机构责令改正，处以 10 万元以上 100 万元以下的罚款，并由公安机关依法给予治安管理处罚。

6. 违反《证券法》，构成犯罪的，依法追究刑事责任。

7. 依照《证券法》收缴的罚款和没收的违法

所得，全部上缴国库。

8. 当事人对证券监督管理机构或者国务院授权的部门的处罚决定不服的，可以依法申请行政复议，或者依法直接向人民法院提起诉讼。

二、违反证券发行规定的法律责任

1. 违反证券法证券发行注册制的规定，擅自公开或者变相公开发行证券的，责令停止发行，退还所募资金并加算银行同期存款利息，处以非法所募资金金额 5% 以上 50% 以下的罚款；对擅自公开或者变相公开发行证券设立的公司，由依法履行监督管理职责的机构或者部门会同县级以上地方人民政府予以取缔。对直接负责的主管人员和其他直接责任人员给予警告，并处以 50 万元以上 500 万元以下的罚款。

2. 发行人在其公告的证券发行文件中隐瞒重要事实或者编造重大虚假内容，尚未发行证券的，处以 200 万元以上 2000 万元以下的罚款；已经发行证券的，处以非法所募资金金额 10% 以上 1 倍以下的罚款。对直接负责的主管人员和其他直接责任人员，处以 100 万元以上 1000 万元以下的罚款。

发行人的控股股东、实际控制人组织、指使从事前款违法行为的，没收违法所得，并处以违法所得 10% 以上 1 倍以下的罚款；没有违法所得或者违法所得不足 2000 万元的，处以 200 万元以上 2000 万元以下的罚款。对直接负责的主管人员和其他直接责任人员，处以 100 万元以上 1000 万元以下的罚款。

3. 保荐人出具有虚假记载、误导性陈述或者重大遗漏的保荐书，或者不履行其他法定职责的，责令改正，给予警告，没收业务收入，并处以业务收入 1 倍以上 10 倍以下的罚款；没有业务收入或者业务收入不足 100 万元的，处以 100 万元以上 1000 万元以下的罚款；情节严重的，并处暂停或者撤销保荐业务许可。对直接负责的主管人员和其他直接责任人员给予警告，并处以 50 万元以上 500 万元以下的罚款。

4. 证券公司承销或者销售擅自公开发行或者变相公开发行的证券的，责令停止承销或者销售，没收违法所得，并处以违法所得 1 倍以上 10 倍以下的罚款；没有违法所得或者违法所得不足 100 万元的，处以 100 万元以上 1000 万元以下的罚款；情节严重的，并处暂停或者撤销相关业务许可。给

投资者造成损失的，应当与发行人承担连带赔偿责任。对直接负责的主管人员和其他直接责任人员给予警告，并处以 50 万元以上 500 万元以下的罚款。

5. 证券公司承销证券违反《证券法》第 29 条规定的，责令改正，给予警告，没收违法所得，可以并处 50 万元以上 500 万元以下的罚款；情节严重的，暂停或者撤销相关业务许可。对直接负责的主管人员和其他直接责任人员给予警告，可以并处 20 万元以上 200 万元以下的罚款；情节严重的，并处 50 万元以上 500 万元以下的罚款。

6. 发行人违反《证券法》第 14、15 条的规定擅自改变公开发行证券所募集资金的用途的，责令改正，处以 50 万元以上 500 万元以下的罚款；对直接负责的主管人员和其他直接责任人员给予警告，并处以 10 万元以上 100 万元以下的罚款。

发行人的控股股东、实际控制人从事或者组织、指使从事上述违法行为的，给予警告，并处以 50 万元以上 500 万元以下的罚款；对直接负责的主管人员和其他直接责任人员，处以 10 万元以上 100 万元以下的罚款。

三、违反证券交易规定的法律责任

1. 违反《证券法》第 36 条的规定，在限制转让期内转让证券，或者转让股票不符合法律、行政法规和国务院证券监督管理机构规定的，责令改正，给予警告，没收违法所得，并处以买卖证券等值以下的罚款。

2. 法律、行政法规规定禁止参与股票交易的人员，违反《证券法》第 40 条的规定，直接或者以化名、借他人名义持有、买卖股票或者其他具有股权性质的证券的，责令依法处理非法持有的股票、其他具有股权性质的证券，没收违法所得，并处以买卖证券等值以下的罚款；属于国家工作人员的，还应当依法给予处分。

3. 证券服务机构及其从业人员，违反《证券法》第 42 条的规定买卖证券的，责令依法处理非法持有的证券，没收违法所得，并处以买卖证券等值以下的罚款。

4. 上市公司、股票在国务院批准的其他全国性证券交易场所交易的公司的董事、监事、高级管理人员、持有该公司 5% 以上股份的股东，违反《证券法》第 44 条的规定，买卖该公司股票或者其他具有股权性质的证券的，给予警告，并处以 10

万元以上 100 万元以下的罚款。

5. 违反《证券法》第 45 条的规定，采取程序化交易影响证券交易所系统安全或者正常交易秩序的，责令改正，并处以 50 万元以上 500 万元以下的罚款。对直接负责的主管人员和其他直接责任人员给予警告，并处以 10 万元以上 100 万元以下的罚款。

6. 证券交易内幕信息的知情人或者非法获取内幕信息的人违反《证券法》第 53 条的规定从事内幕交易的，责令依法处理非法持有的证券，没收违法所得，并处以违法所得 1 倍以上 10 倍以下的罚款；没有违法所得或者违法所得不足 50 万元的，处以 50 万元以上 500 万元以下的罚款。单位从事内幕交易的，还应当对直接负责的主管人员和其他直接责任人员给予警告，并处以 20 万元以上 200 万元以下的罚款。国务院证券监督管理机构工作人员从事内幕交易的，从重处罚。

违反《证券法》第 54 条的规定，利用未公开信息进行交易的，依照前款的规定处罚。

7. 违反《证券法》第 55 条的规定，操纵证券市场的，责令依法处理其非法持有的证券，没收违法所得，并处以违法所得 1 倍以上 10 倍以下的罚款；没有违法所得或者违法所得不足 100 万元的，处以 100 万元以上 1000 万元以下的罚款。单位操纵证券市场的，还应当对直接负责的主管人员和其他直接责任人员给予警告，并处以 50 万元以上 500 万元以下的罚款。

8. 违反《证券法》第 56 条第 1 款、第 3 款的规定，编造、传播虚假信息或者误导性信息，扰乱证券市场的，没收违法所得，并处以违法所得 1 倍以上 10 倍以下的罚款；没有违法所得或者违法所得不足 20 万元的，处以 20 万元以上 200 万元以下的罚款。

违反《证券法》第 56 条第 2 款的规定，在证券交易活动中作出虚假陈述或者信息误导的，责令改正，处以 20 万元以上 200 万元以下的罚款；属于国家工作人员的，还应当依法给予处分。

传播媒介及其从事证券市场信息报道的工作人员违反《证券法》第 56 条第 3 款的规定，从事与其工作职责发生利益冲突的证券买卖的，没收违法所得，并处以买卖证券等值以下的罚款。

9. 证券公司及其从业人员违反《证券法》第

57 条的规定，有损害客户利益的行为的，给予警告，没收违法所得，并处以违法所得 1 倍以上 10 倍以下的罚款；没有违法所得或者违法所得不足 10 万元的，处以 10 万元以上 100 万元以下的罚款；情节严重的，暂停或者撤销相关业务许可。

10. 违反《证券法》第 58 条的规定，出借自己的证券账户或者借用他人的证券账户从事证券交易的，责令改正，给予警告，可以处 50 万元以下的罚款。

四、违反上市公司收购规定的法律责任

收购人未按照证券法规定履行上市公司收购的公告、发出收购要约义务的，责令改正，给予警告，并处以 50 万元以上 500 万元以下的罚款。对直接负责的主管人员和其他直接责任人员给予警告，并处以 20 万元以上 200 万元以下的罚款。

收购人及其控股股东、实际控制人利用上市公司收购，给被收购公司及其股东造成损失的，应当依法承担赔偿责任。

五、违反信息披露义务规定的法律责任

信息披露义务人未按照证券法规定报送有关报告或者履行信息披露义务的，责令改正，给予警告，并处以 50 万元以上 500 万元以下的罚款；对直接负责的主管人员和其他直接责任人员给予警告，并处以 20 万元以上 200 万元以下的罚款。发行人的控股股东、实际控制人组织、指使从事上述违法行为，或者隐瞒相关事项导致发生上述情形的，处以 50 万元以上 500 万元以下的罚款；对直接负责的主管人员和其他直接责任人员，处以 20 万元以上 200 万元以下的罚款。

信息披露义务人报送的报告或者披露的信息有虚假记载、误导性陈述或者重大遗漏的，责令改正，给予警告，并处以 100 万元以上 1000 万元以下的罚款；对直接负责的主管人员和其他直接责任人员给予警告，并处以 50 万元以上 500 万元以下的罚款。发行人的控股股东、实际控制人组织、指使从事上述违法行为，或者隐瞒相关事项导致发生上述情形的，处以 100 万元以上 1000 万元以下的罚款；对直接负责的主管人员和其他直接责任人员，处以 50 万元以上 500 万元以下的罚款。

六、违反投资者保护规定的法律责任

1. 证券公司违反《证券法》第 88 条的规定未履行或者未按照规定履行投资者适当性管理义务

的，责令改正，给予警告，并处以 10 万元以上 100 万元以下的罚款。对直接负责的主管人员和其他直接责任人员给予警告，并处以 20 万元以下的罚款。

2. 违反《证券法》第 90 条的规定征集股东权利的，责令改正，给予警告，可以处 50 万元以下的罚款。

七、违反证券交易场所规定的法律责任

1. 非法开设证券交易场所的，由县级以上人民政府予以取缔，没收违法所得，并处以违法所得 1 倍以上 10 倍以下的罚款；没有违法所得或者违法所得不足 100 万元的，处以 100 万元以上 1000 万元以下的罚款。对直接负责的主管人员和其他直接责任人员给予警告，并处以 20 万元以上 200 万元以下的罚款。

证券交易所违反《证券法》第 105 条的规定，允许非会员直接参与股票的集中交易的，责令改正，可以并处 50 万元以下的罚款。

2. 证券公司违反《证券法》第 107 条第 1 款的规定，未对投资者开立账户提供的身份信息进行核对的，责令改正，给予警告，并处以 5 万元以上 50 万元以下的罚款。对直接负责的主管人员和其他直接责任人员给予警告，并处以 10 万元以下的罚款。

证券公司违反《证券法》第 107 条第 2 款的规定，将投资者的账户提供给他人使用的，责令改正，给予警告，并处以 10 万元以上 100 万元以下的罚款。对直接负责的主管人员和其他直接责任人员给予警告，并处以 20 万元以下的罚款。

八、违反证券公司规定的法律责任

1. 违反《证券法》第 118 条，第 120 条第 1 款、第 4 款的规定，擅自设立证券公司、非法经营证券业务或者未经批准以证券公司名义开展证券业务活动的，责令改正，没收违法所得，并处以违法所得 1 倍以上 10 倍以下的罚款；没有违法所得或者违法所得不足 100 万元的，处以 100 万元以上 1000 万元以下的罚款。对直接负责的主管人员和其他直接责任人员给予警告，并处以 20 万元以上 200 万元以下的罚款。对擅自设立的证券公司，由国务院证券监督管理机构予以取缔。

证券公司违反《证券法》第 120 条第 5 款规定提供证券融资融券服务的，没收违法所得，并处以融资融券等值以下的罚款；情节严重的，禁止其在一定期限内从事证券融资融券业务。对直接负责的

主管人员和其他直接责任人员给予警告，并处以 20 万元以上 200 万元以下的罚款。

2. 提交虚假证明文件或者采取其他欺诈手段骗取证券公司设立许可、业务许可或者重大事项变更核准的，撤销相关许可，并处以 100 万元以上 1000 万元以下的罚款。对直接负责的主管人员和其他直接责任人员给予警告，并处以 20 万元以上 200 万元以下的罚款。

3. 证券公司违反《证券法》第 122 条的规定，未经核准变更证券业务范围，变更主要股东或者公司的实际控制人，合并、分立、停业、解散、破产的，责令改正，给予警告，没收违法所得，并处以违法所得 1 倍以上 10 倍以下的罚款；没有违法所得或者违法所得不足 50 万元的，处以 50 万元以上 500 万元以下的罚款；情节严重的，并处撤销相关业务许可。对直接负责的主管人员和其他直接责任人员给予警告，并处以 20 万元以上 200 万元以下的罚款。

4. 证券公司违反《证券法》第 123 条第 2 款的规定，为其股东或者股东的关联人提供融资或者担保的，责令改正，给予警告，并处以 50 万元以上 500 万元以下的罚款。对直接负责的主管人员和其他直接责任人员给予警告，并处以 10 万元以上 100 万元以下的罚款。股东有过错的，在按照要求改正前，国务院证券监督管理机构可以限制其股东权利；拒不改正的，可以责令其转让所持证券公司股权。

5. 证券公司违反《证券法》第 128 条的规定，未采取有效隔离措施防范利益冲突，或者未分开办理相关业务、混合操作的，责令改正，给予警告，没收违法所得，并处以违法所得 1 倍以上 10 倍以下的罚款；没有违法所得或者违法所得不足 50 万元的，处以 50 万元以上 500 万元以下的罚款；情节严重的，并处撤销相关业务许可。对直接负责的主管人员和其他直接责任人员给予警告，并处以 20 万元以上 200 万元以下的罚款。

6. 证券公司违反《证券法》第 129 条的规定从事证券自营业务的，责令改正，给予警告，没收违法所得，并处以违法所得 1 倍以上 10 倍以下的罚款；没有违法所得或者违法所得不足 50 万元的，处以 50 万元以上 500 万元以下的罚款；情节严重的，并处撤销相关业务许可或者责令关闭。对直接

负责的主管人员和其他直接责任人员给予警告，并处以 20 万元以上 200 万元以下的罚款。

7. 违反《证券法》第 131 条的规定，将客户的资金和证券归入自有财产，或者挪用客户的资金和证券的，责令改正，给予警告，没收违法所得，并处以违法所得 1 倍以上 10 倍以下的罚款；没有违法所得或者违法所得不足 100 万元的，处以 100 万元以上 1000 万元以下的罚款；情节严重的，并处撤销相关业务许可或者责令关闭。对直接负责的主管人员和其他直接责任人员给予警告，并处以 50 万元以上 500 万元以下的罚款。

8. 证券公司违反《证券法》第 134 条第 1 款的规定接受客户的全权委托买卖证券的，或者违反《证券法》第 135 条的规定对客户的收益或者赔偿客户的损失作出承诺的，责令改正，给予警告，没收违法所得，并处以违法所得 1 倍以上 10 倍以下的罚款；没有违法所得或者违法所得不足 50 万元的，处以 50 万元以上 500 万元以下的罚款；情节严重的，并处撤销相关业务许可。对直接负责的主管人员和其他直接责任人员给予警告，并处以 20 万元以上 200 万元以下的罚款。

证券公司违反《证券法》第 134 条第 2 款的规定，允许他人以证券公司的名义直接参与证券的集中交易的，责令改正，可以并处 50 万元以下的罚款。

9. 证券公司的从业人员违反《证券法》第 136 条的规定，私下接受客户委托买卖证券的，责令改正，给予警告，没收违法所得，并处以违法所得 1 倍以上 10 倍以下的罚款；没有违法所得的，处以 50 万元以下的罚款。

10. 证券公司及其主要股东、实际控制人违反《证券法》第 138 条的规定，未报送、提供信息和资料，或者报送、提供的信息和资料有虚假记载、误导性陈述或者重大遗漏的，责令改正，给予警告，并处以 100 万元以下的罚款；情节严重的，并处撤销相关业务许可。对直接负责的主管人员和其他直接责任人员，给予警告，并处以 50 万元以下的罚款。

九、违反证券登记结算机构规定的法律责任

违反《证券法》第 145 条的规定，擅自设立证券登记结算机构的，由国务院证券监督管理机构予以取缔，没收违法所得，并处以违法所得 1 倍以上 10 倍以下的罚款；没有违法所得或者违法所得不

足 50 万元的，处以 50 万元以上 500 万元以下的罚款。对直接负责的主管人员和其他直接责任人员给予警告，并处以 20 万元以上 200 万元以下的罚款。

十、违反证券服务机构规定的法律责任

1. 证券投资咨询机构违反《证券法》第 160 条第 2 款的规定擅自从事证券服务业务，或者从事证券服务业务有《证券法》第 161 条规定行为的，责令改正，没收违法所得，并处以违法所得 1 倍以上 10 倍以下的罚款；没有违法所得或者违法所得不足 50 万元的，处以 50 万元以上 500 万元以下的罚款。对直接负责的主管人员和其他直接责任人员，给予警告，并处以 20 万元以上 200 万元以下的罚款。

2. 会计师事务所、律师事务所以及从事资产评估、资信评级、财务顾问、信息技术系统服务的机构违反《证券法》第 160 条第 2 款的规定，从事证券服务业务未报备案的，责令改正，可以处 20 万元以下的罚款。

3. 证券服务机构违反《证券法》第 163 条的规定，未勤勉尽责，所制作、出具的文件有虚假记载、误导性陈述或者重大遗漏的，责令改正，没收业务收入，并处以业务收入 1 倍以上 10 倍以下的罚款，没有业务收入或者业务收入不足 50 万元的，处以 50 万元以上 500 万元以下的罚款；情节严重的，并处暂停或者禁止从事证券服务业务。对直接负责的主管人员和其他直接责任人员给予警告，并处以 20 万元以上 200 万元以下的罚款。

十一、对证券监督管理机构及其工作人员违法行为的责任追究

1. 国务院证券监督管理机构或者国务院授权的部门有下列情形之一的，对直接负责的主管人员和其他直接责任人员，依法给予处分：（1）对不符合本法规定的发行证券、设立证券公司等申请予以核准、注册、批准的；（2）违反《证券法》规定采取现场检查、调查取证、查询、冻结或者查封等措施的；（3）违反《证券法》规定对有关机构和人员采取监督管理措施的；（4）违反《证券法》规定对有关机构和人员实施行政处罚的；（5）其他不依法履行职责的行为。

2. 国务院证券监督管理机构或者国务院授权的部门的工作人员，不履行本法规定的职责，滥用职权、玩忽职守，利用职务便利牟取不正当利益，

或者泄露所知悉的有关单位和个人的商业秘密的，依法追究法律责任。

十二、违反证券投资基金规定的法律责任

1. 违反《证券投资基金法》规定，未经批准擅自设立基金管理公司或者未经核准从事公开募集基金业务的，由证券监督管理机构予以取缔或者责令改正，没收违法所得，并处违法所得1倍以上5倍以下罚款；没有违法所得或者违法所得不足100万元的，并处10万元以上100万元以下罚款。对直接负责的主管人员和其他直接责任人员给予警告，并处3万元以上30万元以下罚款。

基金管理公司违反《证券投资基金法》的规定，擅自变更持有50%以上股权的股东、实际控制人或者其他重大事项的，责令改正，没收违法所得，并处违法所得1倍以上5倍以下罚款；没有违法所得或者违法所得不足50万元的，并处5万元以上50万元以下罚款。对直接负责的主管人员给予警告，并处3万元以上10万元以下罚款。

2. 基金管理人的董事、监事、高级管理人员和其他从业人员，基金托管人的专门基金托管部门的高级管理人员和其他从业人员，未按相关法律规定申报的，责令改正，处3万元以上10万元以下罚款。基金管理人、基金托管人违反《证券投资基金法》第17条第2款规定的，责令改正，处10万元以上100万元以下罚款；对直接负责的主管人员和其他直接责任人员给予警告，暂停或者撤销基金从业资格，并处3万元以上30万元以下罚款。

3. 基金管理人的董事、监事、高级管理人员和其他从业人员，基金托管人的专门基金托管部门的高级管理人员和其他从业人员违反《证券投资基金法》第18条规定的，责令改正，没收违法所得，并处违法所得1倍以上5倍以下罚款；没有违法所得或者违法所得不足100万元的，并处10万元以上100万元以下罚款；情节严重的，撤销基金从业资格。

4. 基金管理人、基金托管人违反《证券投资基金法》规定，未对基金财产实行分别管理或者分账保管，责令改正，处5万元以上50万元以下罚款；对直接负责的主管人员和其他直接责任人员给予警告，暂停或者撤销基金从业资格，并处3万元以上30万元以下罚款。

5. 基金管理人、基金托管人及其董事、监事、高级管理人员和其他从业人员有《证券投资基金法》第20条所列行为之一的，责令改正，没收违法所得，并处违法所得1倍以上5倍以下罚款；没有违法所得或者违法所得不足100万元的，并处10万元以上100万元以下罚款；基金管理人、基金托管人有上述行为的，还应当对其直接负责的主管人员和其他直接责任人员给予警告，暂停或者撤销基金从业资格，并处3万元以上30万元以下罚款。基金管理人、基金托管人及其董事、监事、高级管理人员和其他从业人员侵占、挪用基金财产而取得的财产和收益，归入基金财产。但是，法律、行政法规另有规定的，依照其规定。

6. 基金管理人的股东、实际控制人违反《证券投资基金法》第23条规定的，责令改正，没收违法所得，并处违法所得1倍以上5倍以下罚款；没有违法所得或者违法所得不足100万元的，并处10万元以上100万元以下罚款；对直接负责的主管人员和其他直接责任人员给予警告，暂停或者撤销基金或证券从业资格，并处3万元以上30万元以下罚款。

7. 未经核准，擅自从事基金托管业务的，责令停止，没收违法所得，并处违法所得1倍以上5倍以下罚款；没有违法所得或者违法所得不足100万元的，并处10万元以上100万元以下罚款；对直接负责的主管人员和其他直接责任人员给予警告，并处3万元以上30万元以下罚款。

8. 基金管理人、基金托管人违反《证券投资基金法》规定，相互出资或者持有股份的，责令改正，可以处10万元以下罚款。

9. 违反《证券投资基金法》规定，擅自公开或者变相公开募集基金的，责令停止，返还所募资金和加计的银行同期存款利息，没收违法所得，并处所募资金金额1%以上5%以下罚款。对直接负责的主管人员和其他直接责任人员给予警告，并处5万元以上50万元以下罚款。

10. 违反《证券投资基金法》第59条规定，动用募集的资金的，责令返还，没收违法所得，并处违法所得1倍以上5倍以下罚款；没有违法所得或者违法所得不足50万元的，并处5万元以上50万元以下罚款；对直接负责的主管人员和其他直接责任人员给予警告，并处3万元以上30万元以下罚款。

11. 基金管理人、基金托管人有《证券投资基金法》第73条第1款第1项至第5项和第7项所列行为之一，或者违反该法第73条第2款规定的，责令改正，处10万元以上100万元以下罚款；对直接负责的主管人员和其他直接责任人员给予警告，暂停或者撤销基金从业资格，并处3万元以上30万元以下罚款。基金管理人、基金托管人有前款行为，运用基金财产而取得的财产和收益，归入基金财产。但是，法律、行政法规另有规定的，依照其规定。

12. 基金管理人、基金托管人有《证券投资基金法》第73条第1款第6项规定行为的，除依照《证券法》的有关规定处罚外，对直接负责的主管人员和其他直接责任人员暂停或者撤销基金从业资格。

13. 基金信息披露义务人不依法披露基金信息或者披露的信息有虚假记载、误导性陈述或者重大遗漏的，责令改正，没收违法所得，并处10万元以上100万元以下罚款；对直接负责的主管人员和其他直接责任人员给予警告，暂停或者撤销基金从业资格，并处3万元以上30万元以下罚款。

14. 基金管理人或者基金托管人不按照规定召集基金份额持有人大会的，责令改正，可以处5万元以下罚款；对直接负责的主管人员和其他直接责任人员给予警告，暂停或者撤销基金从业资格。

15. 违反《证券投资基金法》规定，未经登记，使用"基金"或者"基金管理"字样或近似名称进行证券投资活动的，没收违法所得，并处违法所得1倍以上5倍以下罚款；没有违法所得或者违法所得不足100万元的，并处10万元以上100万元以下罚款。对直接负责的主管人员和其他直接责任人员给予警告，并处3万元以上30万元以下罚款。

16. 违反《证券投资基金法》规定，非公开募集基金募集完毕，基金管理人未备案的，处10万元以上30万元以下罚款。对直接负责的主管人员和其他直接责任人员给予警告，并处3万元以上10万元以下罚款。

17. 违反《证券投资基金法》规定，向合格投资者之外的单位或者个人非公开募集资金或者转让基金份额的，没收违法所得，并处违法所得1倍以上5倍以下罚款；没有违法所得或者违法所得不足100万元的，并处10万元以上100万元以下罚款。对直接负责的主管人员和其他直接责任人员给予警

告，并处3万元以上30万元以下罚款。

18. 违反《证券投资基金法》规定，擅自从事公开募集基金的基金服务业务的，责令改正，没收违法所得，并处违法所得1倍以上5倍以下罚款；没有违法所得或者违法所得不足30万元的，并处10万元以上30万元以下罚款。对直接负责的主管人员和其他直接责任人员给予警告，并处3万元以上10万元以下罚款。

19. 基金销售机构未向投资人充分揭示投资风险并误导其购买与其风险承受能力不相当的基金产品的，处10万元以上30万元以下罚款；情节严重的，责令其停止基金服务业务。对直接负责的主管人员和其他直接责任人员给予警告，撤销基金从业资格，并处3万元以上10万元以下罚款。

20. 基金销售支付机构未按照规定划付基金销售结算资金的，处10万元以上30万元以下罚款；情节严重的，责令其停止基金服务业务。对直接负责的主管人员和其他直接责任人员给予警告，撤销基金从业资格，并处3万元以上10万元以下罚款。

21. 挪用基金销售结算资金或者基金份额的，责令改正，没收违法所得，并处违法所得1倍以上5倍以下罚款；没有违法所得或者违法所得不足100万元的，并处10万元以上100万元以下罚款。对直接负责的主管人员和其他直接责任人员给予警告，并处3万元以上30万元以下罚款。

22. 基金份额登记机构未妥善保存或者备份基金份额登记数据的，责令改正，给予警告，并处10万元以上30万元以下罚款；情节严重的，责令其停止基金服务业务。对直接负责的主管人员和其他直接责任人员给予警告，撤销基金从业资格，并处3万元以上10万元以下罚款。基金份额登记机构隐匿、伪造、篡改、毁损基金份额登记数据的，责令改正，处10万元以上100万元以下罚款，并责令其停止基金服务业务。对直接负责的主管人员和其他直接责任人员给予警告，撤销基金从业资格，并处3万元以上30万元以下罚款。

23. 基金投资顾问机构、基金评价机构及其从业人员违反《证券投资基金法》规定开展投资顾问、基金评价服务的，处10万元以上30万元以下罚款；情节严重的，责令其停止基金服务业务。对直接负责的主管人员和其他直接责任人员给予警告，撤销基金从业资格，并处3万元以上10万元以下罚款。

24. 信息技术系统服务机构未按照规定向国务院证券监督管理机构提供相关信息技术系统资料，或者提供的信息技术系统资料虚假、有重大遗漏的，责令改正，处 3 万元以上 10 万元以下罚款。对直接负责的主管人员和其他直接责任人员给予警告，并处 1 万元以上 3 万元以下罚款。

25. 会计师事务所、律师事务所未勤勉尽责，所出具的文件有虚假记载、误导性陈述或者重大遗漏的，责令改正，没收业务收入，暂停或者撤销相关业务许可，并处业务收入 1 倍以上 5 倍以下罚款。对直接负责的主管人员或其他直接责任人员给予警告，并处 3 万元以上 10 万元以下罚款。

26. 基金服务机构未建立应急等风险管理制度和灾难备份系统，或者泄露与基金份额持有人、基金投资运作相关的非公开信息的，处 10 万元以上 30 万元以下罚款；情节严重的，责令其停止基金服务业务。对直接负责的主管人员和其他直接责任人员给予警告，撤销基金从业资格，并处 3 万元以上 10 万元以下罚款。

27. 违反《证券投资基金法》规定，给基金财产、基金份额持有人或者投资人造成损害的，依法承担赔偿责任。基金管理人、基金托管人在履行各自职责的过程中，违反法律规定或者基金合同约定，给基金财产或者基金份额持有人造成损害的，应当分别对各自的行为依法承担赔偿责任；因共同行为给基金财产或者基金份额持有人造成损害的，应当承担连带赔偿责任。

28. 证券监督管理机构工作人员玩忽职守、滥用职权、徇私舞弊或者利用职务上的便利索取或者收受他人财物的，依法给予行政处分。

29. 拒绝、阻碍证券监督管理机构及其工作人员依法行使监督检查、调查职权未使用暴力、威胁方法的，依法给予治安管理处罚。

30. 违反法律、行政法规或者国务院证券监督管理机构的有关规定，情节严重的，国务院证券监督管理机构可以对有关责任人员采取证券市场禁入的措施。

31. 违反《证券投资基金法》规定，构成犯罪的，依法追究刑事责任。

32. 违反《证券投资基金法》规定，应当承担民事赔偿责任和缴纳罚款、罚金，其财产不足以同时支付时，先承担民事赔偿责任。

33. 依照《证券投资基金法》规定，基金管理人、基金托管人、基金服务机构应当承担的民事赔偿责任和缴纳的罚款、罚金，由基金管理人、基金托管人、基金服务机构以其固有财产承担。依法收缴的罚款、罚金和没收的违法所得，应当全部上缴国库。

▶▶▶ 新增考点 19 不要式合同【第八章第二节　保险合同总论】

保险合同是不要式合同。要式合同是指法律要求合同的成立必须采用特定的方式的合同，不要式合同则是指不要求采用特定方式的合同。根据《保险法》第 13 条的规定，投保人提出保险要求，经保险人同意承保，保险合同成立。保险人应当及时向投保人签发保险单或者其他保险凭证。根据这一规定，保险合同的成立取决于投保人与保险人之间的合意，而无须采用或履行特定方式，所以，保险合同属于不要式合同。保险人签发保单或其他保险凭证的行为是履行合同的行为，而非合同成立的要件。

经 济 法

▶▶▶ 新增考点 1 土地管理法的基本原则【第五章第一节　土地管理法】

1. 土地公有制原则。我国实行土地的社会主义公有制，即全民所有制和劳动群众集体所有制。全民所有，即国家所有。我国的土地管理制度是在土地的社会主义公有制前提下，依托土地所有权和土地使用权的产权架构，通过市场机制和政府管理的作用，为社会经济可持续发展建立的土地资源分配、开发、利用和保护的规则体系和治理体系。土地公有制在土地管理法上的主要体现为：（1）土地所有权归公。城市市区的土地属于国家所有；农村和城市郊区的土地，除由法律规定属于国家所有的以外，属于农民集体所有；农村的宅基地和自留地、自留山，属于农民集体所有。（2）土地使用在民。我国禁止侵占、买卖或者以其他形式非法转让土地。民事主体不能通过事实行为或者法律行为取得土地所有权。但是，国有土地和农民集体所有的土地可以依法确定给单位或者个人使用。土地使用权可以依法转让。（3）公共利益优先。国家为了公共利益的需要，可以依法对土地实行征收或者征用并给予补偿。（4）国有土地有偿使用。除了在法定范围内无偿划拨使用的情形外，国家实行国有土地有偿使用制度。

2. 土地合理利用原则。我国将十分珍惜、合理利用土地和切实保护耕地作为基本国策，要求各级政府采取措施，全面规划，严格管理，保护、开发土地资源，制止非法占用土地的行为。

3. 土地用途管制原则，土地管理法将土地按用途分为三类：（1）农用地，指直接用于农业生产的土地，包括耕地、林地、草地、农田水利用地、养殖水面等；（2）建设用地，指建造建筑物、构筑物的土地，包括城乡住宅和公共设施用地、工矿用地、交通水利设施用地、旅游用地、军事设施用地等；（3）未利用地，指农用地和建设用地以外的土地。我国实行土地用途管制制度，国家编制土地利用总体规划，规定土地用途，严格限制农用地转为建设用地，控制建设用地总量，对耕地实行特殊保护。使用土地的单位和个人必须严格按照土地利用总体规划确定的用途使用土地。

▶▶▶ 新增考点2　土地使用权【第五章第一节　土地管理法】

一、概述

国有土地和农民集体所有的土地，可以依法确定给单位或者个人使用。土地使用权在民法上属于用益物权。土地使用权人享有按照规定用途对国家所有或者集体所有的土地进行占有、使用和收益的权利，并有权以依法转让或者其他合法方式处分其土地使用权益。同时，土地使用权人负有保护、管理和合理利用土地的义务。

土地使用权按照权利来源分为国有土地使用权和集体土地使用权，按照用途分为农用地使用权和建设用地使用权。农用地使用权按照权利来源分为国有农用地使用权和土地承包经营权。建设用地使用权按照权利来源分为国有建设用地使用权和集体建设用地使用权。

荒山、荒沟、荒丘、荒滩和荒漠化土地等未利用土地，可以设立农地使用权和建设用地使用权。

二、农用地使用权

1. 农用地使用权的承包取得

农民集体所有和国家所有依法由农民集体使用的耕地、林地、草地，以及其他依法用于农业的土地，采取农村集体经济组织内部的家庭承包方式承包，不宜采取家庭承包方式的荒山、荒沟、荒丘、荒滩等可以采取招标、拍卖、公开协商等方式承包，从事种植业、林业、畜牧业、渔业生产。家庭承包的耕地的承包期为 30 年，草地的承包期为 30 年至 50 年，林地的承包期为 30 年至 70 年；耕地承包期届满后再延长 30 年，草地、林地承包期届满后依法相应延长。

国家所有依法用于农业的土地可以由单位或者个人承包经营，从事种植业、林业、畜牧业、渔业生产。发包方和承包方应当依法订立承包合同，约定双方的权利和义务。承包方有保护和按照承包合同约定的用途合理利用土地的义务。

2. 农用地使用权的开发取得

开发未确定使用权的国有荒山、荒地、荒滩从事种植业、林业、畜牧业、渔业生产的，经县级以上人民政府依法批准，可以确定给开发单位或者个人长期使用。开垦未利用的土地，必须经过科学论证和评估，在土地利用总体规划划定的可开垦的区域内，经依法批准后进行。禁止毁坏森林、草原开垦耕地，禁止围湖造田和侵占江河滩地。

三、建设用地使用权

1. 国有建设用地使用权

根据国有土地有偿使用原则，建设单位使用国有土地，应当按照国务院规定的标准和办法，通过出让、出租等有偿方式，在缴纳土地使用权出让金等土地有偿使用费和其他费用后，取得国有土地使用权。

作为有偿使用原则的例外，下列建设用地可以经县级以上人民政府依法批准，以划拨方式取得：（1）国家机关用地和军事用地；（2）城市基础设施用地和公益事业用地；（3）国家重点扶持的能源、交通、水利等基础设施用地；（4）法律、行政法规规定的其他用地。

有下列情形之一的，由有关人民政府自然资源主管部门报经原批准用地的人民政府或者有批准权的人民政府批准，可以收回国有土地使用权：（1）为实施城市规划进行旧城区改建以及其他公共利益需要，确需使用土地的；（2）土地出让等有偿使用合同约定的使用期限届满，土地使用者未申请续期或者申请续期未获批准的；（3）因单位撤销、迁移等原因，停止使用原划拨的国有土地的；（4）公路、铁路、机场、矿场等经核准报废的。其中，依照第1项规定收回国有土地使用权的，对土地使用权人应当给予适当补偿。

2. 集体建设用地使用权

土地利用总体规划、城乡规划确定为工业、商业等经营性用途，并经依法登记的集体经营性建设用地，土地所有权人可以通过出让、出租等方式交由单位或者个人使用，并应当签订书面合同，载明土地界址、面积、动工期限、使用期限、土地用途、规划条件和双方其他权利义务。依此规定设定集体经营性建设用使用权的，应当经本集体经济组织成员的村民会议2/3以上成员或者2/3以上村民代表的同意。集体建设用地的使用者应当严格按照土地利用总体规划、城乡规划确定的用途使用土地。

有下列情形之一的，农村集体经济组织报经原批准用地的人民政府批准，可以收回土地使用权：（1）为乡（镇）村公共设施和公益事业建设，需要使用土地的；（2）不按照批准的用途使用土地的；（3）因撤销、迁移等原因而停止使用土地的。依第1种情形收回土地的，应当给予土地使用权人适当补偿。除法律、行政法规另有规定的外，集体经营性建设用地使用权可以依照双方签订的书面合同收回。

3. 农村宅基地使用权

农村宅基地是用于保障农村村民居住的特殊的集体建设用地。其使用权人依法对宅基地享有占有和使用的权利，有权依法利用宅基地建造住宅及其附属设施。

农村村民一户只能拥有一处宅基地（"一户一宅"原则），其宅基地的面积不得超过省、自治区、直辖市规定的标准。人均土地少、不能保障"一户一宅"的地区，县级人民政府在充分尊重农村村民意愿的基础上，可以采取措施，按照省、自治区、直辖市规定的标准保障农村村民实现户有所居。

农村村民住宅用地，由乡（镇）人民政府审核批准；其中，涉及占用农用地的，应当依法办理审批手续。农村村民出卖、出租、赠与住宅后，再申请宅基地的，不予批准。国务院农业农村主管部门负责全国农村宅基地改革和管理有关工作。

国家允许进城落户的农村村民依法自愿有偿退出宅基地，鼓励农村集体经济组织及其成员盘活利用闲置宅基地和闲置住宅。

四、建设用地使用权流转制度

1. 制度沿革。在改革试点的基础上，2019年修改的《土地管理法》废除了原有"农民集体所有的土地的使用权不得出让、转让或者出租用于非农业建设"的规定，建立了集体经营性建设用地流转的法律框架。

2. 国有建设用地流转。国有建设用地使用权的转让、互换、出资、赠与或者抵押，适用《城市房地产管理法》等法律的规定。

3. 集体经营性建设用地流转。通过出让等方式取得的集体经营性建设用地使用权可以转让、互换、出资、赠与或者抵押，但法律、行政法规另有规定或者土地所有权人、土地使用权人签订的书面合同另有约定的除外。集体经营性建设用地的出租，集体建设用地使用权的出让及其最高年限、转让、互换、出资、赠与、抵押等，参照同类用途的国有建设用地执行。具体办法由国务院制定。

▶▶▶ 新增考点3　土地规划制度【第五章第一节　土地管理法】

一、土地利用总体规划

1. 概念

土地利用总体规划是指各级人民政府在一定的规划区域内，依据国民经济和社会发展规划、国土整治和资源环境保护的要求、土地供给能力以及各项建设对土地的需求，对土地的开发、利用、治理、保护在空间上、时间上所作的总体安排和布局，是国家实行土地用途管制的基础。土地利用总体规划列各主要用地部门的用地规模提出控制性指标，划分土地利用区域，确定实施规划的方针政策和措施，是编制地区和专项土地利用规划以及审批土地的依据。

2. 编制体系和基本要求

土地利用总体规划实行从国务院到地方各级人民政府分级编制、分级审批的体制。下级土地利用总体规划应当依据上一级土地利用总体规划编制。省级土地利用总体规划报国务院批准。省级人民政府所在地的市、人口在100万以上的城市以及国务院指定的城市的土地利用总体规划，经省、自治区人民政府审查同意后，报国务院批准。除此之外的土地利用总体规划，逐级上报省级人民政府批准；其中，乡（镇）土地利用总体规划可以由省级人民政府授权的设区的市、自治州人民政府批准。

地方各级人民政府编制的土地利用总体规划中的建设用地总量不得超过上一级土地利用总体规划确定的控制指标，耕地保有量不得低于上一级土地利用总体规划确定的控制指标。省级人民政府编制的土地利用总体规划，应当确保本行政区域内耕地总量不减少。

县级土地利用总体规划应当划分土地利用区，明确土地用途。乡（镇）土地利用总体规划应当划分土地利用区，根据土地使用条件，确定每一块土地的用途，并予以公告。

3. 编制原则

土地利用总体规划按照下列原则编制：（1）落实国土空间开发保护要求，严格土地用途管制；（2）严格保护永久基本农田，严格控制非农业建设占用农用地；（3）提高土地节约集约利用水平；（4）统筹安排城乡生产、生活、生态用地，满足乡村产业和基础设施用地合理需求，促进城乡融合发展；（5）保护和改善生态环境，保障土地的可持续利用；（6）占用耕地与开发复垦耕地数量平衡、质量相当。

4. 规划的约束力

土地利用总体规划一经批准，必须严格执行。

城市总体规划、村庄和集镇规划，应当与土地利用总体规划相衔接，其中的建设用地规模不得超过土地利用总体规划确定的城市和村庄、集镇建设用地规模。在城市规划区内、村庄和集镇规划区内，城市和村庄、集镇建设用地应当符合城市规划、村庄和集镇规划。

各级人民政府应当根据国民经济和社会发展计划、国家产业政策、土地利用总体规划以及建设用地和土地利用的实际状况编制土地利用年度计划，加强土地利用计划管理，实行建设用地总量控制。省级人民政府应当将土地利用年度计划的执行情况列为国民经济和社会发展计划执行情况的内容，向同级人民代表大会报告。

集体建设用地的使用者应当严格按照土地利用总体规划、城乡规划确定的用途使用土地。乡镇企业、乡（镇）村公共设施、公益事业、农村村民住宅等乡（镇）村建设，应当按照村庄和集镇规划，合理布局，综合开发，配套建设；建设用地，应当符合乡（镇）土地利用总体规划和土地利用年度计划，并按建设用地管理制度的相关规定办理审批手续。

二、国土空间规划

2019年修改的《土地管理法》增设规定：国家建立国土空间规划体系。编制国土空间规划应当坚持生态优先，绿色、可持续发展，科学有序统筹安排生态、农业、城镇等功能空间，优化国土空间结构和布局，提升国土空间开发、保护的质量和效率。经依法批准的国土空间规划是各类开发、保护、建设活动的基本依据。已经编制国土空间规划的，不再编制土地利用总体规划和城乡规划。

三、规划管理配套制度

1. 国家建立土地调查制度。县级以上人民政府自然资源主管部门会同同级有关部门进行土地调查，并根据土地调查成果、规划土地用途和国家制定的统一标准，评定土地等级。土地所有者、使用者应当配合调查，并提供有关资料。

2. 国家建立土地统计制度。县级以上人民政府统计机构和自然资源主管部门依法进行土地统计调查，定期发布土地统计资料；其共同发布的土地面积统计资料是各级人民政府编制土地利用总体规划的依据。土地所有者或者使用者应当提供有关资料，不得拒报、迟报，不得提供不真实、不完整的资料。

3. 国家建立全国土地管理信息系统，对土地利用状况进行动态监测。

一、耕地保护的基本政策

1. 保持耕地总量

2. 提高耕地质量

3. 扩大耕地增量

二、耕地保护的政府责任制

为了落实土地利用总体规划中的耕地保护要求，省、自治区、直辖市人民政府应当严格执行土地利用总体规划和土地利用年度计划，采取措施，确保本行政区域内耕地总量不减少、质量不降低。耕地总量减少的，由国务院责令在规定期限内组织开垦与所减少耕地的数量与质量相当的耕地；耕地质量降低的，由国务院责令在规定期限内组织整治。新开垦和整治的耕地由国务院自然资源主管部门会同农业农村主管部门验收。

三、永久基本农田保护制度

1. 永久基本农田的划定

国家实行永久基本农田保护制度。下列耕地应当根据土地利用总体规划划为永久基本农田，实行严格保护：（1）经国务院农业农村主管部门或者县级以上地方人民政府批准确定的粮、棉、油、糖等重要农产品生产基地内的耕地；（2）有良好的水利与水土保持设施的耕地，正在实施改造计划以及可以改造的中、低产田和已建成的高标准农田；（3）蔬菜生产基地；（4）农业科研、教学试验田；（5）国务院规定应当划为永久基本农田的其他耕地。各省、自治区、直辖市划定的永久基本农田一般应当占本行政区域内耕地的80%以上，具体比例由国务院规定。

永久基本农田划定以乡（镇）为单位进行，由县级人民政府自然资源主管部门会同同级农业农村主管部门组织实施。永久基本农田应当落实到地块，纳入国家永久基本农田数据库严格管理。乡（镇）人民政府应当将永久基本农田的位置、范围向社会公告，并设立保护标志。

2. 永久基本农田的保护

永久基本农田经依法划定后，任何单位和个人不得擅自占用或者改变其用途。国家能源、交通、水利、军事设施等重点建设项目选址确实难以避让永久基本农田，涉及农地转用或者土地征收的，必须经国务院批准。

禁止通过擅自调整县级土地利用总体规划、乡（镇）土地利用总体规划等方式规避永久基本农田农地转用或者土地征收的审批。禁止占用永久基本农田发展林果业和挖塘养鱼。农村村民建住宅，不得占用永久基本农田。

一、农地转用审批制度

建设占用土地，涉及农用地转为建设用地的，应当办理农地转用审批手续。审批权限划分如下：

1. 永久基本农田转为建设用地的，由国务院批准。

2. 永久基本农田以外的农用地转为建设用地的，分为两种情形：（1）在土地利用总体规划确定的城市和村庄、集镇建设用地规模范围内，为实施该规划所需的，按土地利用年度计划分批次按照国务院规定由原批准土地利用总体规划的机关或者其授权的机关批准；在已批准的农地转用范围内，具体建设项目用地可以由市、县人民政府批准。（2）在土地利用总体规划确定的城市和村庄、集镇建设用地规模范围以外的，由国务院或者国务院授权的省、自治区、直辖市人民政府批准。

二、土地征收制度

国家为了公共利益的需要，确需征收农民集体所有的土地的，可以对农民集体所有的土地进行征收。土地征收由政府依照法律规定的条件和程序实施。

2019年对《土地管理法》关于土地征收的规定进行了重大修改。

1. 土地征收条件

实施土地征收，必须确实是为公共利益所需要，即具备下列法定情形之一：（1）军事和外交需要用地的；（2）由政府组织实施的能源、交通、水利、通信、邮政等基础设施建设需要用地的；（3）由政府组织实施的科技、教育、文化、卫生、体育、生态环境和资源保护、防灾减灾、文物保护、社区综合服务、社会福利、市政公用、优抚安置、英烈保护等公共事业需要用地的；（4）由政府组织实施的扶贫搬迁、保障性安居工程建设需要用地的；（5）在土地利用总体规划确定的城镇建设用地范围内，经省级以上人民政府批准由县级以上地方人民政府组织实施的成片开发建设需要用地的；（6）法律规定为公共利益需要可以征收农民集体所有的土地的其他情形。

上述征地需求，必须符合以下条件：首先，各项建设活动均符合国民经济和社会发展规划、土地利用总体规划、城乡规划和专项规划；其次，上述第1项、第5项规定的建设活动还应当纳入国民经济和社会发展年度计划；最后，第5项规定的成片开发还应当符合国务院自然资源主管部门规定的标准。

2. 征地审批

征收土地的审批权限分为国务院和省级人民政府两级。下列土地的征收，须经国务院批准：（1）永久基本农田；（2）永久基本农田以外的耕地超过35公顷的；（3）其他土地超过70公顷的。此范围以外的土地征收，由省级人民政府批准。

征收农用地的，应当先行办理农地转用审批。其中，经国务院批准农地转用的，同时办理征地审批手续，不再另行办理征地审批；经省级人民政府在征地批准权限内批准农地转用的，同时办理征地审批手续，不再另行办理征地审批，超过征地批准权限的，应当依照上述关于国务院批准情形的规定另行办理征地审批。

征收土地依法定程序批准后，由县级以上地方人民政府予以公告并组织实施。

3. 征地申请前期工作

县级以上地方人民政府拟申请征收土地的，应当开展拟征收土地现状调查和社会稳定风险评估，并将征收范围、土地现状、征收目的、补偿标准、安置方式和社会保障等在拟征收土地所在的乡（镇）和村、村民小组范围内公告至少30日，听取被征地的农村集体经济组织及其成员、村民委员会和其他利害关系人的意见。多数被征地的农村集体经济组织成员认为征地补偿安置方案不符合法律、法规规定的，县级以上地方人民政府应当组织召开听证会，并根据法律、法规的规定和听证会情况修改方案。

拟征收土地的所有权人、使用权人应当在公告规定期限内，持不动产权属证明材料办理补偿登记。县级以上地方人民政府应当组织有关部门测算并落实有关费用，保证足额到位，与拟征收土地的所有权人、使用权人就补偿、安置等签订协议；个别确实难以达成协议的，应当在申请征收土地时如实说明。

相关前期工作完成后，县级以上地方人民政府方可申请征收土地。

4. 征地补偿

（1）总体要求。征收土地应当给予公平、合理的补偿，保障被征地农民原有生活水平不降低、长远生计有保障。

（2）农地征收补偿。征收土地应当依法及时足额支付土地补偿费、安置补助费以及农村村民住宅、其他地上附着物和青苗等的补偿费用，并安排被征地农民的社会保障费用。征收农用地的土地补偿费、安置补助费标准由省、自治区、直辖市通过制定公布区片综合地价确定。制定区片综合地价应当综合考虑土地原用途、土地资源条件、土地产值、土地区位、土地供求关系、人口以及经济社会发展水平等因素，并至少每3年调整或者重新公布一次。

（3）非农地征收补偿。征收农用地以外的其他土地、地上附着物和青苗等的补偿标准，由省、自治区、直辖市制定。对其中的农村村民住宅，应当按照先补偿后搬迁、居住条件有改善的原则，尊重农村村民意愿，采取重新安排宅基地建房、提供安置房或者货币补偿等方式给予公平、合理的补偿，并对因征收造成的搬迁、临时安置等费用予以补偿，保障农村村民居住的权利和合法的住房财产权益。

（4）社会保障。县级以上地方人民政府应当将被征地农民纳入相应的养老等社会保障体系。被征地农民的社会保障费用主要用于符合条件的被征地农民的养老保险等社会保险缴费补贴。

（5）补偿监督。被征地的农村集体经济组织应当将征收土地的补偿费用的收支状况向本集体经济组织的成员公布，接受监督。禁止侵占、挪用被征收土地单位的征地补偿费用和其他有关费用。

三、建设用地使用管理

1. 国有建设用地管理。建设单位使用国有土地的，应当按照土地使用权出让等有偿使用合同的约定或者土地使用权划拨批准文件的规定使用土地；确需改变该幅土地建设用途的，应当经有关人民政府自然资源主管部门同意，报原批准用地的人民政府批准。其中，在城市规划区内改变土地用途的，在报批前，应当先经有关城市规划行政主管部门同意。

2. 集体建设用地管理。（1）经营性建设用地。农村集体经济组织使用乡（镇）土地利用总体规划确定的建设用地兴办企业或者与其他单位、个人以土地使用权入股、联营等形式共同举办企业的，应当持有关批准文件，向县级以上地方人民政府自然资源主管部门提出申请，按照省、自治区、直辖市规定的批准权限，由县级以上地方人民政府批准。（2）公益性建设用地。乡（镇）村公共设施、公益事业建设，需要使用土地的，经乡（镇）人民政府审核，向县级以上地方人民政府自然资源主管部门提出申请，按照省、自治区、直辖市规定的批准权限，由县级以上地方人民政府批准。以上建设项目中涉及占用农用地的，应当办理农地转用审批手续。

3. 临时用地管理。建设项目施工和地质勘查需要临时使用国有土地或者农民集体所有的土地的，由县级以上人民政府自然资源主管部门批准。其中，在城市规划区内的临时用地，在报批前，应当先经有关城市规划行政主管部门同意。土地使用者应当根据土地权属，与有关自然资源主管部门或者农村集体经济组织、村民委员会签订临时使用土地合同，并按照合同的约定支付临时使用土地补偿费。临时使用土地的使用者应当按照临时使用土地合同约定的用途使用土地，并不得修建永久性建筑物。临时使用土地期限一般不超过2年。

▶▶▶ 新增考点6　监督检查制度【第五章第一节　土地管理法】

一、监督检查机关

对违反土地管理法律、法规的行为，由县级以上人民政府自然资源主管部门进行监督检查。

对违反农村宅基地管理法律、法规的行为，由县级以上人民政府农业农村主管部门进行监督检查。

二、监督检查措施

监督检查机关履行监督检查职责时，有权采取下列措施：（1）要求被检查的单位或者个人提供有关土地权利的文件和资料，进行查阅或者予以复制；（2）要求被检查的单位或者个人就有关土地权利的问题作出说明；（3）进入被检查单位或者个人非法占用的土地现场进行勘测；（4）责令非法占用土地的单位或者个人停止违反土地管理法律、法规的行为。

土地管理监督检查人员履行职责，需要进入现场进行勘测、要求有关单位或者个人提供文件、资料和作出说明的，应当出示土地管理监督检查证件。有关单位和个人对土地管理监督检查机关就土地违法行为进行的监督检查应当支持与配合，并提供工作方便，不得拒绝与阻碍土地管理监督检查人员依法执行职务。

三、违法行为查处

监督检查机关在监督检查工作中发现的违法行为，按以下两类情形予以查处：（1）对国家工作人员的违法行为，依法应予处分的，应当依法予以处理；自己无权处理的，应当依法移送监察机关或者有关机关处理。（2）对土地违法行为，构成犯罪的，应当将案件移送有关机关，依法追究刑事责任；尚不构成犯罪的，应当依法给予行政处罚。

对于应予行政处罚的行为，监督检查机关不给予行政处罚的，上级主管部门有权责令该机关作出行政处罚决定或者直接给予行政处罚，并给予该机关负责人处分。

▶▶▶ 新增考点7　法律责任和争议处理【第五章第一节　土地管理法】

一、违反土地管理法的法律责任

1. 妨碍土地流转秩序的法律责任

（1）买卖或者以其他形式非法转让土地的，由县级以上人民政府自然资源主管部门没收违法所得；对违反土地利用总体规划擅自将农用地改为建设用地的，限期拆除在非法转让的土地上新建的建筑物和其他设施，恢复土地原状，对符合土地利用总体规划的，没收在非法转让的土地上新建的建筑物和其他设施，可以并处罚款；对直接负责的主管人员和其他直接责任人员，依法给予处分；构成犯罪的，依法追究刑事责任。

（2）擅自将农民集体所有的土地通过出让、转让或者出租等方式用于非农业建设的，或者违反《土地管理法》规定，将集体经营性建设用地通过出让、出租等方式交由单位或者个人使用的，由县级以上人民政府自然资源主管部门责令限期改正，没收违法所得，并处罚款。

2. 违反土地产权秩序的法律责任

（1）未经批准或者采取欺骗手段骗取批准，非法占用土地的，由县级以上人民政府自然资源主管部门责令退还非法占用的土地；对违反土地利用总体规划擅自将农用地改为建设用地，限期拆除在非法占用的土地上新建的建筑物和其他设施，恢复土地原状，对符合土地利用总体规划的，没收在非法占用的土地上新建的建筑物和其他设施，可以并处罚款；对非法占用土地单位的直接负责的主管人员和其他直接责任人员，依法给予处分；构成犯罪的，依法追究刑事责任。超过批准的数量占用土地，多占的土地以非法占用土地论处。

（2）农村村民未经批准或者采取欺骗手段骗取批准，非法占用土地新建住宅的，由县级以上人民政府农业农村主管部门责令退还非法占用的土地，限期拆除在非法占用的土地上新建的房屋。超过省、自治区、直辖市规定的标准，多占的土地以非法占用土地论处。

（3）责令限期拆除在非法占用的土地上新建的建筑物和其他设施的，建设单位或者个人必须立即停止施工，自行拆除；对继续施工的，作出处罚决定的机关有权制止。建设单位或者个人对责令限期拆除的行政处罚决定不服的，可以自接到责令限期拆除决定之日起 15 日内，向人民法院起诉；期满不起诉又不自行拆除的，由作出处罚决定的机关依法申请人民法院强制执行，费用由违法者承担。

（4）依法收回国有土地使用权当事人拒不交出土地的，临时使用土地期满拒不归还的，或者不按照批准的用途使用国有土地的，由县级以上人民政府自然资源主管部门责令交还土地，处以罚款。

3. 违反耕地保护秩序的法律责任

（1）占用耕地建窑、建坟或者擅自在耕地上建房、挖砂、采石、采矿、取土等，破坏种植条件的，或者因开发土地造成土地荒漠化、盐渍化的，由县级以上人民政府自然资源主管部门、农业农村主管部门等按照职责责令限期改正或者治理，可以并处罚款；构成犯罪的，依法追究刑事责任。

（2）拒不履行土地复垦义务的，由县级以上人民政府自然资源主管部门责令限期改正；逾期不改正，责令缴纳复垦费，专项用于土地复垦，可以处以罚款。

4. 违反土地征收秩序的法律责任

（1）无权批准征收、使用土地的单位或者个人非法批准占用土地的，超越批准权限非法批准占用土地的，不按照土地利用总体规划确定的用途批准用地的，或者违反法律规定的程序批准占用、征收土地的，其批准文件无效，对非法批准征收、使用土地的直接负责的主管人员和其他直接责任人员，依法给予处分；构成犯罪的，依法追究刑事责任。非法批准、使用的土地应当收回，有关当事人拒不归还的，以非法占用土地论处。非法批准征收、使用土地，对当事人造成损失的，依法应当承担赔偿责任。

（2）侵占、挪用被征收土地单位的征地补偿费用和其他有关费用，构成犯罪的，依法追究刑事责任；尚不构成犯罪的，依法给予处分。

5. 违反土地行政秩序的法律责任

自然资源主管部门、农业农村主管部门的工作人员玩忽职守、滥用职权、徇私舞弊，构成犯罪的，依法追究刑事责任；尚不构成犯罪的，依法给予处分。

二、土地权属争议处理

土地权属争议，包括土地所有权争议和土地使用权争议。土地所有权争议可能发生于集体组织之间，也可能发生于国有单位与集体组织之间。实践中较常见的土地使用权争议包括不同主体之间因土地使用权的设定、变更、消灭或者相邻用地权利冲突而引发的确权纠纷，以及与权利救济相关的确权争议。有关土地承包经营权的争议，可适用《农村土地承包法》的相关规定。涉及侵害不动产物权的纠纷，适用侵权法律的相关规定。

根据《土地管理法》的规定，土地权属争议的处理方法包括三个层次：（1）当事人协商解决。（2）协商不成的，由人民政府处理。其中，单位之间的争议由县级以上人民政府处理，个人之间、个人与单位之间的争议由乡级人民政府或者县级以上人民政府处理。（3）当事人对有关人民政府的处理决定不服的，可以自接到处理决定通知之日起 30 日内，向人民法院起诉。

需要明确的是，无论采用以上哪一种处理方法，任何一方都不得在权属争议解决前改变土地利用现状。

【第五章第三节　城市房地产管理法】

一、土地使用权出让

土地使用权出让，是指国家将国有土地使用权（以下简称土地使用权）在一定年限内出让给土地使用者，由土地使用者向国家支付土地使用权出让金的行为。土地使用权出让，必须符合土地利用总体规划、城市规划和年度建设用地计划。

土地使用权出让，可以采取拍卖、招标或者双方协议的方式。商业、旅游、娱乐和豪华住宅用地，有条件的，必须采取拍卖、招标方式；没有条件，不能采取拍卖、招标方式的，可以采取双方协议的方式。土地使用者必须按照出让合同约定，支付土地使用权出让金；未按照出让合同约定支付土地使用权出让金的，土地管理部门有权解除合同，并可以请求违约赔偿。

土地使用权出让最高年限由国务院规定。国家对土地使用者依法取得的土地使用权，在出让合同约定的使用年限届满前不收回；在特殊情况下，根据社会公共利益的需要，可以依照法律程序提前收回，并根据土地使用者使用土地的实际年限和开发土地的实际情况给予相应的补偿。

土地使用权出让合同约定的使用年限届满，土地使用者需要继续使用土地的，应当至迟于届满前1年申请续期，除根据社会公共利益需要收回该幅土地的，应当予以批准。经批准准予续期的，应当重新签订土地使用权出让合同，依照规定支付土地使用权出让金。土地使用权出让合同约定的使用年限届满，土地使用者未申请续期或者虽申请续期但依照上述规定未获批准的，土地使用权由国家无偿收回。

二、土地使用权划拨

土地使用权划拨，是指县级以上人民政府依法批准，在土地使用者缴纳补偿、安置等费用后将该幅土地交付其使用，或者将土地使用权无偿交付给土地使用者使用的行为。以划拨方式取得土地使用权的，除法律、行政法规另有规定外，没有使用期限的限制。

三、城市规划区内的集体土地流转

根据中共中央"建立城乡统一的建设用地市场"的改革决策，为了与《土地管理法》修改相衔接，扫清集体经营性建设用地入市的法律障碍，2019年对《城市房地产管理法》第9条关于"城市规划区内的集体土地必须先征收为国有后才能出让"的规定作出修改，增加了"法律另有规定的除外"。这里的"法律另有规定"，主要指《土地管理法》第63条的规定条目。

环境资源法

一、森林法概述

（一）立法宗旨和调整对象

1984年颁布，1998年、2009年两次修正和2019年修订的《森林法》，是调整我国森林资源法律关系的基本法。修订后的森林法以习近平生态文明思想为指导，以践行绿水青山就是金山银山理念，保护、培育和合理利用森林资源，加快国土绿化，保障森林生态安全，建设生态文明，实现人与自然和谐共生为立法宗旨，坚持生态优先，生态效益、经济效益和社会效益相统一；坚持保护优先，促进森林资源可持续发展；坚持分类经营管理，实现森林资源永续利用；坚持尊重自然规律和经济规律，保护林业经营者的合法权益。

森林法调整的对象，是在我国境内从事森林、林木的保护、培育、利用和森林、林木、林地的经营管理活动，以及由此形成的权属关系、行政管理关系和资源培育保护关系。其中，权属关系包括森林资源所有权、使用权的归属与变动关系；行政管理关系包括政府主管部门对森林资源保护培育和各种资源利用行为的统筹、扶持和管理关系；资源培育保护关系包括各级政府对森林资源培育、保护的职责以及社会成员的相应义务。

（二）森林资源的定义

森林资源包括森林、林木、林地以及依托森林、林木、林地生存的野生动物、植物和微生物。其中，森林包括乔木林、竹林和国家特别规定的灌木林，林木包括树木和竹子，林地包括郁闭度 0.2 以上的乔木林地以及竹林地、灌木林地、疏林地、采伐迹地、火烧迹地、未成林造林地、苗圃地等。

（三）森林的分类

1. 森林按所有权归属分为国有林和集体林。

2. 森林按功能分为公益林和商品林。国家根据生态保护的需要，将森林生态区位重要或者生态状况脆弱，以发挥生态效益为主要目的的林地和林地上的森林划定为公益林。未划定为公益林的林地和林地上的森林属于商品林。国家对公益林和商品林实行分类经营管理，突出主导功能，发挥多种功能，实现森林资源永续利用。

3. 森林按用途可以分为五类：（1）防护林：以防护为主要目的的森林、林木和灌木丛，包括水源涵养林，水土保持林，防风固沙林，农田、牧场防护林，护岸林，护路林。（2）特种用途林：以国防、环境保护、科学实验等为主要目的的森林和林木，包括国防林、实验林、母树林、环境保护林、风景林，名胜古迹和革命纪念地的林木，自然保护区的森林。（3）用材林：以生产木材为主要目的的森林和林木，包括以生产竹材为主要目的的竹林。（4）经济林：以生产果品，食用油料、饮料、调料，工业原料和药材等为主要目的的林木。（5）能源林：以生产生物质能源为主要培育目的的林木，包括木质能源林、油料能源林。

二、森林资源权属制度

（一）森林资源所有权

森林资源属于国家所有，由法律规定属于集体所有的除外。

国家所有的森林资源的所有权由国务院代表国家行使。国务院可以授权国务院自然资源主管部门统一履行国有森林资源所有者职责。

（二）森林资源使用权

1. 国有林使用权

国家所有的林地和林地上的森林、林木可以依法确定给林业经营者使用。林业经营者依法取得的国有林地和林地上的森林、林木的使用权，经批准可以转让、出租、作价出资等。林业经营者应当履行保护、培育森林资源的义务，保证国有森林资源稳定增长，提高森林生态功能。

2. 集体林使用权（集体林地经营权）

（1）承包经营。集体所有和国家所有依法由农民集体使用的林地（以下简称集体林地）实行承包经营的，承包方享有林地承包经营权和承包林地上的林木所有权，合同另有约定的从其约定。承包方可以依法采取出租（转包）、入股、转让等方式流转林地经营权、林木所有权和使用权。

（2）集体经营。未实行承包经营的集体林地以及林地上的林木，由农村集体经济组织统一经营。经本集体经济组织成员的村民会议 2/3 以上成员或者 2/3 以上村民代表同意并公示，可以通过招标、拍卖、公开协商等方式依法流转林地经营权、林木所有权和使用权。

（3）林地经营权流转合同。集体林地经营权流转应当签订书面合同。林地经营权流转合同一般包括流转双方的权利义务、流转期限、流转价款及支付方式、流转期限届满林地上的林木和固定生产设施的处置、违约责任等内容。

（4）林地经营权收回。受让方违反法律规定或者合同约定造成森林、林木、林地严重毁坏的，发包方或者承包方有权收回林地经营权。

（三）森林资源权属登记

林地和林地上的森林、林木的所有权、使用权，由不动产登记机构统一登记造册，核发证书。国务院确定的国家重点林区（以下简称重点林区）的森林、林木和林地，由国务院自然资源主管部门负责登记。

（四）林木所有权及收益权

国有企业事业单位、机关、团体、部队营造的林木，由营造单位管护并按照国家规定支配林木收益。

农村居民在房前屋后、自留地、自留山种植的林木，归个人所有。城镇居民在自有房屋的庭院内种植的林木，归个人所有。

集体或者个人承包国家所有和集体所有的宜林荒山荒地荒滩营造的林木，归承包的集体或者个人所有；合同另有约定的从其约定。

其他组织或者个人营造的林木，依法由营造者所有并享有林木收益；合同另有约定的从其约定。

（五）林地、林木的征收、征用

为了生态保护、基础设施建设等公共利益的需要，确需征收、征用林地、林木的，应当依照《土地管理法》等法律、行政法规的规定办理审批手续，并给予公平、合理的补偿。

（六）权利保护及权利人义务

森林、林木、林地的所有者和使用者的合法权益受法律保护，任何组织和个人不得侵犯。

森林、林木、林地的所有者和使用者应当依法保护和合理利用森林、林木、林地，不得非法改变林地用途和毁坏森林、林木、林地。

（七）争议解决

单位之间发生的林木、林地所有权和使用权争议，由县级以上人民政府依法处理。个人之间、个人与单位之间发生的林木所有权和林地使用权争议，由乡镇人民政府或者县级以上人民政府依法处理。当事人对处理决定不服的，可以自接到处理决定通知之日起 30 日内向人民法院起诉。

在林木、林地权属争议解决前，除因森林防火、林业有害生物防治、国家重大基础设施建设等需要外，当事人任何一方不得砍伐有争议的林木或者改变林地现状。

三、森林资源保护制度

（一）森林保护的目标及相关职责

国家加强森林资源保护，发挥森林蓄水保土、调节气候、改善环境、维护生物多样性和提供林产品等多种功能。

各级人民政府应当加强林业基础设施建设，应用先进适用的科技手段，提高森林防火、林业有害生物防治等森林管护能力。

各有关单位应当加强森林管护。国有林业企业事业单位应当加大投入，加强森林防火、林业有害生物防治，预防和制止破坏森林资源的行为。

（二）重点保护制度

1. 生态效益补偿制度

国家建立森林生态效益补偿制度，加大公益林保护支持力度。中央和地方财政分别安排资金，用于公益林的营造、抚育、保护、管理和非国有公益林权利人的经济补偿等，实行专款专用。

2. 重点林区保护制度

国家支持重点林区的转型发展和森林资源保护

修复。重点林区按照规定享受国家重点生态功能区转移支付等政策。

国家在不同自然地带的典型森林生态地区、珍贵动物和植物生长繁殖的林区、天然热带雨林区和具有特殊保护价值的其他天然林区，建立以国家公园为主体的自然保护地体系，加强保护管理。国家支持生态脆弱地区森林资源的保护修复。县级以上人民政府应当采取措施对具有特殊价值的野生植物资源予以保护。

国家实行天然林全面保护制度，严格限制天然林采伐，加强天然林管护能力建设，保护和修复天然林资源，逐步提高天然林生态功能。具体办法由国务院规定。

（三）护林制度

地方各级人民政府应当组织有关部门建立护林组织，负责护林工作；根据实际需要建设护林设施，加强森林资源保护；督促相关组织订立护林公约、组织群众护林、划定护林责任区、配备专职或者兼职护林员。

县级或者乡镇人民政府可以聘用护林员，其主要职责是巡护森林，发现火情、林业有害生物以及破坏森林资源的行为，应当及时处理并向当地林业等有关部门报告。

（四）森林灾害防控制度

1. 森林防火制度

地方各级人民政府负责本行政区域的森林防火工作，发挥群防作用；县级以上人民政府组织领导应急管理、林业、公安等部门按照职责分工密切配合做好森林火灾的科学预防、扑救和处置工作：（1）组织开展森林防火宣传活动，普及森林防火知识；（2）划定森林防火区，规定森林防火期；（3）设置防火设施，配备防灭火装备和物资；（4）建立森林火灾监测预警体系，及时消除隐患；（5）制定森林火灾应急预案，发生森林火灾，立即组织扑救；（6）保障预防和扑救森林火灾所需费用。

国家综合性消防救援队伍承担国家规定的森林火灾扑救任务和预防相关工作。

2. 森林生物灾害防治制度

县级以上人民政府林业主管部门（以下简称县以上林管部门）负责本行政区域的林业有害生物的监测、检疫和防治。省级以上人民政府林业主管部门负责确定林业植物及其产品的检疫性有害生物，划定疫区和保护区。

重大林业有害生物灾害防治实行地方人民政府负责制。发生暴发性、危险性等重大林业有害生物灾害时，当地人民政府应当及时组织除治。

林业经营者在政府支持引导下，对其经营管理范围内的林业有害生物进行防治。

（五）林地保护制度

国家保护林地，严格控制林地转为非林地，实行占用林地总量控制，确保林地保有量不减少。各类建设项目占用林地不得超过本行政区域的占用林地总量控制指标。

禁止毁林开垦、采石、采砂、采土以及其他毁坏林木和林地的行为。禁止向林地排放重金属或者其他有毒有害物质含量超标的污水、污泥，以及可能造成林地污染的清淤底泥、尾矿、矿渣等。禁止在幼林地砍柴、毁苗、放牧。禁止擅自移动或者损坏森林保护标志。

（六）珍稀资源保护制度

国家保护古树名木和珍贵树木。禁止破坏古树名木和珍贵树木及其生存的自然环境。

四、森林资源培育制度

（一）造林绿化

1. 总体要求

国家统筹城乡造林绿化，开展大规模国土绿化行动，绿化美化城乡，推动森林城市建设，促进乡村振兴，建设美丽家园。各级人民政府应当组织各行各业和城乡居民造林绿化。国家鼓励公民通过植树造林、抚育管护、认建认养等方式参与造林绿化。

各级人民政府组织造林绿化，应当科学规划、因地制宜，优化林种、树种结构，鼓励使用乡土树种和林木良种、营造混交林，提高造林绿化质量。国家投资或者以国家投资为主的造林绿化项目，应当按照国家规定使用林木良种。

2. 荒地造林绿化

宜林荒山荒地荒滩，属于国家所有的，由县以上林管部门和其他有关主管部门组织开展造林绿化；属于集体所有的，由集体经济组织组织开展造林绿化。国家所有和集体所有的宜林荒山荒地荒滩可以由单位或者个人承包造林绿化。

3. 城区造林绿化

城市规划区内、铁路公路两侧、江河两侧、湖泊水库周围，由各有关主管部门按照有关规定因地制宜组织开展造林绿化；工矿区、工业园区、机关、学校用地，部队营区以及农场、牧场、渔场经营地区，由各该单位负责造林绿化。

（二）生态修复

各级人民政府应当采取以自然恢复为主、自然恢复和人工修复相结合的措施，科学保护修复森林生态系统。新造幼林地和其他应当封山育林的地方，由当地人民政府组织封山育林。

各级人民政府应当对国务院确定的坡耕地、严重沙化耕地、严重石漠化耕地、严重污染耕地等需要生态修复的耕地，有计划地组织实施退耕还林还草。

各级人民政府应当对自然因素等导致的荒废和受损山体、退化林地以及宜林荒山荒地荒滩，因地制宜实施森林生态修复工程，恢复植被。

五、森林资源管理制度

（一）发展规划制度

县级以上人民政府应当将森林资源保护和林业发展纳入国民经济和社会发展规划，落实国土空间开发保护要求，合理规划森林资源保护利用结构和布局，制定森林资源保护发展目标，提高森林覆盖率、森林蓄积量，提升森林生态系统质量和稳定性。县以上林管部门应当根据森林资源保护发展目标，编制林业发展规划。

（二）调查监测制度

国家建立森林资源调查监测制度，对全国森林资源现状及变化情况进行调查、监测和评价，并定期公布。

（三）公益林管理制度

1. 公益林的划定及调整。公益林由国务院和省、自治区、直辖市人民政府划定并公布。下列区域的林地和林地上的森林，应当划定为公益林：（1）重要江河源头汇水区域；（2）重要江河干流及支流两岸、饮用水水源地保护区；（3）重要湿地和重要水库周围；（4）森林和陆生野生动物类型的自然保护区；（5）荒漠化和水土流失严重地区的防风固沙林基干带；（6）沿海防护林基干林带；（7）未开发利用的原始林地区；（8）需要划定的其他区域。公益林划定涉及非国有林地的，应当与权利人签订书面协议，并给予合理补偿。

2. 公益林的保护和利用。国家对公益林实施严格保护。县以上林管部门应当有计划地组织公益林经营者对公益林中生态功能低下的疏林、残次林等低质低效林，采取林分改造、森林抚育等措施，提高公益林的质量和生态保护功能。在符合公益林生态区位保护要求和不影响公益林生态功能的前提下，经科学论证，可以合理利用公益林林地资源和森林景观资源，适度开展林下经济、森林旅游等。利用公益林开展上述活动应当严格遵守国家有关规定。

（四）商品林管理制度

我国的商品林发展坚持市场化导向和国家鼓励支持相结合方针。商品林由林业经营者依法自主经营。经营者在不破坏生态的前提下，可以采取集约化经营措施，合理利用森林、林木、林地，提高商品林经济效益。

国家鼓励发展下列商品林：（1）以生产木材为主要目的的森林；（2）以生产果品、油料、饮料、调料、工业原料和药材等林产品为主要目的的森林；（3）以生产燃料和其他生物质能源为主要目的的森林；（4）其他以发挥经济效益为主要目的的森林。在保障生态安全的前提下，国家鼓励建设速生丰产、珍贵树种和大径级用材林，增加林木储备，保障木材供给安全。

（五）林地占用审批制度

1. 为林业目的的占用审批。在林地上修筑下列直接为林业生产经营服务的工程设施，符合国家有关部门规定的标准的，由县以上林管部门批准，不需要办理建设用地审批手续；超出标准需要占用林地的，应当依法办理建没用地审批手续：（1）培育、生产种子、苗木的设施；（2）贮存种子、苗木、木材的设施；（3）集材道、运材道、防火巡护道、森林步道；（4）林业科研、科普教育设施；（5）野生动植物保护、护林、林业有害生物防治、森林防火、木材检疫的设施；（6）供水、供电、供热、供气、通讯基础设施；（7）其他直接为林业生产服务的工程设施。

2. 为非林业目的的占用审批及植被恢复。矿藏勘查、开采以及其他各类工程建设，应当不占或者少占林地；确需占用林地的，应当经县以上林管部门审核同意，依法办理建设用地审批手续。占用林地的单位应当缴纳森林植被恢复费。森林植被恢

复费征收使用管理办法由国务院财政部门会同林业主管部门制定。县以上林管部门应当按照规定安排植树造林，恢复森林植被，植树造林面积不得少于因占用林地而减少的森林植被面积。上级林业主管部门应当定期督促下级林业主管部门组织植树造林、恢复森林植被，并进行检查。

3. 临时占用审批及植被恢复。需要临时使用林地的，应当经县以上林管部门批准；临时使用林地的期限一般不超过 2 年，并不得在临时使用的林地上修建永久性建筑物。临时使用林地期满后 1 年内，用地单位或者个人应当恢复植被和林业生产条件。

（六）森林经营方案制度

国有林业企业事业单位应当编制森林经营方案，明确森林培育和管护的经营措施，报县以上林管部门批准后实施。重点林区的森林经营方案由国务院林业主管部门批准后实施。

国家支持、引导其他林业经营者编制森林经营方案。

（七）森林采伐管理制度

1. 采伐限额制度

国家严格控制森林年采伐量。省、自治区、直辖市人民政府林业主管部门根据消耗量低于生长量和森林分类经营管理的原则，编制本行政区域的年采伐限额，经征求国务院林业主管部门意见，报本级人民政府批准后公布实施，并报国务院备案。重点林区的年采伐限额，由国务院林业主管部门编制，报国务院批准后公布实施。

2. 分类限伐制度

采伐森林、林木应当遵守下列规定：（1）公益林只能进行抚育、更新和低质低效林改造性质的采伐。但是，因科研或者实验、防治林业有害生物、建设护林防火设施、营造生物防火隔离带、遭受自然灾害等需要采伐的除外。（2）商品林应当根据不同情况，采取不同采伐方式，严格控制皆伐面积，伐育同步规划实施。（3）自然保护区的林木，禁止采伐。但是，因防治林业有害生物、森林防火、维护主要保护对象生存环境、遭受自然灾害等特殊情况必须采伐的和实验区的竹林除外。

3. 采伐许可证制度

（1）适用范围。采伐林地上的林木应当申请采伐许可证，并按照采伐许可证的规定进行采伐；

采伐自然保护区以外的竹林，不需要申请采伐许可证，但应当符合林木采伐技术规程。农村居民采伐自留地和房前屋后个人所有的零星林木，不需要申请采伐许可证。非林地上的农田防护林、防风固沙林、护路林、护岸护堤林和城镇林木等的更新采伐，由有关主管部门按照有关规定管理。采挖移植林木按照采伐林木管理。具体办法由国务院林业主管部门制定。禁止伪造、变造、买卖、租借采伐许可证。

（2）发证机关。采伐许可证由县以上林管部门核发。农村居民采伐自留山和个人承包集体林地上的林木，由县以上林管部门或者其委托的乡镇人民政府核发采伐许可证。

（3）发证条件。符合林木采伐技术规程的，审核发放采伐许可证的部门应当及时核发采伐许可证。但是，发证机关不得超过年采伐限额发放采伐许可证。

（4）负面清单。有下列情形之一的，不得核发采伐许可证：①采伐封山育林期、封山育林区内的林木；②上年度采伐后未按照规定完成更新造林任务；③上年度发生重大滥伐案件、森林火灾或者林业有害生物灾害，未采取预防和改进措施；④法律法规和国务院林业主管部门规定的禁止采伐的其他情形。

4. 更新造林制度

采伐林木的组织和个人应当按照有关规定完成更新造林。更新造林的面积不得少于采伐的面积，更新造林应当达到相关技术规程规定的标准。

（八）监督检查制度

县以上林管部门依照《森林法》的规定，对森林资源的保护、修复、利用、更新等进行监督检查，依法查处破坏森林资源等违法行为。其履行森林资源保护监督检查职责时，有权采取下列措施：（1）进入生产经营场所进行现场检查；（2）查阅、复制有关文件、资料，对可能被转移、销毁、隐匿或者篡改的文件、资料予以封存；（3）查封、扣押有证据证明来源非法的林木以及从事破坏森林资源活动的工具、设备或者财物；（4）查封与破坏森林资源活动有关的场所。

省级以上人民政府林业主管部门对森林资源保护发展工作不力、问题突出、群众反映强烈的地区，可以约谈所在地区县级以上地方人民政府及其有关部门主要负责人，要求其采取措施及时整改。约谈整改情况应当向社会公开。

破坏森林资源造成生态环境损害的，县级以上人民政府自然资源主管部门、林业主管部门可以依法向人民法院提起诉讼，对侵权人提出损害赔偿要求。

审计机关按照国家有关规定对国有森林资源资产进行审计监督。

六、涉林违法行为的法律责任

（一）涉林违法行为的概念

涉林违法行为是指违反《森林法》及其他森林保护法规的规定，侵害森林资源、权利人合法权益或者森林管理秩序，依照森林法规定应当承担法律责任的行为。

《森林法》规定以外的涉林违法行为，如放火毁林、盗窃或毁坏林区生产设施、盗猎野生动物等行为，依照其他法律、法规予以追究责任。

（二）涉林违法行为的样态及责任

违反《森林法》的规定，实施下列行为的，构成涉林违法行为，承担相应的行政责任和民事责任。构成违反治安管理行为的，依法给予治安管理处罚；构成犯罪的，依法追究刑事责任。

1. 行政渎职

县以上林管部门或者其他有关国家机关未依照《森林法》的规定履行职责的，对直接负责的主管人员和其他直接责任人员依法给予处分。未依照规定作出行政处罚决定的，上级主管部门有权责令下级主管部门作出行政处罚决定或者直接给予行政处罚。

2. 民事侵权

侵害森林、林木、林地的所有者或者使用者的合法权益的，依法承担侵权责任。相关侵权责任的确定，适用《民法典》的规定。

3. 国有单位失责

国有林业企业事业单位未履行保护培育森林资源义务、未编制森林经营方案或者未按照批准的森林经营方案开展森林经营活动的，由县以上林管部门责令限期改正，对直接负责的主管人员和其他直接责任人员依法给予处分。

4. 违法用地

未经县以上林管部门审核同意擅自改变林地用途的，由县以上林管部门责令限期恢复植被和林业生产条件，可以处恢复植被和林业生产条件所需费用 3 倍以下的罚款。

在临时使用的林地上修建永久性建筑物，或者临时使用林地期满后 1 年内未恢复植被或者林业生产条件的，依照上述规定处罚。

虽经县以上林管部门审核同意，但未办理建设用地审批手续擅自占用林地的，依照《土地管理法》有关规定处罚。

5. 毁坏林木

进行开垦、采石、采砂、采土或者其他活动，造成林木毁坏的，由县以上林管部门责令停止违法行为，限期在原地或者异地补种毁坏株数 1 倍以上 3 倍以下的树木，可以处毁坏林木价值 5 倍以下的罚款；造成林地毁坏的，由县以上林管部门责令停止违法行为，限期恢复植被和林业生产条件，可以处恢复植被和林业生产条件所需费用 3 倍以下的罚款。对此等行为，公安机关可以行使行政处罚权。

在幼林地砍柴、毁苗、放牧造成林木毁坏的，由县以上林管部门责令停止违法行为，限期在原地或者异地补种毁坏株数 1 倍以上 3 倍以下的树木。

毁坏林木被责令恢复植被和林业生产条件或者补种树木而拒不履行，或者其履行不符合国家有关规定的，由县以上林管部门组织代为履行，所需费用由违法者承担。

6. 污染林地

向林地排放重金属或者其他有毒有害物质含量超标的污水、污泥，以及可能造成林地污染的清淤底泥、尾矿、矿渣等的，依照《土壤污染防治法》的有关规定处罚。

7. 破坏森林保护标志

擅自移动或者毁坏森林保护标志的，由县以上林管部门恢复森林保护标志，所需费用由违法者承担。

8. 盗伐、滥伐林木

以非法占有为目的，擅自砍伐国家、集体、企事业单位或者个人所有、经营或者营造的林木的，构成盗伐林木行为，由县以上林管部门责令限期在原地或者异地补种盗伐株数 1 倍以上 5 倍以下的树

木，并处盗伐林木价值 5 倍以上 10 倍以下的罚款。

无采伐许可证或者虽然持有采伐许可证但违背采伐证所规定的地点、数量、树种、方式而任意采伐属于自己或者他人的林木的，构成滥伐林木行为，由县以上林管部门责令限期在原地或者异地补种滥伐株数 1 倍以上 3 倍以下的树木，可以处滥伐林木价值 3 倍以上 5 倍以下的罚款。

盗伐、滥伐林木被责令补种树木而拒不履行，或者其履行不符合国家有关规定的，由县以上林管部门组织代为履行，所需费用由违法者承担。

对盗伐、滥伐行为，公安机关可以行使行政处罚权。

9. 伪造、买卖采伐许可证

伪造、变造、买卖、租借采伐许可证的，无论是否实施采伐，由县以上林管部门没收证件和违法所得，并处违法所得 1 倍以上 3 倍以下的罚款；没有违法所得的，可以处 2 万元以下的罚款。对本项行为，公安机关可以行使行政处罚权。

有上述行为实施采伐的，其采伐行为另按盗伐、滥伐林木予以处罚。

10. 交易被盗伐、滥伐林木

收购、加工、运输明知是盗伐、滥伐等非法来源的林木的，由县以上林管部门责令停止违法行为，没收违法收购、加工、运输的林木或者变卖所得，可以处违法收购、加工、运输林木价款 3 倍以下的罚款。对本项行为，公安机关可以行使行政处罚权。

11. 未完成更新造林。

采伐林木的单位或者个人未完成更新造林任务的，由县以上林管部门责令限期完成；逾期未完成的，可以处未完成造林任务所需费用 2 倍以下的罚款；对直接负责的主管人员和其他直接责任人员，依法给予处分。

12. 妨碍林业执法。

拒绝、阻碍县以上林管部门依法实施监督检查的，可以处 5 万元以下的罚款，情节严重的，可以责令停产停业整顿。

国际私法

▶▶▶ 新增考点 1 内地与澳门特别行政区之间送达的新安排【第七章第二节 区际司法协助】

内地（大陆）并无专门立法解决其与港澳台地区之间的送达问题。2001年8月7日，最高人民法院发布了《关于内地与澳门特别行政区法院就民商事案件相互委托送达司法文书和调取证据的安排》，该安排于2019年12月14日经双方进行修订，2020年3月1日开始生效。

双方相互委托送达司法文书（和调查取证），通过内地与澳门特别行政区司法协助网络平台以电子方式转递；不能通过司法协助网络平台以电子方式转递的，采用邮寄方式。通过司法协助网络平台以电子方式转递的司法文书、证据材料等文件，应当确保其完整性、真实性和不可修改性。通过司法协助网络平台以电子方式转递的司法文书、证据材料等文件与原件具有同等效力。

▶▶▶ 新增考点 2 中国内地与香港特别行政区法院就仲裁程序相互协助保全【第七章第二节 区际司法协助】

2019年3月25日，最高人民法院审判委员会讨论并通过《关于内地与香港特别行政区法院就仲裁程序相互协助保全的安排》（以下简称《安排》），经协商，该安排于2019年10月1日在两地同时生效，内地以司法解释形式予以发布。这是香港特别行政区回归以来，内地与香港特别行政区签订的第七项司法协助安排，也是内地与其他法域签订的第一份仲裁保全协助的文件，弥补了我国区际司法协助中财产保全方面的空白。《安排》共11条，对两地相互协助保全的途径、可申请保全的范围、申请保全的程序以及保全申请审查处理等问题作了规定。

关于保全类型，在内地包括财产保全、证据保全、行为保全；在香港特别行政区包括强制令以及其他临时措施，以在争议得以裁决之前维持现状或者恢复原状、采取行动防止目前或者即将对仲裁程序发生的危害或者损害，或者不采取可能造成这种危害或者损害的行动、保全资产或者保全对解决争议可能具有相关性和重要性的证据。

何为香港仲裁程序，《安排》将香港仲裁程序界定为：以香港特别行政区为仲裁地，并且由以下机构或者常设办事处管理：（1）在香港特别行政区设立或者总部设于香港特别行政区，并以香港特别行政区为主要管理地的仲裁机构；（2）中华人民共和国加入的政府间国际组织在香港特别行政区设立的争议解决机构或者常设办事处；（3）其他仲裁机构在香港特别行政区设立的争议解决机构或者常设办事处，且该争议解决机构或者常设办事处满足香港特别行政区政府订立的有关仲裁案件宗数以及标的金额等标准。前述机构或者常设办事处的名单由香港特别行政区政府向最高人民法院提供，并经双方确认。

同样，内地仲裁机构管理的仲裁程序的当事人，在仲裁裁决作出前，可以依据香港特别行政区《仲裁条例》《高等法院条例》，向香港特别行政区高等法院申请保全。

关于内地受理保全申请的法院，根据《安排》，为被申请人住所地、财产所在地或者证据所在地的内地中级人民法院。仲裁程序开始后申请保全的，由仲裁机构或者常设办事处转递保全申请至管辖法院。对于仲裁前申请保全的，《安排》参照《民事诉讼法》第101条规定的仲裁前申请保全程序。向内地法院申请保全应当提交：（1）保全申请书；（2）仲裁协议，此时并不判断仲裁协议的效力；（3）身份证明材料；（4）仲裁申请文件和有关证明函件；（5）内地人民法院根据具体案情认为还需要提供的其他材料。在内地之外形成的身份证明材料需要进行公证、认证。而向香港特别行政区法院申请临时措施应当提交的材料及相关内容，与内地不同，按照香港特别行政区相关法律规定办理。

法院审查保全申请，要求申请人提供何种担保或者作出承诺、保证，作出是否保全的裁定或者命令等，均依据被请求方法律进行尽快审查。当事人对裁定或者命令不服时，按被请求方有关法律规定处理，在内地，可以申请复议；在香港特别行政区，可以申请解除或者更改。

国际经济法

▶▶▶ 新增考点 2020 年《国际贸易术语解释通则》【第七章第二节】

一、《国际贸易术语解释通则》概述

（一）国际贸易术语的概念

国际贸易术语是在国际贸易中逐渐形成的，表明在不同的交货条件下，买卖双方在交易中的费用、责任及风险划分等以英文缩写表示的专门用语。贸易术语是国际惯例的一种，由当事人选择适用，国际上适用最为广泛的是国际商会于 1936 年编纂的《国际贸易术语解释通则》，该通则是国际商会以国际贸易中应用最广泛的国际惯例为基础的，在 1936 年首次公布后，分别于 1953 年、1967 年、1976 年、1980 年、1990 年、2000 年、2010 年、2019 年进行了八次修改。2019 年国际商会公布了 2020 年版本的《国际贸易术语解释通则》（Incoterms® 2020，以下简称《2020 年通则》）。新修订的《国际贸易术语解释通则》自 2020 年 1 月 1 日起生效。

（二）《2020 年通则》涉及的事项范围

《2020 年通则》在引言部分明确了其规定的内容和没有规定的内容。

1. 《2020 年通则》涉及的事项

《2020 年通则》涉及 11 个贸易术语，主要描述下列内容：（1）义务：即买卖双方之间各需履行哪些义务，由哪方来组织货物的运输或保险，哪方获取装运单据和进出口许可证；（2）风险：明确风险在何地从卖方转移给买方；（3）费用：规定买卖双方各自承担哪些费用，如运输、包装或装卸费用，以及货物查验或与安全有关的费用。

2. 《2020 年通则》不处理的事项

《2020 年通则》不是销售合同，因此不能作为销售合同的替代，只有在被并入合同后才成为合同的一部分。《2020 年通则》不处理下列事项：（1）销售合同究竟是否存在；（2）出售的货物的规模；（3）价款支付的时间、地点、方式或币种；（4）可供寻求的销售合同的违约救济；（5）迟延或其他违反合同履行义务所导致的绝大多数后果；（6）制裁的影响；（7）征收关税；（8）进出口禁令；（9）不可抗力或艰难情形；（10）知识产权；（11）违约情况下纠纷解决的方式、地点或法律；（12）所售货物的财产、权利、所有权的转移问题。

（三）《国际贸易术语解释通则》的选用

《2020 年通则》与以往版本不是替代与被替代的关系，以往版本的《国际贸易术语解释通则》并不失效，合同当事人仍可以选用以往版本中的术语。但是由于不同版本术语的具体权利义务不同，当事人在选择适用通则应注意注明具体的修订年份。

（四）传统贸易术语

2010 年之前的《国际贸易术语解释通则》将术语分为四组，即 E 组、F 组、C 组和 D 组。虽然《2010 年解释通则》之后已按运输方式进行分组，但《2020 年通则》在引言中强调，以往的分组方式仍有助于理解交货地点，E 组、F 组和 C 组术语均为在卖方地点交货的术语，又称"装运合同"，而 D 组术语是在买方地点交货的合同，又称"到货合同"：

1. E 组（内陆交货合同）

EXW，全称 Ex works，工厂交货（指定交货地点）。

2. F 组（主要运费未付）（装运合同）

FCA，全称 Free Carrier，货交承运人（指定交货地点）。

FAS，全称 Free Alongside Ship，船边交货（指定装运港）。

FOB，全称 Free on Board，船上交货（指定装运港）。

3. C 组（主要运输已付）（装运合同）

CFR，全称 Cost and Freight，成本加运费（指定目的港）。

CIF，全称 Cost Insurance and Freight，成本、运费加保险费（指定目的港）。

CPT，全称 Carriage Paid to，运费付至（指定目的地）。

CIP，全称 Carriage and Insurance Paid to，运费和保险费付至（指定目的地）。

4. D 组（到货合同）

DAF，全称 Delivered at Frontier，边境交货（指定交货地点）。

DES，全称 Delivered Ex Ship，目的港船上交货（指定目的港）。

DEQ，全称 Delivered Ex Quay，目的港码头交货（指定目的港）。

DDU，全称 Delivered Duty Unpaid，未完税交货（指定目的地）。

DDP，全称 Delivered Duty paid，完税交货（指定目的地）。

二、《2020 年通则》的主要修改

（一）装船批注提单和 FCA 术语条款的修改

《2020 年通则》的 FCA 术语提供了一个额外的选择，即虽然买方负责运输，但买方和卖方可以同意买方指定的承运人在装货开始后向卖方签发已装船提单，然后再由卖方向买方作出交单。然而，即使采用了这种可选机制，卖方对买方也不承担运输合同条款的义务。

（二）CIF 和 CIP 术语下对投保险别的规定

《2020 年通则》的 CIF 术语下的保险级别仍为类似平安险的最低险，依《2020 年通则》CIF 术语，卖方有义务自付费用取得货物保险，该保险需至少符合《协会货物保险条款》（劳合社市场协会伦敦国际承保人协会）（C）条款或类似的最低险

别的条款，C 条款即类似于中国人民保险公司海洋货物运输保险中的"平安险"。而《2020 年通则》CIP 对卖方有义务取得保险的要求有所提高，相当于我国的"一切险"，依《2020 年通则》CIP 术语，卖方取得的保险应符合《协会货物保险条款》（A）条款的保险险别，A 条款即类似于中国人民保险公司海洋货物运输保险中的"一切险"。当然，双方当事人当然仍可以自由商定较低的保险险别。

（三）在 FCA、DAP、DPU、DDP 术语下，卖方或买方可使用自己的运输工具安排运输

《2020 年通则》规定，当采用 FCA、DAP、DPU 和 DDP 术语进行贸易时，买卖双方可以根据运输义务使用自有运输工具。

（四）将 DAT 改为 DPU

《2020 年通则》将之前的 DAT（Delivered at Terminal）术语更名为 DPU（Delivered at Place Unloaded），并且相应的含义也发生了变化。《2020 年通则》的 DPU 术语的货物交付地点仍旧是目的地，但这个目的地不再限于"运输的终端"，目的地可以是任何地方，但是如果该地点不在"运输终端"，卖方应确保其准备交付货物的地点是能够卸货的地点。同时，DPU 还明确规定了卖方不负责卸货。

（五）在运输义务和费用中加入与安全有关的要求

《2020 年通则》中，与安全相关的义务的明确分配现已添加到每个规则的 A4 和 A7 项下。而这些要求所产生的费用也被更明确地标明，放在每条规则的 A9 和 B9 项下。

三、《2020 年通则》的主要内容①

《2020 年通则》保留了《2010 年通则》将术语分为适用于任何运输方式或多种运输方式与适用于海运和内河水运的分类方式。

（一）适用于任何运输方式或多种运输方式的术语

第一类包括了七个术语，无论选用何种运输方式，也无论是否使用一种或多种运输方式，均可适用。当船舶用于部分运输时，也可使用此类术语。

---

① 参见中国国际商会/国际商会中国国家委员会组织翻译：《国际贸易术语解释通则 2020》，对外经济贸易大学出版社 2020 年版。

包括 EXW、FCA、CPT、CIP、DAP、DPU、DDP 术语。

1. EXW（工厂交货）

EXW 全称是 Ex Works，意为"工厂交货（指定交货地点）"，指卖方通过以下方式向买方完成交货：在指定地点（如工厂或仓库）将货物交由买方处置时，并且该指定地点可以是卖方所在地，也可以不是卖方所在地。为完成交货，卖方不需将货物装上任何前来接收货物的运输工具，需要清关时，卖方也无须办出口清关手续。此术语为卖方义务最小的贸易术语。在此术语下，货物的风险自交货时转移。此术语更适合于国内贸易，特别注意的是，因出口的清关手续是由买方办理的，如买方预计办理出口清关会有困难时，建议买方最好选择 FCA 术语，在该术语下，办理出口清关的义务和费用是由卖方承担的。该术语适用于各种运输方式。

依该术语，卖方的义务主要是：（1）履行交货义务，即在指定交货地或位于该地的约定点将未装载到运输工具上的货物交买方处置；（2）承担交货前的风险和费用。买方的义务主要是：（1）买方必须承担在指定交货地受领货物的全部费用和风险；（2）办理出口及进口清关手续。

2. FCA（货交承运人）

FCA 全称是 Free Carrier，意为"货交承运人（指定交货地点）"，指卖方通过以下两种方式之一向买方完成交货：（1）如指定地点是卖方所在地，则货物完成交付是当货物装上了买方的运输工具之时。（2）如指定地点是另一地点，则货物完成交付是：当货物已装上了卖方的运输工具，货物已抵达该指定的另一地点，并且已做好从卖方的运输工具上卸载的准备，并且交由买方指定的承运人或其他人处置时。建议双方清楚地指明交货点，如未指明交货点，则卖方有权选择"最适合卖方目的"的地点为交货点，风险和费用从该地点开始转移至买方。该术语适用于各种运输方式，包括多式联运。

（1）交货：交货地点的选择对在该地点装货和卸货的义务会产生影响。如在卖方所在地交货，则卖方应负责装货，如在其他地点交货，则卖方可以在自己的运输工具上完成交货，而不负责将货物从自己的运输工具上卸下。

（2）风险转移：货物的风险在交货时转移。

（3）双方义务：①卖方义务：卖方必须提供符合销售合同的货物和单据；办理出口手续；在指定的地点和约定的时间将货物交付给买方指定的承运人或其他人；承担交货以前的风险和费用。②买方义务：支付货款；办理进口手续；订立运输合同并承担运费；承担交货以后的风险和费用。关于保险，货物的风险在卖方所在国家交货时发生转移，因此，运输途中的风险均在买方，虽然买方对卖方没有订立保险合同的义务，但买方为自己的利益需要办理保险。另外，为满足卖方适用 FCA 术语时对已装船批注提单的可能需求，《2020 年通则》首次提供了可选机制，即双方可在合同中约定，买方必须指示承运人出具已装船批注提单给卖方。即使采用该可选机制，卖方对买方也不承担运输合同条款下的义务。

3. CIP（运费和保险费付至）和 CPT（运费付至）

该两术语的特点是卖方须订立运输合同和承担运费，因此称为"主要运费已付"，尽管卖方承担了到目的地的运费，但其交货义务仍然是在卖方一边的装运地完成的，因此该两术语属于"装运合同"。两者的运输方式均为多式联运。两者的风险在货交承运人时转移。两者的区别就是对于卖方来说，CIP 比 CPT 多了需承担保险费。

（1）CIP，全称 Carriage and Insurance Paid to，意为"运费和保险费付至（指定目的地）"，指卖方通过以下方式向买方完成交货及风险转移：将货物交付给承运人，该承运人已与卖方签约，或者取得已经如此交付的货物。卖方为此可依所采用的运输工具之合适方式和地点让承运人实际占有货物。此术语的特点是交货在装运地，而运输和保险都是由卖方负责的。应当注意的是，《2020 年通则》在卖方投保的险别上有所提高，卖方需投保符合《伦敦保险协会货物保险条款》（A）条款或其他类似条款下的险别，这相当于是"一切险"。而《2010 年通则》规定的 CIP 术语只需投保最低险别。当然，在《2020 年通则》下，双方仍然可以自行约定更低的险别。

在双方的义务上，卖方的义务是：（1）卖方必须提供符合销售合同的货物和单据；（2）办理出口清关手续；（3）办理运输的手续和承担运费，在 CIP 术语中，卖方还须办理投保手续和承担保险费；（4）承担交货前货物灭失或损坏的一切风险。买方的义务是：（1）依销售合同约定支付货物价款；（2）办理进口手续；（3）承担交货后货物灭失或损坏的一切风险。

（2）CPT，全称 Carriage Paid to，意为"运费付至（指定目的地）"，指卖方通过以下方式向买方完成交货及风险转移：将货物交付给承运人，该承运人已与卖方签约，或者取得已经如此交付的货物。卖方为此可依所使用的运输工具之合适方式和地点让承运人实际占有货物。如上所述，CPT 与 CIP 的区别就是对于卖方来说，CPT 的卖方不需要办理保险。在 CPT 术语下投保虽然不是买方的合同中的义务，但买方为了自己的利益应当办理投保并支付保险费。但应对方要求，卖方应向买方提供取得保险所需信息。

4. DPU（目的地卸货后交货）

DPU，全称 Delivered at Place Unloaded，意为"目的地卸货后交货（指定目的地）"，指卖方通过以下方式向买方完成交货及风险转移：当货物已从抵达的运输工具上卸载，已交由买方处置，在指定目的地，或者在该指定目的地内的约定交货点，如已约定该交货点。

DPU 是从《2010 年通则》的 DAT 改写而来的，DAT 是在"运输终端"交付，而 DPU 强调目的地可以是任何地点，而不仅是"运输终端"。但如该地点不在运输终端，卖方确保其打算交付货物的地点是能够卸货的地点。

（1）交货：卖方必须在约定日期或期限内，在指定目的地的约定地点（如有），以将货物从抵达的运输工具上卸下并交由买方处置，或以取得已经如此交付的货物的方式交货。

（2）风险：卖方承担交货完成前货物灭失或损坏的一切风险。

（3）手续：①卖方承担风险和费用，取得所有出口许可和其他官方授权办理出口和交货前从他国过境运输所需的一切海关手续。②买方必须承担风险和费用，取得所有进口许可或其他官方授权，办理货物进口的一切海关手续。

（4）一般义务：①卖方提供符合买卖合同约定的货物和商业发票，及合同可能要求的其他与合同相符的单证，买方应收取货物和交货凭证。②买方必须按买卖合同约定支付价款。

（5）运输：卖方自付费用签订运输合同，将货物运至指定目的地或指定目的地内的约定交货点（如有）。如未约定该具体地点，则卖方可选择最符合其目的的指定目的地内的交货点。

（6）保险：双方之间均无订立保险合同的义务，由于 DPU 是在买方所在国家交货，卖方需要将货物运输过去，运输途中的风险都由卖方承担，因此，虽然卖方对买方没有保险的义务，但其为了成功交货，应当办理保险。买方应对方要求，应向卖方提供取得保险所需信息。

5. DAP（目的地交货）

DAP，全称 Delivered at Place，意为"目的地交货（指定目的地）"，指当卖方通过以下方式向买方完成交货及风险转移：当货物已交由买方处置，处于抵达的运输工具上已做好卸载准备，在指定目的地，或者在该指定目的地内的约定交货点，如已约定该交货点。

卖方在该术语下需负责到目的地的运输，并承担在目的地交货前的费用和风险，负责出口清关手续。该术语适用于各种运输方式。在该术语下，卖方不需要将货物从抵达的运输工具上卸载。关于保险，由于中途的风险由卖方承担，因此，卖方需要办理保险，买方应卖方的要求须向其提供取得保险所需信息。

DAP 与 DPU 的区别在于 DAP 货物运输目的地在运输工具上就可完成交货，不用卸载货物，而 DPU 需要卸载货物。

6. DDP（完税交货）

DDP，全称 Delivered Duty Paid，意为"完税后交货（指定目的地）"，指卖方通过以下方式向买方完成交货：当货物已交由买方处置，已办理进口清关，处于抵达的运输工具上，已做好卸载准备，在指定目的地或该指定目的地内的约定交货点，如已约定该交货点。

该术语是卖方义务最大的术语，其特点是卖方须承担把货物交至目的地所需的全部费用和风险。卖方是在目的地履行交货义务的，属于"到货合同"。卖方负责办理出口和进口清关，因风险在目的地转移，中途的风险由卖方承担，投保虽然不是卖方的合同中的义务，但卖方为了自己的利益应当办理投保并支付保险费。买方应对方要求，应向卖方提供取得保险所需信息。

（二）适用于海运和内河水运的术语

该类术语主要包括两个 F 组术语和两个 C 组术语，都适用于水运，四个术语都属于"装运合同"，即应在卖方所在地完成交货。风险自卖方将"货物置于船上"时风险转移。关于何为"货物置于船上"，通说是指全部货物都装载到船上，不包括平仓、理仓等。

1. FAS（船边交货）

FAS，全称 Free Alongside Ship，意为"船边交货（指定装运港）"，指卖方通过以下方式向买方完成交货：当货物被交到船边（例如，置于码头或驳船上）；该船舶由买方指定；在指定的装运港；或者当卖方取得已经如此交付的货物时。该术语属于"装运合同"，主要运费应是由买方来承担的，对于卖方来说则是"主要运费未付"。

在双方的义务上，卖方的义务是：（1）履行交货义务，卖方必须在约定的日期或期限内，在买方指定的装运港内的装货点（如有），以将货物置于买方指定的船舶旁边或以购得已经如此交付的货物的方式交货。（2）办理出口清关手续；（3）向买方提交与货物有关的单证或相等的电子单证。买方义务是：（1）依销售合同约定支付货物价款；（2）办理货物的运输并为自己的利益投保；（3）办理货物的进口手续。

FAS 货物灭失或损坏的风险在货物交到船边时发生转移。

2. FOB（船上交货）

FOB，全称 Free on Board，意为"船上交货（指定装运港）"，指卖方通过以下方式向买方完成交货：将货物装上船；该船舶由买方指定；在指定装运港；或者取得已经如此交付的货物。该术语属于"装运合同"，主要运费应是由买方来承担的，对于卖方来说则是"主要运费未付"。

（1）交货：卖方必须在约定的日期或期限内，在买方指定的装运港的装货点（如有），以将货物置于买方指定的船上或以取得已经如此交付的货物的方式交货。

（2）双方义务：①卖方义务：提供符合合同约定的货物及单证；办理出口手续；在装运港将货物装上买方指定的船舶并通知买方；承担货物在装运港船上交货前的风险和费用。②买方义务：

支付货款并接受卖方提供的单证；办理进口手续；租船或订舱并将船名和装货地点及时间给予卖方充分通知；承担货物在装运港交货后的风险和费用。

（3）风险转移：货物灭失或损坏的风险在货物交到船上时发生转移。

（4）适用的运输方式：仅适用于海运和内河水运运输在船上完成交货的情形。

3. CIF（成本、保险费加运费）

CIF，全称 Cost Insurance and Freight，意为"成本，保险费加运费（指定目的港）"，指卖方通过以下方式向买方完成交货：将货物装上船或者取得已经如此交付的货物。此贸易术语适用于海运和内河运输。

CIF 术语后标明的是卸货港的名称，如 CIF 大连，表明该批货物的卸货港是大连。虽然在该术语下，卖方已承担了主要的运费，安排了到目的港的运输，但交货仍然是在装运港完成的，因此，仍然属于"装运合同"。在此术语下，卖方需办理运输中的保险，但仅需投保最低险别。

（1）交货：卖方必须在装运港，在约定日期或期限内，将货物装上船，或者以取得已经如此交付的货物的方式依该港口的习惯方式交货。

（2）风险转移：货物灭失或损坏的风险在货物交到船上时发生转移。

（3）双方义务：①卖方义务：提供符合合同约定的货物和单证；办理出口许可证及其他货物出口手续；订立运输合同，支付将货物运至指定目的港所需的运费；办理货物的保险（最低险种即可）并缴纳保险费；承担在装运港船上交货前的风险和费用。②买方义务：支付货款并接受卖方提供的单证；取得进口许可证并办理进口手续；承担在装运港船上交货后的风险和除运费和保险费以外的费用；向卖方提供其投保所需信息。

4. CFR（成本加运费）

CFR，全称 Cost and Freight，意为"成本加运费（指定目的港）"，指卖方通过以下方式向买方完成交货：将货物装上船；或者取得已如此交付的货物。在此术语下，卖方须支付将货物运至指定目的港所需的运费。但货物的风险是在装运港船上交货时转移的。该术语适合于海运和内河运输。

CFR 术语与 CIF 术语的区别在于保险由买方办理。注意：CFR 术语装船是卖方而投保却是买方，卖方在装船后应给买方以充分的通知；否则，因此而造成买方漏保引起的货物损失应由卖方承担。

民事诉讼法与仲裁制度

▶▶▶ **新增考点 1** 人民检察院提起公益诉讼【第五章第四节 公益诉讼】

《民事诉讼法》第 55 条第 2 款规定："人民检察院在履行职责中发现破坏生态环境和资源保护、食品药品安全领域侵害众多消费者合法权益等损害社会公共利益的行为，在没有前款规定的机关和组织或者前款规定的机关和组织不提起诉讼的情况下，可以向人民法院提起诉讼。前款规定的机关或者组织提起诉讼的，人民检察院可以支持起诉。"根据相关司法解释，关于人民检察院提起民事公益诉讼，有以下内容应当予以注意：人民检察院在履行职责中发现破坏生态环境和资源保护、食品药品安全领域侵害众多消费者合法权益等损害社会公共利益的行为，拟提起公益诉讼的，应当依法公告，公告期间为 30 日。公告期满，法律规定的机关和有关组织不提起诉讼的，人民检察院可以向人民法院提起诉讼。在人民检察院提起的民事公益诉讼中，被告提出反诉的，人民法院不予受理。人民检察院提起刑事附带民事公益诉讼，应履行诉前公告程序。对于未履行诉前公告程序的，人民法院应当进行释明，告知人民检察院公告后再行提起诉讼。因人民检察院履行诉前公告程序，可能影响相关刑事案件审理期限的，人民检察院可以另行提起民事公益诉讼。

▶▶▶ **新增考点 2** 公益诉讼的具体制度【第五章第四节 公益诉讼】

《民诉解释》对公益诉讼的相关问题作了具体规定：

（1）关于公益诉讼的管辖，《民诉解释》规定，公益诉讼案件由侵权行为地或者被告住所地中级人民法院管辖，但法律、司法解释另有规定的除外。因污染海洋环境提起的公益诉讼，由污染发生地、损害结果地或者采取预防污染措施地海事法院管辖。对同一侵权行为分别向两个以上人民法院提起公益诉讼的，由最先立案的人民法院管辖，必要时由它们的共同上级人民法院指定管辖。

（2）关于告知相关行政主管部门相关的公益诉讼已经进行，《民诉解释》规定，人民法院受理公益诉讼案件后，应当在 10 日内书面告知相关行政主管部门。

（3）关于原告的追加，《民诉解释》规定，人民法院受理公益诉讼案件后，依法可以提起诉讼的其他机关和有关组织，可以在开庭前向人民法院申请参加诉讼。人民法院准许参加诉讼的，列为共同原告。

（4）关于公益诉讼与相关诉讼的关系，《民诉解释》规定，人民法院受理公益诉讼案件，不影响同一侵权行为的受害人根据《民事诉讼法》第 119 条的规定提起诉讼。

（5）关于公益诉讼的和解和调解，《民诉解释》规定，对公益诉讼案件，当事人可以和解，人民法院可以调解。当事人达成和解或者调解协议后，人民法院应当将和解或者调解协议进行公告。公告期间不得少于 30 日。公告期满后，人民法院经审查，和解或者调解协议不违反社会公共利益的，应当出具调解书；和解或者调解协议违反社会公共利益的，不予出具调解书，继续对案件进行审理并依法作出裁判。

（6）关于公益诉讼的撤诉，《民诉解释》规定，公益诉讼案件的原告在法庭辩论终结后申请撤诉的，人民法院不予准许。

（7）关于公益诉讼裁判的效力，《民诉解释》规定，公益诉讼案件的裁判发生法律效力后，其他依法具有原告资格的机关和有关组织就同一侵权行为另行提起公益诉讼的，人民法院裁定不予受理，但法律、司法解释另有规定的除外。

▶▶▶ 新增考点 3 鉴定的启动【第七章第二节 鉴定意见的程序】

鉴定的启动途径有二：第一，当事人可以申请鉴定。当事人申请鉴定，应当在人民法院指定期限内提出，并预交鉴定费用。申请鉴定的事项与待证事实无关联或者对证明待证事实无意义的，人民法院不予准许。人民法院准许当事人鉴定申请的，应当组织双方当事人协商确定具备相应资格的鉴定人。当事人协商不成的，由人民法院指定。人民法院在审理案件过程中认为待证事实需要通过鉴定意见证明，而当事人没有申请的，法院应当向当事人释明，并指定提出鉴定申请的期间。第二，人民法院委托鉴定。对于符合依职权调查收集证据条件的，人民法院应当依职权委托鉴定，在询问当事人的意见后，指定具备相应资格的鉴定人。鉴定人应当签署承诺书，载明鉴定人保证客观、公正、诚实地进行鉴定，保证出庭作证，如作虚假鉴定应当承担法律责任等内容。

▶▶▶ 新增考点 4 鉴材【第七章第二节 鉴定意见的程序】

鉴定除了必须要有具备资质的鉴定人外，还需要确保鉴定材料不被污染。人民法院应当组织当事人对鉴定材料进行质证。未经质证的材料，不得作为鉴定的根据。

▶▶▶ 新增考点 5 鉴定书的作出【第七章第二节 鉴定意见的程序】

鉴定人应当在综合了解与鉴定内容相关的案件材料的基础上进行鉴定。经人民法院准许，鉴定人可以调取证据、勘验物证和现场、询问当事人或者证人。鉴定应当在人民法院确定的期限内完成，并出具书面的鉴定书。鉴定书应当包含下列内容：（1）委托法院的名称；（2）委托鉴定的内容、要求；（3）鉴定材料；（4）鉴定所依据的原理、方法；（5）对鉴定过程的说明；（6）鉴定意见；（7）承诺书。鉴定书应当由鉴定人签名或者盖章，并附鉴定人的相应资格证明。委托机构鉴定的，鉴定书应当由鉴定机构盖章，并由从事鉴定的人员签名。

▶▶▶ 新增考点 6 当事人鉴定异议的处理【第七章第二节 鉴定意见的程序】

人民法院收到鉴定书后，应当及时将副本送交当事人。当事人对鉴定书的内容有异议的，应当在人民法院指定期间内以书面方式提出。对于当事人的异议，人民法院应当要求鉴定人作出解释、说明或者补充。人民法院认为有必要的，可以要求鉴定人对当事人未提出异议的内容进行解释、说明或者补充。当事人认为鉴定意见存在错误的，还可以申请重新鉴定。人民法院认为鉴定意见存在瑕疵的，可以通过补充鉴定或者补充质证、重新质证等方法解决。人民法院认为鉴定意见无法具备证据资格情形的，可以准许重新鉴定。

▶▶▶ 新增考点 7 鉴定人出庭【第七章第二节 鉴定意见的程序】

当事人对鉴定有异议或人民法院认为有必要出庭时，鉴定人应当出庭说明相关情况，如果经人民法院通知，鉴定人拒不出庭的，该鉴定意见不得作为认定事实的根据。

▶▶▶ 新增考点 8 鉴定意见的撤销【第七章第二节 鉴定意见的程序】

鉴定意见被采信后，鉴定人无正当理由撤销鉴定意见的，人民法院应当责令其退还鉴定费用，并可以根据情节，依照《民事诉讼法》第111条的规定对鉴定人进行处罚。当事人主张鉴定人负担由此增加的合理费用的，人民法院应予支持。人民法院采信鉴定意见后准许鉴定人撤销的，应当责令其退还鉴定费用。

▶▶▶ 新增考点 9 庭前调解【第十三章第二节 人民法院选择审理案件适用的程序之一】

对于适宜调解的案件，开庭前人民法院可以主持调解，及时解决纠纷。

▶▶▶ 新增考点 10 民事判决的种类【第二十章第二节 民事判决的种类】

民事判决按不同的标准、不同的角度，可以作不同的分类：

1. 民事判决就其所解决的诉的性质不同，可以分为给付判决、确认判决和形成判决。给付判决是确定当事人之间实体权利、义务关系，责令负有义务的当事人履行一定义务的判决。给付判决的特点是它使当事人一方产生实体义务，如果负有义务的当事人不履行义务，享有权利的一方当事人可以申请法院强制执行；确认判决是确认当事人之间的某种法律关系存在或者不存在的判决。例如，确定当事人之间存在或不存在收养关系的判决；形成判决是支持当事人提出的诉讼请求，判决变更当事人之间原有法律关系的判决，如准予离婚的判决。

2. 民事判决根据双方当事人是否出庭，分为对席判决和缺席判决。在双方当事人或者他们的代理人参加法庭审理后作出的判决，是对席判决。缺席判决是一方当事人拒不到庭参加法庭审理的情况下作出的判决。根据民事诉讼法的规定，被告经传票传唤，无正当理由拒不到庭的，可以缺席判决。如果原告成为反诉之诉的被告，经传票传唤，无正当理由拒不到庭的，也可以缺席判决。

3. 民事判决根据其案件的审理程序，可分为一审判决、二审判决和再审判决。地方各级法院适用第一审程序对民事案件审理终结后，根据事实和法律所作出的处理决定，是一审判决。中级以上法院适用二审程序审理上诉案件所作的判决是二审判决。我国实行二审终审原则，故二审判决也叫终审判决。再审判决是案件原审法院或其上级人民法院、最高人民法院，按照审判监督程序，对案件重新审理后所作的判决。

对民事判决进行分类在理论上具有重要的意义，不同的判决具有自身的特点，其作出的条件和适用的情况不同，诉讼程序也有区别。

▶▶▶ 新增考点 11 案由、诉讼请求及理由【第二十章第二节 民事判决的内容之一】

判决书是判决的表现形式，根据《民事诉讼法》第152条的规定，判决书应包括：（1）案由、诉讼请求、争议的事实和理由；（2）判决认定的事实、理由和适用的法律依据；（3）判决结果和诉讼费用的负担；（4）上诉期限和上诉法院。其中，案由是案件内容和性质的概括，应简明确定"离婚""继承""债务""赡养"等案件性质。诉讼请求应记明当事人的诉讼主张、事实和理由；应

记明双方发生争议的事实、经过和焦点，以及各方所持的理由。

▶▶▶ 新增考点 12 既判力【第二十章第二节 民事判决的法律效力之一】

既判力，是指判决生效后所具有的确定效力，具体来说分为形式上的确定力和实质上的确定力。

形式上的确定力，是指判决一经生效，当事人就不得以此法律上的事实提起诉讼或者提起上诉。当然，我国由于存在法定的审判监督程序，因此当事人还可以通过再审来挑战判决，但这并不与判决形式上的确定力冲突。

实质上的确定力，是指生效判决确定的实体权利义务不得争执，不容改变。当事人和法院都受到该判决内容的拘束，不得在以后的诉讼中作出与判决内容相反的主张和判断。

既判力是判决最强的效力，因此也需要对其效力范围进行一定的限制。学理上既判力的范围限制主要集中在以下三个方面：

1. 既判力的客观范围。既判力的客观范围，是指既判力对哪些法律关系或实体请求权有拘束力。由于缺乏法律的明确规定，我国民事诉讼法并无既判力范围的明确规则，因此司法实践中前诉判决在多大程度上能够遮断后诉，一直是疑难问题。直到2015年《民诉解释》第247条第1款规定，当事人就已经提起诉讼的事项在诉讼过程中或者裁判生效后再次起诉，同时符合下列条件的，构成重复起诉：（1）后诉与前诉的当事人相同；（2）后诉与前诉的诉讼标的相同；（3）后诉与前诉的诉讼请求相同，或者后诉的诉讼请求实质上否定前诉裁判结果。这一规则第2、3项明确了我国民事判决的既判力客观范围限于已决判决涉及的民事法律关系中诉讼请求具体体现的请求权内容，与大陆法系理论基本一致。

2. 既判力的主观范围。既判力的主观范围，是指判决所确定的民事法律关系对哪些主体发生既判力。我国传统民事诉讼法学对既判力的主观范围缺乏深入的认识，往往从维护司法权威性的角度，以法院的判决应当受到所有社会主体尊重为由，认为既判力具有普遍的适用范围。但是，从大陆法系民事诉讼法学原理看，一般认为，既判力应当具有相对性，只有诉讼当事人方受到既判力的约束。其

原因在于：首先，从本体论的角度看，既判力所解决的民事法律关系原本就应当存在主体范围，而根据当事人适格理论，只有争议民事法律关系的民事主体才是适格的当事人，因此，既判力的主观范围限于当事人足以解决民事纠纷，无须扩大到所有主体。其次，从程序保障论的角度看，当事人以外的主体并没有参加诉讼，没有获得程序参与的机会，如果要受既判力的约束，对其并不公平。需要注意的是，缺席判决的当事人同样要受既判力的约束，因为缺席判决的当事人是自己放弃了参与诉讼的机会。

我国民事诉讼司法实务没有明确采取既判力的相对性理论，这就会出现较多的争议。故应当在我国推动既判力相对性理论的普及，避免无限制地扩大既判力的适用主体，导致人民法院在判决时瞻前顾后，承载不必要的事实查明负担。事实上，《民诉解释》第247条第款第1项将相同的当事人作为"一事不再理"的判断标准之一，已经可以作为既判力相对性的规则。当然，对于一些特殊情形，也应当建立既判力主观范围的扩张规则。例如，对于作为当事人的自然人死亡或法人的合并、分立等情形，应当承认既判力向其权利义务承受者发生扩张；对于公司法上的股东会决议诉讼、董事会决议诉讼等，也应当适当建立既判力扩张规则，避免不同股东对同一决议反复提起诉讼。

3. 既判力的时间范围。既判力的时间范围，是指生效判决的既判力对诉讼标的在某个具体时间点予以确定，当事人就超出该时间点的相同诉讼标的再起诉讼的，后诉法院应当予以受理。民事法律关系基于法律行为或其他法律事实可以不断变动，但判决却追求明确的确定效力，因此必须划出一个时间点作为标准时，判决仅仅对该标准时上的法律关系作出认定，当事人如果因为超过标准时后的法律关系变化发生争议，只能通过另诉予以解决。

《民诉解释》第248条规定，裁判发生法律效力后，发生新的事实，当事人再次提起诉讼的，人民法院应当依法受理。该规则将既判力标准时定为裁判生效之时，虽然相比大陆法系国家一般将标准时确定为最后一次口头辩论终结之时略有差异，但依然是我国首次确立既判力时间范围的规则，值得肯定。

▶▶▶ 新增考点13 形成力【第二十章第二节 民事判决的法律效力之一】

民事判决的形成力，是指形成之诉的胜诉判决具有的直接变更、消灭涉案法律关系的效力。原告发动形成之诉的目的，即是通过诉讼方式变更、消灭某一法律关系，如果其诉讼请求得到支持，则该胜诉判决生效之时，即为法律关系变更、消灭之日。相反，如果原告诉讼请求未得到法院支持，则该败诉判决仅仅产生既判力，而不发生形成力。

形成力是形成之诉的胜诉判决特有的效力，确认之诉和给付之诉的判决均不具有该效力，因为确认之诉是对某一法律关系状态的确认，并非由判决直接变更法律关系；而给付之诉是对原告请求权的认可，具体法律关系的改变还需要由被告履行相关义务。一个值得分析的问题是，原告起诉解除合同且得到法院支持的判决，是否具有形成力。事实上，形成之诉必须是原告基于形成诉权（如撤销权）提起的诉讼，而一般的普通形成权（如解除权）并不需要通过诉讼方式来行使，只要单方意思表示到达对方即可发生效力。因此，合同解除诉讼的本质不是通过判决来解除合同，而是要求法院对已解除的合同状态予以确认，属于确认之诉，故其判决不会发生形成力。

第三部分

精 讲 模 测

刑　法

2016年4月，甲利用乙提供的作弊器材，安排大学生丙在地方公务员考试中代替自己参加考试。但丙考试成绩不佳，甲未能进入复试。关于本案，下列哪些选项是正确的？

A. 甲组织他人考试作弊，应以组织考试作弊罪论处

B. 乙为他人考试作弊提供作弊器材，应按组织考试作弊罪论处

C. 丙考试成绩虽不佳，仍构成代替考试罪

D. 甲让丙代替自己参加考试，构成代替考试罪

【答案】 CD

【考点】 组织考试作弊罪、代替考试罪

【详解】 关于组织考试作弊罪，《刑法》第284条之一第1、2款规定："在法律规定的国家考试中，组织作弊的，处三年以下有期徒刑或者拘役，并处或者单处罚金；情节严重的，处三年以上七年以下有期徒刑，并处罚金。为他人实施前款犯罪提供作弊器材或者其他帮助的，依照前款的规定处罚。"第一，组织考试作弊罪中的"考试"，是法律规定的国家考试。据《最高人民法院、最高人民检察院关于办理组织考试作弊等刑事案件适用法律若干问题的解释》第2条规定，

"法律规定的国家考试"，仅限于全国人民代表大会及其常务委员会制定的法律所规定的考试。根据有关法律规定，下列考试属于"法律规定的国家试"：（1）普通高等学校招生考试、研究生招生考试、高等教育自学考试、成人高等学校招生考试等国家教育考试；（2）中央和地方公务员录用考试；（3）国家统一法律职业资格考试、国家教师资格考试、注册会计师全国统一考试、会计专业技术资格考试、资产评估师资格考试、医师资格考试、执业药师职业资格考试、注册建筑师考试、建造师执业资格考试等专业技术资格考试；（4）其他依照法律由中央或者地方主管部门以及行业组织的国家考试。前款规定的考试涉及的特殊类型招生、特殊技能测试、面试等考试，属于"法律规定的国家考试"。第二，为他人实施组织考试作弊行为提供作弊器材或者其他帮助的，也定组织考试作弊罪。题中，甲仅仅为自己的考试实施作弊，不构成组织考试作弊罪，而构成代替考试罪。乙的帮助对象甲，不是在实施组织考试作弊罪，所以乙不构成组织考试作弊罪。乙构成代替考试罪的帮助犯。代替考试罪的行为主体是替考者和应考者，二者是对向犯性质的共犯关系。丙构成代替考试罪。

刑事诉讼法

1. 关于认罪认罚从宽，下列说法正确的是：

A. 认罪认罚从宽制度适用于侦查、起诉、审判、执行各个阶段

B. 未成年人认罪认罚案件可适用速裁程序

C. 社会影响恶劣的犯罪嫌疑人认罪认罚的，不得予以从宽处罚

D. 在看守所派驻值班律师为犯罪嫌疑人提供法律帮助的认罪认罚案件体现了效率原则

【答案】 D

【考点】 认罪认罚从宽制度

【详解】 A项错误。根据《关于适用认罪认罚从宽制度的指导意见》第5条，认罪认罚从宽制度贯穿刑事诉讼全过程，适用于侦查、起诉、审判各个阶段。

B项错误。根据《关于适用认罪认罚从宽制度的指导意见》第57条，未成年人认罪认罚案件，不适用速裁程序，但应当贯彻教育、感化、挽救的方针，坚持从快从宽原则，确保案件及时办理，最大限度保护未成年人合法权益。

C项错误。根据《关于适用认罪认罚从宽制

度的指导意见》第8条，对犯罪性质和危害后果特别严重、犯罪手段特别残忍、社会影响特别恶劣的犯罪犯罪嫌疑人、被告人，认罪认罚不足以从轻处罚的，依法不予从宽处罚。据此，需满足"特别恶劣"的条件。

D项正确。认罪认罚案件是推进案件繁简分流的重要方式，对于认罪认罚的当事人，量刑上将从宽，程序上从简。在看守所派驻值班律师为犯罪嫌疑人提供法律帮助，能够使犯罪嫌疑人、被告人了解认罪认罚的性质和后果，自愿认罪认罚，有效提高诉讼效率。

2. 2018年11月，A市监察委接到关于A市法院刑事审判庭法官王某涉嫌受贿的举报，遂立案调查，调查中另查明王某在担任审判监督庭法官期间有徇私舞弊减刑的犯罪事实。关于本案的管辖，下列说法正确的是：

A. 由公安机关管辖

B. 由检察机关管辖

C. 由监察机关管辖

D. 由检察机关为主调查，监察机关予以协助

【答案】C

【考点】监察机关立案调查的案件

【详解】根据《监察法》第15条的规定，监察机关对下列公职人员和有关人员进行监察：（1）中国共产党机关、人民代表大会及其常务委员会机关、政府、监察委员会、法院、检察院、中国人民政治协商会议各级委员会机关、民主党派机关和工商业联合会机关的公务员，以及参照《公务员法》管理的人员；（2）法律、法规授权或者受国家机关依法委托管理公共事务的组织中从事公务的人员；（3）国有企业管理人员；（4）公办的教育、科研、文化、医疗卫生、体育等单位中从事管理的人员；（5）基层群众性自治组织中从事管理的人员；（6）其他依法履行公职的人员。根据《监察法》第11条的规定，对于上述监察对象

涉嫌贪污贿赂、滥用职权、玩忽职守、权力寻租、利益输送、徇私舞弊以及浪费国家资财等职务违法和职务犯罪，由监察机关进行立案调查。监察机关经过调查认为涉嫌职务犯罪的，将调查结果移送检察院审查起诉。据此，C项正确。

3. 关于法律援助值班律师，下列说法正确的是：

A. 办案机关讯问犯罪嫌疑人时值班律师可以在场

B. 当犯罪嫌疑人委托辩护律师后，值班律师在场签署的认罪认罚具结书自动失效

C. 值班律师可以为犯罪嫌疑人代为申请取保候审

D. 认罪认罚案件，审查起诉阶段值班律师申请查阅案卷，检察院应当准许

【答案】CD

【考点】值班律师的权利

【详解】A项错误。办案机关讯问犯罪嫌疑人的时候，无论是辩护律师还是值班律师都不可以派员在场。

B项错误。根据《刑事诉讼法》的规定，审查起诉阶段犯罪嫌疑人及检察院就认罪认罚协商完毕后原则上都需要签署认罪认罚具结书，而签署认罪认罚具结书时需要辩护人或者值班律师在场，他们在场起到的是见证、监督的作用，以便保证具结书的自愿性和合法性。所以，如果签署之前未委托辩护人，但值班律师在场的，委托辩护人之后并不影响认罪认罚具结书的效力。

C项正确。值班律师可以为犯罪嫌疑人、被告人代为申请变更强制措施。

D项正确。根据《关于适用认罪认罚从宽制度的指导意见》第12条规定，自人民检察院对案件审查起诉之日起，值班律师可以查阅案卷材料、了解案情。

行政法与行政诉讼法

1. 为开发统一的农产品交易平台，市政府与飞龙公司签订了为期5年的特许经营协议，由飞

龙公司开发农产品交易平台并提供日常维护，并约定协议期间市政府将禁止其他公司单独开发交

易平台。两年后，由于政府换届，市政府单方提前解除了与飞龙公司的协议。对此，下列哪些说法是正确的？

A. 对于市政府与飞龙公司签订特许经营协议的行为，飞龙公司的竞争对手起航公司可以提起行政诉讼

B. 对于市政府单方提前解除协议的行为，飞龙公司可以提起民事诉讼

C. 对于市政府单方提前解除协议的行为，飞龙公司应当按照行政诉讼的起诉期起诉

D. 对于市政府单方提前解除协议的行为，飞龙公司应当按照民事诉讼的规定缴纳诉讼费用

【答案】AC

【考点】行政合同（行政协议）诉讼

【详解】根据《行政协议案件规定》第4条第1款规定："因行政协议的订立、履行、变更、终止等发生纠纷，公民、法人或者其他组织作为原告，以行政机关为被告提起行政诉讼的，人民法院应当依法受理。"公民、法人和其他组织认为行政机关不依法履行、未按约定履行或者违法变更、解除政府特许经营协议、土地房屋征收补偿协议等协议的，属于行政诉讼的受案范围。同时，在A选项中，飞龙公司的竞争对手起航公司作为行政合同的利害关系人，自然具有原告资格，有权提起行政诉讼，A选项正确。

同理，B选项错误，特许经营协议属于行政合同而非民事合同，对于市政府单方提前解除协议的行为，飞龙公司可以提起行政诉讼，而非民事诉讼。

《行政协议案件规定》第25条规定："公民、法人或者其他组织对行政机关不依法履行、未按照约定履行行政协议提起诉讼的，诉讼时效参照民事法律规范确定；对行政机关变更、解除协议等行政行为提起诉讼的，起诉期限依照行政诉讼法及其司法解释确定。"本案是市政府单方解除特许经营协议，应适用行政诉讼法的起诉期限，C选项正确。

本案为行政诉讼案件，诉讼费用适用行政案件交纳标准。D选项错误。

2. 为开发统一的农产品交易平台，市政府与飞龙公司签订了为期5年的特许经营协议，由飞龙公司开发农产品交易平台并提供日常维护，并约定协议期间市政府将禁止其他公司单独开发交易平台。两年后，由于政府换届，市政府单方提前解除了与飞龙公司的协议，对此，飞龙公司提起行政诉讼，下列哪些说法是正确的？

A. 如果特许经营协议中约定了发生争议由协议订立地法院管辖，可以按照协议的约定确定管辖法院

B. 本案可以适用不违反行政法和行政诉讼法强制性规定的民事法律规范

C. 如果协议能够继续履行，法院可以判决被告继续履行协议

D. 如果协议不能继续履行，法院可以判决被告采取相应的补救措施并对原告损失予以补偿

【答案】ABC

【考点】行政合同（行政协议）诉讼

【详解】《行政协议案件规定》第7条规定："当事人书面协议约定选择被告所在地、原告所在地、协议履行地、协议订立地、标的物所在地等与争议有实际联系地点的人民法院管辖的，人民法院从其约定，但违反级别管辖和专属管辖的除外。"A选项表述正确。

《行政协议案件规定》第27条规定："人民法院审理行政协议案件，应当适用行政诉讼法的规定；行政诉讼法没有规定的，参照适用民事诉讼法的规定。人民法院审理行政协议案件，可以参照适用民事法律规范关于民事合同的相关规定。"B选项表述正确。

《行政协议案件规定》第16条第3款规定："被告变更、解除行政协议的行政行为违法，人民法院可以依据行政诉讼法第七十八条的规定判决被告继续履行协议、采取补救措施；给原告造成损失的，判决被告予以赔偿。"因此，C选项的表述是正确的；D选项应当是判决被告予以赔偿，而非补偿，故错误。

3. 下列选项属于行政诉讼受案范围的是：

A. 方某在妻子失踪后向公安局报案要求立案侦查，遭拒绝后向法院起诉确认公安局的行为违法

B. 区房管局以王某不履行双方签订的房屋征收补偿协议为由向法院起诉

C. 某企业以工商局滥用行政权力限制竞争为由向法院起诉

D. 黄某不服市政府发布的征收土地补偿费标准直接向法院起诉

【答案】 C

【考点】 行政诉讼受案范围；行政合同（行政协议）诉讼

【详解】 行政行为、立法行为和司法行为有着明确的界限，方某在妻子失踪后向公安局报案要求立案侦查，遭拒绝后向法院起诉确认公安局的行为违法不应当属于行政诉讼受案范围。因为刑事侦查行为属于刑事诉讼法明确授权的刑事司法行为，不属于行政行为，不属于行政诉讼受案范围，A 项错误。

2014 年修订的《行政诉讼法》明确将行政合同（行政协议）纳入了受案范围，如果政府对于房屋征收补偿协议有违约行为，不依法履行、未按照约定履行或者违法变更、解除行政协议的，属于行政诉讼受案范围。行政合同可受案依然遵守"民告官"的行政诉讼的基本格局，行政机关不能向法院提起行政诉讼。此时，若相对人不履行行政合同，行政机关可以根据《行政协议案件规定》第 24 条行使权力，该条规定："公民、法人或者其他组织未按照行政协议约定履行义务，经催告后不履行，行政机关可以作出要求其履行

协议的书面决定。公民、法人或者其他组织收到书面决定后在法定期限内未申请行政复议或者提起行政诉讼，且仍不履行，协议内容具有可执行性的，行政机关可以向人民法院申请强制执行。法律、行政法规规定行政机关对行政协议享有监督协议履行的职权，公民、法人或者其他组织未按照约定履行义务，经催告后不履行，行政机关可以依法作出处理决定。公民、法人或者其他组织在收到该处理决定后在法定期限内未申请行政复议或者提起行政诉讼，且仍不履行，协议内容具有可执行性的，行政机关可以向人民法院申请强制执行。"综上，B 选项表达错误。

公民、法人或其他组织认为行政机关滥用行政权力排除或者限制竞争，提起行政诉讼，按照《行政诉讼法》第 12 条第 1 款第 8 项规定，属于行政诉讼的受案范围，据此可知，C 项正确。

D 选项政府发布的征收土地补偿费标准的约束对象不确定，并可以反复适用，故在行为性质上属于抽象行政行为。根据《行政诉讼法》，当事人在对具体行政行为提起诉讼时，可以一并请求对抽象行政行为进行审查。其中的"一并"就意味着当事人不能直接起诉抽象行政行为，而只能间接地对其提出审查要求。在本题中，黄某不服该抽象行政行为直接向法院起诉该标准是不属于受案范围的，D 项不当选。

民 法

1. 肖特有音乐天赋，16 岁便不再上学，以演出收入为主要生活来源。肖特成长过程中，多有长辈馈赠：7 岁时受赠口琴 1 个，9 岁时受赠钢琴 1 架，15 岁时受赠名贵小提琴 1 把。对肖特行为能力及其受赠行为效力的判断，下列哪一选项是正确的？

A. 肖特尚不具备完全的民事行为能力

B. 受赠口琴的行为无效，应由其法定代理人代理实施

C. 受赠钢琴的行为无效，因与其当时的年龄智力不相当

D. 受赠小提琴的行为无效，因与其当时的年龄智力不相当

【答案】 B

【考点】 自然人民事行为能力；民事法律行为的效力

【解析】 《民法典》第 18 条第 2 款规定，16 周岁以上的未成年人，以自己的劳动收入为主要生活来源的，视为完全民事行为能力人。本题中，肖特有音乐天赋，16 岁便不再上学，以演出收入为主要生活来源。因此，肖特具备完全的民事行为能力。故 A 项错误。

《民法典》第144条规定，无民事行为能力人实施的民事法律行为无效。第20条规定，不满8周岁的未成年人为无民事行为能力人，由其法定代理人代理实施民事法律行为。本题中，肖特7周岁时是无民事行为能力人，其受赠口琴的民事法律行为无效，应由其法定代理人代理实施。故B项正确。

《民法典》第19条规定，8周岁以上的未成年人为限制民事行为能力人，实施民事法律行为由其法定代理人代理或者经其法定代理人同意、追认，但是可以独立实施纯获利益的民事法律行为或者与其年龄、智力相适应的民事法律行为。本题中，肖特9周岁和15周岁时为限制民事行为能力人，而受赠钢琴和小提琴属于纯获利益的民事法律行为，肖特可以独立实施，该行为有效。故C、D项错误。

2. 甲出境经商下落不明，2015年9月经其妻乙请求被K县法院宣告死亡，其后乙未再婚，乙是甲唯一的继承人。2016年3月，乙将家里的一辆轿车赠送给了弟弟丙，交付并办理了过户登记。2016年10月，经商失败的甲返回K县，为还债将登记于自己名下的一套夫妻共有住房私自卖给知情的丁；同年12月，甲的死亡宣告被撤销。下列哪些选项是正确的？

　　A. 甲、乙的婚姻关系自撤销死亡宣告之日起自行恢复

　　B. 乙有权赠与该轿车

　　C. 丙可不返还该轿车

　　D. 甲出卖房屋的行为无效

【答案】ABC

【考点】宣告死亡

【解析】《民法典》第51条规定，被宣告死亡的人的婚姻关系，自死亡宣告之日起消除。死亡宣告被撤销的，婚姻关系自撤销死亡宣告之日起自行恢复。但是，其配偶再婚或者向婚姻登记机关书面声明不愿意恢复的除外。本题中，甲被宣告死亡后，配偶乙未再婚，因此死亡宣告被撤销的，婚姻关系自撤销死亡宣告之日起自行恢复。故A项正确。

《民法典》第1153条规定，夫妻共同所有的财产，除有约定的以外，遗产分割时，应当先将共同所有的财产的一半分出为配偶所有，其余的

为被继承人的遗产。遗产在家庭共有财产之中的，遗产分割时，应当先分出他人的财产。本题所涉汽车属于甲、乙共同共有，遗产分割时，汽车的一半价值分出为配偶所有，另一半价值属于遗产。乙是甲唯一的继承人，所以甲被宣告死亡后，乙从甲处继承汽车一半价值，基于其对汽车原先的一半价值而取得整个汽车的所有权。因此，乙将汽车赠与弟弟丙的行为属于有权处分，乙有权赠与该汽车。故B项正确。

《民法典》第53条第1款规定，被撤销死亡宣告的人有权请求依照本法第六编取得其财产的民事主体返还财产；无法返还的，应当给予适当补偿。同时根据《民法典》第六编继承编，取得原物的公民或者组织，应当返还原物或者给予适当补偿。但根据《民通意见》第40条的规定，被撤销死亡宣告的人请求返还财产，其原物已被第三人合法取得的，第三人可不予返还。据此可知，基于赠与合同，汽车实际交付，已被第三人丙合法取得，丙可不返还该轿车。故C项正确。

《民法典》第49条规定，自然人被宣告死亡但是并未死亡的，不影响该自然人在被宣告死亡期间实施的民事法律行为的效力。同时根据《买卖合同解释》第3条第1款规定，当事人一方以出卖人在缔约时对标的物没有所有权或者处分权为由主张合同无效的，法院不予支持。据此可知，2016年10月，甲为还债将登记于自己名下的一套夫妻共有住房私自卖给知情的丁，属于被宣告死亡期间实施的民事法律行为，虽然相对人丁对乙无权处分知情，但是单纯知情不等于恶意串通。所以甲、丁房屋买卖合同并无瑕疵，合法有效。故D项错误。

3. 庞某有1辆名牌自行车，在借给黄某使用期间，达成转让协议，黄某以8000元的价格购买该自行车。次日，黄某又将该自行车以9000元的价格转卖给了洪某，但约定由黄某继续使用1个月。关于该自行车的归属，下列哪一选项是正确的？

　　A. 庞某未完成交付，该自行车仍归庞某所有

　　B. 黄某构成无权处分，洪某不能取得自行车所有权

　　C. 洪某在黄某继续使用1个月后，取得该自行车所有权

D. 庞某既不能向黄某，也不能向洪某主张原物返还请求权

【答案】 D

【考点】 交付及其法律效果

【解析】 根据《民法典》第226条的规定，动产物权设立和转让前，权利人已经占有该动产的，物权自民事法律行为生效时发生效力。据此可知，如受让人已经通过借用、租赁等合法方式在先占有了该动产，则于物权变动之合意生效时，即视为完成交付。就其合理性而言，乃在于标的物已为受让人在先合法占有，如机械地要求受让人先将物返还给出让人，再由出让人交付给受让人，纯属多此一举，增加交易成本。本题情形下，黄某依据借用关系，已在先合法占有该自行车，故不需要庞某再为现实交付，自庞某与黄某转让协议达成之时黄某即取得所有权。故A项错误。

根据《民法典》第228条的规定，动产物权转让时，双方又约定由出让人继续占有该动产的，物权自该约定生效时发生效力。据此可知，动产物权的让与人与受让人之间特别约定，标的物仍然由出让人继续占有，在此种情形下，在物权让与之合意生效之时，视为完成交付，受让人则取得间接占有。在本题情形下，黄某已经取得自行车所有权，其再行转卖，系属有权处分，故而自行车所有权转让时，黄某、洪某又约定由出让人黄某继续占有该动产的，物权变动自约定生效时发生，洪某为间接占有，已经取得该自行车的所有权。故B项错误。

根据上述B项的分析，洪某通过占有改定与黄某的约定生效之时已经取得了该自行车的所有权，该自行车所有权的移转与洪某和黄某约定中的事项"黄某继续使用1个月"无关。故C项错误。

根据《民法典》第235条的规定，无权占有不动产或者动产的，权利人可以请求返还原物。据此可知，物权人在其所有物被他人非法占有时，可以向非法占有人请求返还原物，或请求法院责令非法占有人返还原物。庞某通过简易交付让渡了自行车的所有权，即庞某不再享有该自行车的所有权，也不再享有物权请求权，故而不能再主张原物返还。故D项正确。

4. 2013年2月，A地块使用权人甲公司与B地块使用权人乙公司约定，由甲公司在B地块上修路。同年4月，甲公司将A地块过户给丙公司，6月，乙公司将B地块过户给不知上述情形的丁公司。下列哪些表述是正确的？

A. 2013年2月，甲公司对乙公司的B地块享有地役权

B. 2013年4月，丙公司对乙公司的B地块享有地役权

C. 2013年6月，甲公司对丁公司的B地块享有地役权

D. 2013年6月，丙公司对丁公司的B地块享有地役权

【答案】 AB

【考点】 地役权

【解析】《民法典》第374条规定，地役权自地役权合同生效时设立。当事人要求登记的，可以向登记机构申请地役权登记；未经登记，不得对抗善意第三人。理解这一条文的内容，关键是掌握未经登记不得对抗善意第三人规则适用的情形。2013年2月，甲乙达成约定，在乙享有使用权的土地上修路，随着地役权合同的生效，甲获得地役权，故A项正确，当选。

根据《民法典》第380条规定，地役权不得单独转让。土地承包经营权、建设用地使用权等转让的，地役权一并转让，但合同另有约定的除外。这意味着，地役权在权利性质上为从权利，必须随着土地使用权的转让而转让。4月，甲将自己的土地使用权转让给了丙，地役权也随之而转让给了丙。尽管地役权没有登记，但在仅有权利人发生变动的情形下，地役权的存在与实现不受任何影响，受让人享有并且可以向义务人主张实现地役权，因为此时义务人没有发生变动，不存在承担义务的善意第三人，故B项正确，当选。

甲已经将土地使用权转让给了丙，此时，甲不可能再享有地役权，故C项错误，不选。6月，乙将自己的土地使用权过户给不知情的丁，此时义务人发生了变动，并且受让人不知情，这意味着丙所享有的地役权不得对抗善意第三人丁。故D项错误，不选。

5. 德凯公司拟为新三板上市造势，在无真实交易意图的情况下，短期内以业务合作为由邀请多家公司来其主要办公地点洽谈。其中，真诚公司安排授权代表往返十余次，每次都准备了详尽

可操作的合作方案，德凯公司佯装感兴趣并屡次表达将签署合同的意愿，但均在最后一刻推脱拒签。期间，德凯公司还将知悉的真诚公司的部分商业秘密不当泄露。对此，下列哪一说法是正确的？

    A. 未缔结合同，则德凯公司就磋商事宜无需承担责任

    B. 虽未缔结合同，但德凯公司构成恶意磋商，应赔偿损失

    C. 未缔结合同，则商业秘密属于真诚公司自愿披露，不应禁止外泄

    D. 德凯公司也付出了大量的工作成本，如被对方主张赔偿，则据此可主张抵销

【答案】B

【考点】缔约过失责任

【解析】《民法典》第500条规定了缔约过失责任的三种类型，即当事人在订立合同过程中有下列情形之一，给对方造成损失的，应当承担损害赔偿责任：（1）假借订立合同，恶意进行磋商；（2）故意隐瞒与订立合同有关的重要事实或者提供虚假情况；（3）有其他违背诚实信用原则的行为。在本题情形下，首先应当判断德凯公司是否构成恶意磋商。恶意磋商，是指非出于订立合同之目的而借订立合同之名与他人磋商，其真实目的，是为阻止对方与他人订立合同，或使对方贻误商机，或仅为戏耍对方。德凯公司为了给自己新三版上市造势，并无订立合同的真实意思，其行为构成恶意与他人进行磋商，构成《民法典》第500条第1项的情形。故A项错误，不选；B项正确，当选。

德凯公司与真诚公司缔结合同的过程中，可能会知悉真诚公司的商业秘密。根据《民法典》第501条规定，当事人在订立合同过程中知悉的商业秘密或者其他应当保密的信息，无论合同是否成立，不得泄露或者不正当地使用；泄露、不正当地使用该商业秘密或者信息，造成对方损失的，应当承担赔偿责任。可知，该条规定了关于商业合同中保守商业秘密的义务，在缔结合同过程中获悉的商业秘密，不管最终合同是否成立，均不得泄露。如果一方违反法律规定泄露或者不正当地使用对方的商业秘密，给对方造成损失的，应当承担民事赔偿责任，并不因为该商业秘密系

由对方主动披露而免责。故C项错误，不选。

德凯公司在缔约过程中付出的所谓工作成本，目的在于恶意磋商，且真诚公司并未因此而获得任何利益，相反是受有损失，因此相应地真诚公司无需就此承担任何责任，更毋庸说德凯公司能主张所谓抵销。《民法典》等更未规定恶意磋商一方，可主张自己成本的抵销。故D项错误，不选。

6. 甲公司与乙公司签订一份专利实施许可合同，约定乙公司在专利有效期限内独占实施甲公司的专利技术，并特别约定乙公司不得擅自改进该专利技术。后乙公司根据消费者的反馈意见，在未经甲公司许可的情形下对专利技术做了改进，并对改进技术采取了保密措施。下列哪一说法是正确的？

    A. 甲公司有权自己实施该专利技术

    B. 甲公司无权要求分享改进技术

    C. 乙公司改进技术侵犯了甲公司的专利权

    D. 乙公司改进技术属于违约行为

【答案】B

【考点】技术转让合同；专利实施许可合同

【解析】所谓独占实施许可，指被许可方在合同约定的时间和地域范围内，独占性拥有许可方专利使用权，排斥包括许可方在内的一切人使用供方技术的一种许可。故A选项错误，不当选。

根据《民法典》第850条的规定，非法垄断技术、妨碍技术进步或者侵害他人技术成果的技术合同无效。故专利实施许可合同中约定的乙公司不得改进专利技术的约定是无效的。所以，乙公司的改进行为是合法行为，不存在侵犯甲公司专利权的情况，也不构成违约。故C、D选项错误，不当选。乙公司对改进部分采取了保密措施，意味着，甲公司未经许可，不得使用。故B选项正确，当选。

7. 刘山峰、王翠花系老夫少妻，刘山峰婚前个人名下拥有别墅一栋。关于婚后该别墅的归属，下列哪一选项是正确的？

    A. 该别墅不可能转化为夫妻共同财产

    B. 婚后该别墅自动转化为夫妻共同财产

    C. 婚姻持续满八年后该别墅即依法转化为夫妻共同财产

    D. 刘、王可约定婚姻持续八年后该别墅转化为夫妻共同财产

【答案】D

【考点】夫妻财产关系

【解析】《民法典》第 1063 条规定："下列财产为夫妻一方的个人财产：（一）一方的婚前财产；（二）一方因受到人身损害获得的赔偿和补偿；（三）遗嘱或者赠与合同中确定只归一方的财产；（四）一方专用的生活用品；（五）其他应当归一方的财产。"据此，刘山峰婚前名下的别墅，属于个人财产。《民法典》第 1065 条规定："男女双方可以约定婚姻关系存续期间所得的财产以及婚前财产归各自所有、共同所有或者部分各自所有、部分共同所有。约定应当采用书面形式。没有约定或约定不明确的，适用本法第一千零六十二条、第一千零六十三条的规定。"刘山峰与王翠花为合法夫妻，可以约定婚前财产的所有权。故 A 项错误，不当选；D 项正确，当选。属于刘山峰个人所有的别墅在婚后不会自动转化为夫妻共同财产，但有约定的除外。故 B、C 选项错误，不当选。

8. 甲自书遗嘱将所有遗产全部留给长子乙，并明确次子丙不能继承。乙与丁婚后育有一女戊、一子己。后乙、丁遇车祸，死亡先后时间不能确定。甲悲痛成疾，不久去世。丁母健在。下列哪些表述是正确的？

　　A. 甲、戊、己有权继承乙的遗产

　　B. 丁母有权转继承乙的遗产

　　C. 戊、己、丁母有权继承丁的遗产

　　D. 丙有权继承、戊和己有权代位继承甲的遗产

【答案】ACD

【考点】代位继承与转继承

【解析】根据《民法典》第 1121 条的规定，继承从被继承人死亡时开始。相互有继承关系的数人在同一事件中死亡，难以确定死亡时间的，推定没有其他继承人的人先死亡。都有其他继承人，辈份不同的，推定长辈先死亡；辈份相同的，推定同时死亡，相互不发生继承。可知，本题中，乙、丁死亡，不能确定死亡的先后时间时，由于其各自都有继承人，且辈份相同，因此，应当推定乙、丁同时死亡，彼此不发生继承，由他们各自的继承人分别继承。同时根据《民法典》第 1127 条的规定遗产按下列顺序继承：（1）第一顺序：配偶、子女、父母；（2）第二顺序：兄弟姐妹、祖父母、外祖父母。继承开始后，由第一顺序继承人继承，第二顺序继承人不继承；没有第一顺序继承人继承的，由第二顺序继承人继承。本编所称子女，包括婚生子女、非婚生子女、养子女和有扶养关系的继子女。本编所称父母，包括生父母、养父母和有扶养关系的继父母。本编所称兄弟姐妹，包括同父母的兄弟姐妹、同父异母或者同母异父的兄弟姐妹、养兄弟姐妹、有扶养关系的继兄弟姐妹。可知，作为乙的第一顺序继承人的甲、戊、己均有继承权。故 A 项正确，当选。同理，作为丁的第一顺序继承人的丁母、戊、己，均有继承权。故 C 项正确，当选。

　　转继承是指是指继承人在继承开始后实际接受遗产前死亡，该继承人的合法继承人代其接受其有权继承的遗产。本题中，由于乙、丁同时死亡，彼此不发生继承，丁无权继承乙的遗产，所以丁母也就无权转继承乙的遗产。故 B 项错误，不选。

　　代位继承是指被继承人的子女先于被继承人死亡时，由被继承人子女的晚辈直系血亲代替先死亡的长辈直系血亲继承被继承人遗产的一项法定继承制度。根据《民法典》第 1154 条的规定，有下列情形之一的，遗产中的有关部分按照法定继承办理：（1）遗嘱继承人放弃继承或者受遗赠人放弃受遗赠；（2）遗嘱继承人丧失继承权或者受遗赠人丧失受遗赠权；（3）遗嘱继承人、受遗赠人先于遗嘱人死亡或者终止；（4）遗嘱无效部分所涉及的遗产；（5）遗嘱未处分的遗产。可知，本题中，甲自书遗嘱将所有遗产全部留给乙，但乙发生车祸先于甲死亡，涉及代位继承，因此甲的遗产应当按照法定继承办理，丙可继承甲的遗产。根据《民法典》第 1128 条的规定，被继承人的子女先于被继承人死亡的，由被继承人的子女的直系晚辈血亲代位继承。被继承人的兄弟姐妹先于被继承人死亡的，由被继承人的兄弟姐妹的子女代位继承。代位继承人一般只能继承被代位继承人有权继承的遗产份额。本题中，由于被继承人的儿子乙先于被继承人甲死亡，所以乙的子女戊、己可以代位继承甲的遗产。故 D 项正确，当选。

9. 甲、乙、丙三家毗邻而居，甲、乙分别饲养山羊各一只。某日二羊走脱，将丙辛苦栽培的

珍稀药材悉数啃光。关于甲、乙的责任，下列哪些选项是正确的？

A. 甲、乙可各自通过证明已尽到管理职责而免责

B. 基于共同致害行为，甲、乙应承担连带责任

C. 如能确定二羊各自啃食的数量，则甲、乙各自承担相应赔偿责任

D. 如不能确定二羊各自啃食的数量，则甲、乙平均承担赔偿责

【答案】CD

【考点】无意思联络的数人侵权

【解析】本题中，甲、乙分别饲养的山羊走脱后将丙的珍稀药材悉数啃光，饲养动物侵权的归责原则为无过错责任原则，侵权人不能通过证明自己没有过错而免责，A项错误。甲、乙之间对于山羊侵权并没有任何意思联络，故不属于共同致害行为，B项错误。《民法典》第1172条规定，二人以上分别实施侵权行为造成同一损害，能够确定责任大小的，各自承担相应的责任；难以确定责任大小的，平均承担责任。因此，如果能确定二羊各自啃食的数量，则甲、乙各自承担相应赔偿责任；如果不能确定二羊各自啃食的数量，则甲、乙应平均承担赔偿责任，C、D项均是正确的。

10. 张小飞邀请关小羽来家中做客，关小羽进入张小飞所住小区后，突然从小区的高楼内抛出一块砚台，将关小羽砸伤。关于砸伤关小羽的责任承担，下列哪一选项是正确的？

A. 张小飞违反安全保障义务，应承担侵权责任

B. 顶层业主通过证明当日家中无人，可以免责

C. 小区物业违反安全保障义务，应承担侵权责任

D. 如查明砚台系从10层抛出，10层以上业主仍应承担补充责任

【答案】B

【考点】高空坠物致人损害的侵权责任

【解析】根据《民法典》第1198条的规定，宾馆、商场、银行、车站、机场、体育场馆、娱乐场所等经营场所、公共场所的经营者、管理者或者群众性活动的组织者，未尽到安全保障义务，造成他人损害的，应当承担侵权责任。因第三人的行为造成他人损害的，由第三人承担侵权责任；经营者、管理者或者组织者未尽到安全保障义务的，承担相应的补充责任。经营者、管理者或者组织者承担补充责任后，可以向第三人追偿。可见，承担安全保障义务的主体是公共场所的管理人或者群众性活动的组织者，本题中张小飞无安全保障义务。而且对关小羽的损害张小飞没有过错，所以不用承担侵权责任。故A项错误，不选。

根据《民法典》第1254条的规定，禁止从建筑物中抛掷物品。从建筑物中抛掷物品或者从建筑物上坠落的物品造成他人损害的，由侵权人依法承担侵权责任；经调查难以确定具体侵权人的，除能够证明自己不是侵权人的外，由可能加害的建筑物使用人给予补偿。可能加害的建筑物使用人补偿后，有权向侵权人追偿。物业服务企业等建筑物管理人应当采取必要的安全保障措施防止前款规定情形的发生；未采取必要的安全保障措施的，应当依法承担未履行安全保障义务的侵权责任。发生本条第1款规定的情形的，公安等机关应当依法及时调查，查清责任人。据此可知，顶层业主如果能证明当日家中无人，说明其不是侵权人，可以免责。故B项正确，当选。

根据《民法典》第1198条的规定，宾馆、商场、银行、车站、机场、体育场馆、娱乐场所等经营场所、公共场所的经营者、管理者或者群众性活动的组织者，未尽到安全保障义务，造成他人损害的，应当承担侵权责任。因第三人的行为造成他人损害的，由第三人承担侵权责任；经营者、管理者或者组织者未尽到安全保障义务的，承担相应的补充责任。经营者、管理者或者组织者承担补充责任后，可以向第三人追偿。由于题干中没有说明小区物业是否有过错，所以认定为没有过错，所以无需承担侵权责任。故C项错误，不选。

根据《民法典》第1254条的规定，禁止从建筑物中抛掷物品。从建筑物中抛掷物品或者从建筑物上坠落的物品造成他人损害的，由侵权人依法承担侵权责任；经调查难以确定具体侵权人的，除能够证明自己不是侵权人的外，由可能加害的建筑物使用人给予补偿。可能加害的建筑物使用

人补偿后，有权向侵权人追偿。物业服务企业等建筑物管理人应当采取必要的安全保障措施防止前款规定情形的发生；未采取必要的安全保障措施的，应当依法承担未履行安全保障义务的侵权责任。发生本条第1款规定的情形的，公安等机关应当依法及时调查，查清责任人。可知，如查明砚台系从10层抛出，则10层业主为可能加害的建筑物使用人，由10层业主予以补偿，10层以上业主无须承担补充责任。故D项错误，不选。

商　法

1. 三国股份有限公司是一家上市公司，关于三国股份有限公司发行证券的资格，下列哪些选项是不正确的？

A. 只有依法正式上市之后，三国公司才可公开发行股票

B. 依法正式上市之后，三国公司只能以公开方式发行新股

C. 只有依法正式成立之后，三国公司才可发行公司债券

D. 即使公司尚未成立，也可向认股人签发股票

【答案】ABD

【考点】证券发行

【详解】首先需要明确：不论上市与否，甚至在设立过程中，股份公司既可以公开发行证券，也可以非公开发行证券。所谓公开发行，包括：向不特定对象发行；向特定对象发行超过200人的，这就可以判断出AB是错误的。

《证券法》15条对于公开发行债券的条件作了规定，依此规定，只有正式成立后且符合相关条件的公司才可以发行公司债券，C正确。

设立过程中的股份公司可以发行股票，但是，《公司法》规定：股份有限公司成立后，即向股东正式交付股票，公司成立前不得向股东交付股票，D错误。

2. 三国公司拟向社会公开发行3000万元人民币面额的新股，关于发行与认购，下列说法错误的是：

A. 三国公司可通过承销方式发行股票，也可由发行人直接向投资者发行

B. 若三国公司董事持有三国公司已发行的股份达到5%，则不能再行买入

C. 若三国公司董事已离职，则在离职后半年内不得买入该股票

D. 三国公司该发行行为必须经证券交易所审核

【答案】ABCD

【考点】新股发行与认购

【详解】向社会不特定对象公开发行股票的，应该实行承销方式，A错误。

达到5%之后，应该暂停三天，履行报告、通知和公告义务，但并不是不能再买入，B错误。

法律规定：董事离职后半年内不能转让其所持有的三国公司的股票，但并没有限制买入，C错误。

凡是公开发行证券的，都应经证监会审核，不是经证券交易所审核，D错误。

3. 关于基金管理人与基金托管人的资格与任职，下列说法正确的是：

A. 基金托管人可以由商业银行担任

B. 三国公司与四海公司相互持股，则它们不能担任同一基金的管理人和托管人

C. 非公开募集基金也必须由基金托管人托管

D. 担任非公开募集基金的基金管理人，只需要履行登记手续即可，无需审批

【答案】ABD

【考点】基金管理人与基金托管人

【详解】基金托管人由依法设立的商业银行或者其他金融机构担任，A正确。

基金托管人与基金管理人不得为同一机构，不得相互出资或者持有股份，B正确。

除基金合同另有约定外，非公开募集基金应当由基金托管人托管。既然允许基金合同里外约定，那就不是"必须"，C错误。

担任非公开募集基金的基金管理人，应当按照规定向基金行业协会履行登记手续；未经登记，任何单位或者个人不得使用"基金"或者"基金管理"字样或者近似名称进行证券投资活动，因此D是正确的。

4. 关于基金份额持有人的权利和利益保护，合法的是：

A. 公开募集基金的份额持有人有权查阅基金的财务会计账簿

B. 基金份额持有人大会有权决定更换基金管理人

C. 基金份额持有人大会可以直接参与基金的投资管理活动

D. 基金财产独立于基金管理人的固有财产，基金管理人破产的，基金财产不属于其清算财产

【答案】BD

【考点】基金份额持有人的权利

【详解】公开募集基金的基金份额持有人有权查阅或者复制公开披露的基金信息资料；非公开募集基金的基金份额持有人对涉及自身利益的情况，有权查阅基金的财务会计账簿等财务资料。所以，公开募集基金份额持有人是不能查会计账簿的，A错误。

决定更换基金管理人是份额持有人大会的法定职权，B正确。

基金份额持有人大会及其日常机构不得直接参与或者干涉基金的投资管理活动，C错误。

基金财产独立于基金管理人、基金托管人的固有财产，基金管理人、基金托管人因依法解散、被依法撤销或者被依法宣告破产等原因进行清算的，基金财产不属于其清算财产，D正确。

5. 关于公开募集的基金财产的投资活动，下列说法错误的是：

A. 公开募集的基金财产应当投资上市交易的股票、债券

B. 公开募集的基金财产不得用于承销股票

C. 公开募集的基金财产可以买卖其他基金份额

D. 非公开募集基金财产可以投资于其他基金份额

【答案】C

【考点】公开募集基金财产投资

【详解】这是法定的投资范围，这说明公开募集基金财产的投资活动受到严格管制，A正确。

基金财产不得用于下列投资或者活动：承销证券；违反规定向他人贷款或者提供担保；从事承担无限责任的投资；买卖其他基金份额，但是国务院证券监督管理机构另有规定的除外；向基金管理人、基金托管人出资；从事内幕交易、操纵证券交易价格及其他不正当的证券交易活动。按照上述规定，B正确，C错误。

非公开募集基金财产的证券投资，包括买卖公开发行的股份有限公司股票、债券、基金份额，所以D是正确的。

经济法

1. 四川某酒厂生产的白酒在该省农村地区享有较高知名度，该酒注册商标为"不倒翁"，酒瓶形似不倒翁，下圆上尖，通体金色。重庆某酒厂新推出"醉翁"牌白酒，酒瓶也形似不倒翁，通体黄色，该酒也在四川全省农村地区销售。四川某酒厂向执法部门投诉了重庆某酒厂的仿冒行为。关于此事，下列哪些说法是不正确的？

A. 重庆某酒厂的商标与四川某酒厂的不同，不属于不正当竞争行为

B. 如该省农村地区消费者不能轻易辨别出两酒差别，则重庆某酒厂的行为属于不正当竞争行为

C. 即使该省农村地区消费者能轻易辨别出两酒差别，则重庆某酒厂的行为仍属于不正当竞争行为

D. 仅有省级以上监督检查部门可对此实施监督检查

【答案】ACD

【考点】 不正当竞争行为

【详解】 根据《反不正当竞争法》第6条："经营者不得实施下列混淆行为，引人误认为是他人商品或者与他人存在特定联系：（一）擅自使用与他人有一定影响的商品名称、包装、装潢等相同或者近似的标识；……"，因此，A、C选项错误，B选项正确。

根据《反不正当竞争法》第4条："县级以上人民政府履行工商行政管理职责的部门对不正当竞争行为进行查处；法律、行政法规规定由其他部门查处的，依照其规定。"因此，D选项错误，对此须注意与《反垄断法》的执法主体相区别。

2. 西法酒业公司在某市电视台投放广告，称其经营的红酒是"法国原装进口"，并将国内甲品牌红酒"二氧化硫超标"的行政处罚决定书随广告传播。此后，甲品牌红酒销量锐减。经查明，该西法酒业公司经营的红酒一部分是"法国原装进口"，其余的是用进口原酒在国内加工灌装而成。关于该广告行为及其责任，下列选项正确的是：

A. 既属于诋毁商誉行为，又属于虚假宣传行为

B. 仅属于诋毁商誉行为

C. 仅属于虚假宣传行为

D. 由于信赖广告而购买西法酒业公司红酒的消费者可主张惩罚性赔偿

【答案】 CD

【考点】 诋毁商誉行为和虚假宣传行为

【详解】 诋毁商誉行为以"捏造虚假事实"为必要构成要件。本案中，甲品牌红酒"二氧化硫超标"是客观事实，且有行政部门处罚决定，并非西法酒业公司捏造的虚假事实，因此，并不构成诋毁商誉行为。A、B错误。

虽然西法酒业公司经营的红酒中有一部分是"法国原装进口"，但并非全部，与广告内容不符，构成虚假宣传，C正确。

按照《消费者权益保护法》第55条和《食品安全法》第148条规定，西法酒业公司应对其虚假广告欺诈行为给消费者造成的损失承担惩罚性赔偿责任，D正确。

3. 某医药公司生产的药品质量优、疗效好，市场潜力大。为进一步拓展市场，该公司销售代表甲与某医院乙医生商定：经乙医生开出药方并销售的该公司药品，不论是在院内销售还是在院外销售，都给予乙医生20%的好处费。据悉，该好处费在该医药公司已全部入账处理。关于本案，下列表述正确的是：

A. 因好处费并非支付给交易相对方医院，因此并不构成商业贿赂行为

B. 因好处费并非由医药公司支付给医生，因此这只是销售代表甲的个人行为，不能认定为医药公司的商业贿赂行为

C. 因医药公司已将好处费全部入账处理，因此不能认定为商业行贿行为

D. 乙医生的行为构成商业受贿

【答案】 D

【考点】 商业贿赂

【详解】 根据《反不正当竞争法》第7条第1款："经营者不得采用财物或者其他手段贿赂下列单位或者个人，以谋取交易机会或者竞争优势：（一）交易相对方的工作人员；（二）受交易相对方委托办理相关事务的单位或者个人；（三）利用职权或者影响力影响交易的单位或者个人。"因此，A是错误的。

根据《反不正当竞争法》第7条第3款："经营者的工作人员进行贿赂的，应当认定为经营者的行为；但是，经营者有证据证明该工作人员的行为与为经营者谋取交易机会或者竞争优势无关的除外。"因此，B是错误的。

根据《反不正当竞争法》第7条第2款："经营者在交易活动中，可以以明示方式向交易相对方支付折扣，或者向中间人支付佣金。经营者向交易相对方支付折扣、向中间人支付佣金的，应当如实入账。接受折扣、佣金的经营者也应当如实入账。"注意，折扣只能给"交易向对方"，佣金只能给"中间人"，这显然都不包括"对方工作人员"，不能因为入账而认定为合法。C错误，D正确。

4.《反不正当竞争法》规定，经营者利用网络从事生产经营活动，应当遵守法律的规定。法律禁止经营者利用技术手段，通过影响用户选择或者其他方式，实施妨碍、破坏其他经营者合法提供的网络产品或者服务正常运行的行为。下列行为违反上述规定的是：

A. 甲网店在某门户网站插入强制链接，只要用户点击该门户网站，则立即跳转到该网店

B. 乙杀毒软件在用户桌面弹出对话框，以红色页面警告用户必须卸载另一款输入法软件，否则杀毒软件失效

C. 乙杀毒软件设置了不兼容程序，对于安装丙公司输入法软件的用户，强制停止杀毒服务

D. 丁公司告知用户：本公司生产的网络版杀毒软件只适用于 WINDOWS 10 以上版本

【答案】 ABC

【考点】 网络不正当竞争行为

【详解】 根据《反不正当竞争法》第 12 条："经营者利用网络从事生产经营活动，应当遵守本法的各项规定。经营者不得利用技术手段，通过影响用户选择或者其他方式，实施下列妨碍、破坏其他经营者合法提供的网络产品或者服务正常运行的行为：（一）未经其他经营者同意，在其合法提供的网络产品或者服务中，插入链接、强制进行目标跳转；（二）误导、欺骗、强迫用户修改、关闭、卸载其他经营者合法提供的网络产品或者服务；（三）恶意对其他经营者合法提供的网络产品或者服务实施不兼容；（四）其他妨碍、破坏其他经营者合法提供的网络产品或者服务正常运行的行为。"故 A、B、C 项正确。

5. 张三是甲公司的技术员，是公司某金属提纯项目的负责人。甲公司对该金属提纯技术采取了保密措施。某日，张三的妻子任职的乙公司也购进了相关设备，进行相同金属提纯生产活动。甲公司经过调查，发现了一些侵犯其商业秘密的线索，就侵权行为认定及责任追究，下列说法正确的是：

A. 如果张三没有与甲公司签订保密协议，其将该技术披露给乙公司的行为就不属于侵犯商业秘密

B. 如果是乙公司直接侵入张三电脑获得的技术信息，则张三不构成侵犯商业秘密

C. 即使张三的妻子只是帮助张三将技术资料交给乙公司，其妻子也视为侵犯商业秘密

D. 如果乙公司能证明丙公司已合法公开使用该技术，则乙公司就不构成侵犯商业秘密

【答案】 BCD

【考点】 侵犯商业秘密的主体

【详解】 侵犯商业秘密的主体不限于保密义务人，A 错误。

乙公司以电子侵入方式获取甲公司的商业秘密，是典型的侵犯商业秘密行为，张三对此并无过错，故张三不构成侵犯商业秘密，B 正确。

张三的妻子帮助张三违反甲公司有关保守商业秘密的要求，向乙公司披露甲公司的商业秘密，也构成侵犯商业秘密，C 正确。

既然丙公司已经合法公开使用该技术，则该技术就不再属于商业秘密，所以乙公司就不构成侵权，D 正确。

6. 下列关于划拨土地使用权的表述，正确的是：

A. 划拨土地使用权由使用者无偿取得，无需支付任何费用

B. 划拨土地使用权转让的，转让方应当先办理土地使用权出让手续

C. 划拨土地使用权不得设定抵押

D. 以划拨方式取得使用权的土地上建成房屋出租营利的，应当将租金中所含土地收益上缴国家

【答案】 D

【考点】 划拨土地使用权

【详解】 根据《城市房地产管理法》第 23、40、48、56 条，划拨土地使用权可以由使用者在缴纳补偿、安置等费用后取得，也可以无偿取得；划拨土地使用权转让的，首先应当由人民政府审批；划拨土地使用权可以设定抵押；以营利为目的，房屋所有权人将以划拨方式取得使用权的国有土地上建成的房屋出租的，应当将租金中所含土地收益上缴国家。故 D 选项正确。

7. 泰昌房地产公司从某市政府以出让方式获得市郊一块土地使用权进行房地产开发。出让合同中规定，泰昌公司应至迟于 2015 年 10 月 10 日破土动工，对该土地进行开发。由于房地产市场行情下跌，公司领导于 2015 年 9 月决定暂停该房地产开发项目，对房地产市场采取观望态度。2017 年 12 月，泰昌公司以缺乏资金为由，请求将土地使用权转让给金利土地综合开发公司用于修建高尔夫球场。下列说法中不正确的是：

A. 应对泰昌公司征收相当于土地使用权出让金20%以下的土地闲置费
B. 市政府可无偿收回该土地使用权
C. 金利公司若取得该土地使用权用于修建高尔夫球场，必须取得市政府同意
D. 金利公司若取得该土地使用权用于修建高尔夫球场，必须取得市政府城市规划行政主管部门的同意

【答案】 A

【考点】 土地使用权收回

【详解】《城市房地产管理法》第26条规定："以出让方式取得土地使用权进行房地产开发的，必须按照土地使用权出让合同约定的土地用途、动工开发期限开发土地。超过出让合同约定的动工开发日期满一年未动工开发的，可以征收相当于土地使用权出让金百分之二十以下的土地闲置费；满二年未动工开发的，可以无偿收回土地使用权；但是，因不可抗力或者政府、政府有关部门的行为或者动工开发必需的前期工作造成动工开发迟延的除外。"A错误，B正确。

《城市房地产管理法》第44条规定："以出让方式取得土地使用权的，转让房地产后，受让人改变原土地使用权出让合同约定的土地用途的，必须取得原出让方和市、县人民政府城市规划行政主管部门的同意，签订土地使用权出让合同变更协议或者重新签订土地使用权出让合同，相应调整土地使用权出让金。"所以，C、D正确。

8. 某知名房产开发商取得天津滨海新区A地块后，截至出让合同约定的动工开发日期之后的第三年仍未动工。当地政府决定收回其土地使用权，该公司辩称：由于该地块附近发生爆炸，国家相关部门对包含A地块在内的区域进行管控和环境治理，导致其无法按期动工。因此，该开发商请求撤销当地政府关于收回土地使用权的决定。对此，下列哪个说法是不正确的？

A. A地块连续未使用达到3年以后，才可被无偿收回
B. 该开发商请求撤销当地政府关于收回土地使用权的决定属于行政争议
C. 上述关于是否收回土地使用权的争议可由双方协商解决

D. 关于是否收回土地使用权的争议应由县级以上人民政府处理

【答案】 A

【考点】 土地使用权收回

【详解】 根据《土地管理法》第38条："禁止任何单位和个人闲置、荒芜耕地。……连续二年未使用的，经原批准机关批准，由县级以上人民政府无偿收回用地单位的土地使用权；……"A选项不正确。

当地政府决定收回土地使用权，属于具体行政行为，该开发商是行政相对人，双方的争议属于行政争议。因此B选项正确。

根据《土地管理法》第14条第1、2款："土地所有权和使用权争议，由当事人协商解决；协商不成的，由人民政府处理。单位之间的争议，由县级以上人民政府处理；个人之间、个人与单位之间的争议，由乡级人民政府或者县级以上人民政府处理。"C、D选项正确。

11. 村民刘老汉创办的乡镇企业打算在村庄规划区内建设一间猪肉加工厂，就有关审批手续向律师咨询。下列律师的答复哪一不符合《城乡规划法》规定？

A. "你应当向乡镇政府提出申请，由乡镇政府报县政府城乡规划局核发乡村建设规划许可证。"
B. "你的加工厂只能建在非农用地上，决不能占用农用地。"
C. "你必须先办理乡村建设规划许可证，然后才能办理用地审批手续。"
D. "你必须在规划批准后，按照规划条件进行建设；确需变更的，必须向城市、县人民政府城乡规划主管部门提出申请。"

【答案】 B

【考点】 用地审批与建设规划许可证

【详解】《城乡规划法》第41条第1款规定："在乡、村庄规划区内进行乡镇企业、乡村公共设施和公益事业建设的，建设单位或者个人应当向乡、镇人民政府提出申请，由乡、镇人民政府报城市、县人民政府城乡规划主管部门核发乡村建设规划许可证。"故A选项正确。

《城乡规划法》第41条第3款规定："在乡、村庄规划区内进行乡镇企业、乡村公共设施和公

益事业建设以及农村村民住宅建设，不得占用农用地；确需占用农用地的，应当依照《中华人民共和国土地管理法》有关规定办理农用地转用审批手续后，由城市、县人民政府城乡规划主管部门核发乡村建设规划许可证。"故 B 选项错误。

《城乡规划法》第 41 条第 4 款规定："建设单位或者个人在取得乡村建设规划许可证后，方可办理用地审批手续。"故 C 选项正确。

《城乡规划法》第 43 条第 1 款规定："建设单位应当按照规划条件进行建设；确需变更的，必须向城市、县人民政府城乡规划主管部门提出申请。变更内容不符合控制性详细规划的，城乡规划主管部门不得批准。城市、县人民政府城乡规划主管部门应当及时将依法变更后的规划条件通报同级土地主管部门并公示。"D 选项正确。

环境资源法

根据《森林法》，关于采伐许可证，下列哪一说法是正确的？

A. 农村居民张三采伐自留地个人所有的零星林木，必须申请采伐许可证

B. 国有林业企业高岭林场采伐林木，可以由所在地县级林业主管部门审核发放采伐许可证

C. 农村居民李四采伐自留山的林木，不得由乡政府审核发放采伐许可证

D. 采伐林木的单位或者个人，必须按照采伐许可证规定的面积、株数、树种、期限完成更新造林任务，更新造林的面积和株数可以少于采伐的面积和株数

【答案】B

【考点】采伐许可证

【详解】A 项错误。根据《森林法》第 56 条："采伐林地上的林木应当申请采伐许可证，并按照采伐许可证的规定进行采伐；采伐自然保护区以外的竹林，不需要申请采伐许可证，但应当符合林木采伐技术规程。农村居民采伐自留地和房前屋后个人所有的零星林木，不需要申请采伐许可证。非林地上的农田防护林、防风固沙林、护路林、护岸护堤林和城镇林木等的更新采伐，由有关主管部门按照有关规定管理。采挖移植林木按照采伐林木管理。具体办法由国务院林业主管部门制定。禁止伪造、变造、买卖、租借采伐许可证。"

B 项正确，C 项错误。根据《森林法》第 57 条："采伐许可证由县级以上人民政府林业主管部门核发。县级以上人民政府林业主管部门应当采取措施，方便申请人办理采伐许可证。农村居民采伐自留山和个人承包集体林地上的林木，由县级人民政府林业主管部门或者其委托的乡镇人民政府核发采伐许可证。"

D 项错误。根据《森林法》第 61 条："采伐林木的组织和个人应当按照有关规定完成更新造林。更新造林的面积不得少于采伐的面积，更新造林应当达到相关技术规程规定的标准。"